Erfolgreich Lernen

Eberhardt Hofmann
Monika Löhle

Erfolgreich Lernen

Effiziente Lern- und Arbeitsstrategien
für Schule, Studium und Beruf

3., überarbeitete Auflage

Dipl.-Psych. Eberhardt Hofmann, geb. 1959. Studium der Psychologie in Tübingen. Klinischer Hypnosetherapeut (ESH). Tätigkeit in der Personal- und Führungskräfteentwicklung in verschiedenen Großbetrieben. Lehraufträge an mehreren Hochschulen. Sachbuchautor zu Themen der Angewandten Psychologie.

Monika Löhle, geb. 1949. 1969–1975 Studium der Mathematik, Geografie und Kommunikation in München und Stuttgart. 1976–2014 Lehrerin an einem Gymnasium in Ravensburg sowie dort auch Beratungslehrerin. Tätigkeit als Dozentin im Bereich Bildung und als Kommunikations- und Lern-Coach.

Bibliografische Information der Deutschen Nationalbibliothek

Die Deutsche Nationalbibliothek verzeichnet diese Publikation in der Deutschen Nationalbibliografie; detaillierte bibliografische Daten sind im Internet über http://dnb.dnb.de abrufbar.

Das Werk einschließlich aller seiner Teile ist urheberrechtlich geschützt. Jede Verwertung außerhalb der engen Grenzen des Urheberrechtsgesetzes ist ohne Zustimmung des Verlags unzulässig und strafbar. Das gilt insbesondere für Vervielfältigungen, Übersetzungen, Mikroverfilmungen und die Einspeicherung und Verarbeitung in elektronischen Systemen.

Hogrefe Verlag GmbH & Co. KG
Merkelstraße 3
37085 Göttingen
Deutschland
Tel.: +49 551 999 50 0
Fax: +49 551 999 50 111
E-Mail: verlag@hogrefe.de
Internet: www.hogrefe.de

Umschlagabbildung: © alexkich – Fotolia.com
Satz: ARThür Grafik-Design & Kunst, Weimar
Druck: Hubert & Co., Göttingen
Printed in Germany
Auf säurefreiem Papier gedruckt

3., überarbeitete Auflage 2016
© 2004, 2012 und 2016 Hogrefe Verlag GmbH & Co. KG, Göttingen
(E-Book-ISBN [PDF] 978-3-8409-2792-8)
ISBN 978-3-8017-2792-5
http://doi.org/10.1026/02792-000

Inhaltsverzeichnis

Teil 1: Lernen und Gedächtnis

1	**Die Funktionsweise des Gedächtnisses**	14
1.1	Das Drei-Speicher-Modell	14
1.2	Die Funktionsweise des Kurzzeitgedächtnisses	17
1.2.1	Die Kapazität des Kurzzeitgedächtnisses	17
1.2.2	Serieller Positionseffekt im Kurzzeitgedächtnis	20
1.2.3	Der Gedächtniszerfall im Kurzzeitgedächtnis	23
1.3	Der Weg vom Kurzzeitgedächtnis in das Langzeitgedächtnis	26
1.3.1	Interesse	27
1.3.2	Emotionale Beteiligung/emotionale Bedeutsamkeit	27
1.3.3	Einsichtiges Lernen	28
1.4	Unmittelbare Konsequenzen für das Lernen	28
1.5	Die Lernkartei	29
2	**Assoziationslernen und Verarbeitungslernen**	31
2.1	Zwei grundlegende Lernarten	31
2.2	Elaboration als Gedächtnisstrategie	32
2.3	Methoden der Elaboration	34
2.4	Konkrete Anwendung auf das Mit- bzw. Herausschreiben	38
2.5	Eine spezielle Methode des Mit- bzw. Herausschreibens	40
3	**Strukturierung als Gedächtnisstrategie**	44
3.1	Der Effekt der strukturierenden Elaboration	44
3.2	Wie sieht die Strukturierung von Information praktisch aus?	45
3.3	Übungsbeispiele	48
3.4	Mind-Mapping als eine spezielle Methode der Strukturierung	51
4	**Visualisierung als Methode der Elaboration**	55
4.1	Die Wirkung der Visualisierung	55
4.2	Warum wird die visualisierte Information besser behalten?	58
4.3	Wie kann visualisiert werden?	61
4.3.1	Freie Visualisierung	61
4.3.2	Zahlenbilder	62
4.3.3	Abläufe visualisieren	63
4.3.4	Strukturen visualisieren	66

die Arbeit, die man mit der Erstellung des Spickzettels hat, ist also gedächtniswirksam. Daher ist es auch nutzlos, mit Spickzetteln anderer Personen zu arbeiten, da genau diese geistige Arbeit dazu dann fehlt. Ansonsten gäbe es mit Sicherheit schon längst Verlage, die die besten Spickzettel für alle Fächer anbieten würden.

> **Merke:**
>
> Das ERSTELLEN eines Spickzettels ist sehr sinnvoll, das BENUTZEN dagegen riskant und (bei einem gut gemachten Spickzettel) auch völlig unnötig.

1.2.2 Serieller Positionseffekt im Kurzzeitgedächtnis

Ein weiterer, für das Funktionieren des Kurzzeitgedächtnisses unmittelbar relevanter Mechanismus besteht im sogenannten „Seriellen Positionseffekt". Um diesen zu demonstrieren, betrachten Sie in einem zweiten Auswertungsschritt noch einmal das Ergebnis zum Experiment 1.

> **Experiment 1 (Forts.)**
>
> Analysieren Sie dabei nun die Position, an der sich die Begriffe, die Sie richtig reproduziert haben, in der zu lernenden Liste befunden haben. Zählen Sie dazu aus, wie viele Begriffe der Position eins bis vier der Lernliste Sie richtig reproduziert haben, wie viele der richtig reproduzierten Begriffe auf der Position fünf bis acht und wie viele Begriffe auf der Position neun bis zwölf in der Lernliste standen.
>
> Anzahl der richtig reproduzierten Begriffe auf der Position 1 bis 4 ...
> Anzahl der richtig reproduzierten Begriffe auf der Position 5 bis 8 ...
> Anzahl der richtig reproduzierten Begriffe auf der Position 9 bis 12 ... der Lernliste für das Experiment 1
>
> Tragen Sie die Anzahlen dann im nachfolgenden Diagramm ein:
>
>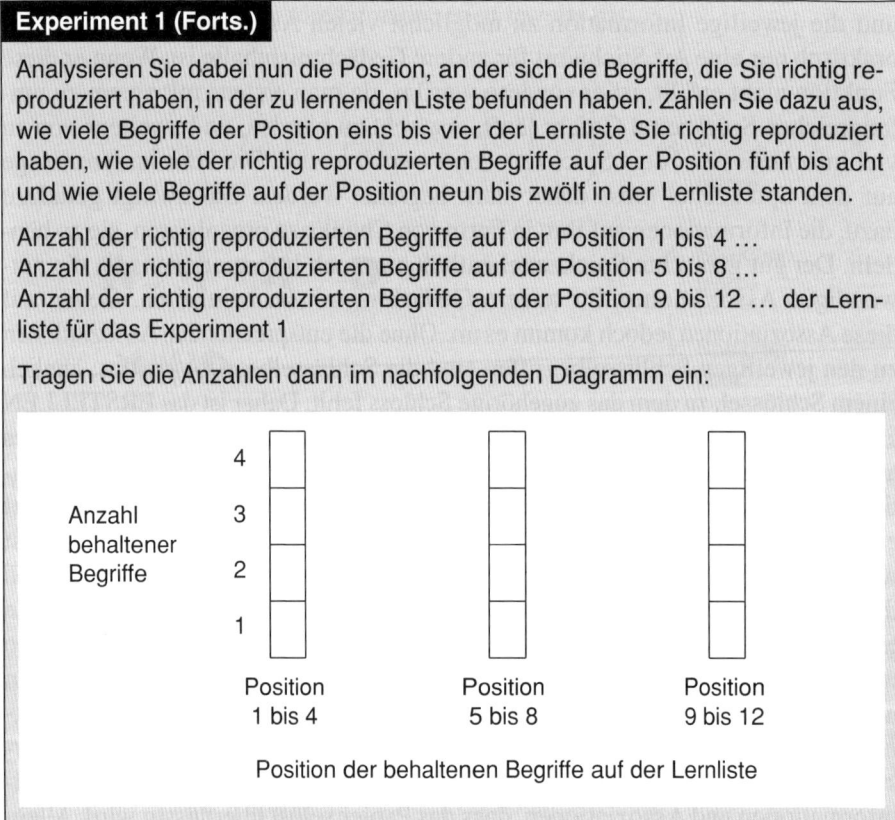

Inhaltsverzeichnis

Teil 1: Lernen und Gedächtnis

1	**Die Funktionsweise des Gedächtnisses**	14
1.1	Das Drei-Speicher-Modell	14
1.2	Die Funktionsweise des Kurzzeitgedächtnisses	17
1.2.1	Die Kapazität des Kurzzeitgedächtnisses	17
1.2.2	Serieller Positionseffekt im Kurzzeitgedächtnis	20
1.2.3	Der Gedächtniszerfall im Kurzzeitgedächtnis	23
1.3	Der Weg vom Kurzzeitgedächtnis in das Langzeitgedächtnis	26
1.3.1	Interesse	27
1.3.2	Emotionale Beteiligung/emotionale Bedeutsamkeit	27
1.3.3	Einsichtiges Lernen	28
1.4	Unmittelbare Konsequenzen für das Lernen	28
1.5	Die Lernkartei	29
2	**Assoziationslernen und Verarbeitungslernen**	31
2.1	Zwei grundlegende Lernarten	31
2.2	Elaboration als Gedächtnisstrategie	32
2.3	Methoden der Elaboration	34
2.4	Konkrete Anwendung auf das Mit- bzw. Herausschreiben	38
2.5	Eine spezielle Methode des Mit- bzw. Herausschreibens	40
3	**Strukturierung als Gedächtnisstrategie**	44
3.1	Der Effekt der strukturierenden Elaboration	44
3.2	Wie sieht die Strukturierung von Information praktisch aus?	45
3.3	Übungsbeispiele	48
3.4	Mind-Mapping als eine spezielle Methode der Strukturierung	51
4	**Visualisierung als Methode der Elaboration**	55
4.1	Die Wirkung der Visualisierung	55
4.2	Warum wird die visualisierte Information besser behalten?	58
4.3	Wie kann visualisiert werden?	61
4.3.1	Freie Visualisierung	61
4.3.2	Zahlenbilder	62
4.3.3	Abläufe visualisieren	63
4.3.4	Strukturen visualisieren	66

Teil 2: Komponenten für erfolgreiches Lernen

5	**Zeitmanagement**	71
5.1	Das Zeitempfinden in unserer Zeit	71
5.2	Analyse Ihres Umgangs mit Zeit	72
5.3	Die langfristige Lernplanung	73
5.4	Der Wochenplan	75
5.5	Berücksichtigung der Tageszeit	76
5.6	Der Tagesplan	80
5.7	Systematischer Einsatz von Pausen	82
5.8	Das Lernprotokoll	87
5.9	Zusammenfassung	89
6	**Motivation zum Lernen**	90
6.1	Diverse Motive für Lernen	90
6.2	Motivationsanalyse	91
6.3	Selbsttest Motivation	92
6.4	Entscheidungsfindung und Motivation	93
6.5	Elemente zur Motivationsfestigung	95
7	**Techniken der Kurzentspannung**	97
7.1	Warum ist Entspannung für das Lernen förderlich?	97
7.1.1	Vermeidung von Interferenz	97
7.1.2	Konzentration auf die innere Wahrnehmung	97
7.1.3	Gehirnphysiologische Veränderungen bei Entspannung	101
7.1.4	Lernen im Schlaf/Superlearning und andere Wunderdinge	103
7.1.5	Hypnose	104
7.1.6	Fazit	104
7.2	Kurzentspannungstechniken	105
7.2.1	Erste Kurzentspannungstechnik	106
7.2.2	Zweite Kurzentspannungstechnik	108
7.2.3	Dritte Kurzentspannungstechnik	110
7.2.4	Vierte Kurzentspannungstechnik	112
7.2.5	Fünfte Kurzentspannungstechnik	113
7.2.6	Andere Arten der Entspannung	114
8	**Lernplanung**	116
8.1	Allein oder in der Gruppe lernen?	116
8.2	Die Reproduktion üben	119
8.3	Verlaufsplanung am Beispiel einer Hausarbeit	119
8.4	Checkliste „Lernplanung"	121

Teil 3: Individuelles Lernen

9	**Lerntypbestimmung**	127
9.1	Selbstwahrnehmung und Verhalten	127
9.2	Test zur Bestimmung des Lerntyps	129
9.3	Die verschiedenen Lerntypen	133
10	**Kommunikative Aspekte im Zusammenhang mit Lernen und Prüfungen**	136
10.1	Das Vier-Ohren-Modell von Schulz von Thun	136
10.1.1	Die Sachebene	137
10.1.2	Selbstkundgabe	137
10.1.3	Die Beziehungsebene	138
10.1.4	Die Appelebene	138
10.2	Übung zum Erkennen von verschiedenen Kommunikationsebenen	140
10.3	Übung zur Unterscheidung von verschiedenen Kommunikationsebenen	141
10.4	Interpretationsvarianten von Aussagen und deren Wirkung	144
11	**Präsentation und Referat**	147
11.1	Thema und Problemerfassung	147
11.2	Informationsmaterial sammeln	147
11.3	Gliederung erstellen	148
11.4	Vortrag ausarbeiten	148
11.4.1	Der Anfang	148
11.4.2	Der Hauptteil	149
11.4.3	Der Schluss	149
11.4.4	Übung	150
11.5	Medieneinsatz	150
11.6	Vor dem Vortrag	151
11.6.1	Karteikarten	151
11.6.2	Den Vortrag proben	151
11.6.3	Die Zeit vor dem Vortrag	153
11.7	Handout	153
11.8	Von Profis lernen	153
12	**Zentrale Lernfelder: Sprachen und Mathematik**	155
12.1	Wortschatz erwerben	155
12.2	Mehrkanaliges Lernen	156

12.3	Textverständnis verbessern	157
12.4	Aussprache üben	158
12.5	Lernprogramme	159
12.6	Ursachen der vermeintlichen Mathematikunfähigkeit	160
12.7	Spezifische Tipps für das Lernen von Mathematik	163
12.8	Den Mathematik-Test meistern	165
12.9	Rückgabe des Tests	166
13	**Emotionales Immunsystem beim Lernen**	**170**
13.1	Die Rolle der Selbstachtung	170
13.2	Vermeidung emotionaler Reibungsverluste	171
13.3	Lernhemmnisse und ihre Bewältigung	171

Teil 4: Prüfungen meistern

14	**Locker werden durch veränderte Atmung**	**181**
14.1	Die Rolle der Atmung für die An- und Entspannung	181
14.2	Atemtechniken zur Blitzentspannung	184
14.2.1	Technik: Verzögertes Einatmen	185
14.2.2	Technik: Bauchatmung	185
14.2.3	Technik: Verlängertes Ausatmen	186
14.2.4	Technik: OM-Atmung	186
14.2.5	Technik: Atmen mit Zählen	187
14.2.6	Kombinationen	187
14.3	Anwendung der Techniken vor bzw. in der Prüfungssituation	187
15	**Muskuläre Schnellentspannungstechnik**	**189**
15.1	Das Prinzip der muskulären Schnellentspannung	189
15.2	„Formale" Übungen	190
15.3	Muskuläre Entspannung in Prüfungssituationen	195
16	**Techniken zur Entschärfung hinderlicher Gedanken bei Prüfungen**	**198**
16.1	Die Wirkung von Gedanken auf die Anspannung	198
16.2	Identifikation von Stressgedanken	200
16.2.1	Oberflächengedanken und Kerngedanken	203
16.2.2	Das Finden der Kerngedanken	203
16.3	Veränderungsstrategien – Verdrängen funktioniert nicht!	204
16.3.1	Bewusstmachen von Stressgedanken	205

16.3.2	Gedankenstopp	205
16.3.3	Lösungsorientierte Aussagen	205
16.3.4	Submodale Veränderung	206
16.4	Anwendung in der Prüfungssituation	209

17 Techniken zur Veränderung bildhafter Vorstellungen ... 210

17.1	Die Bedeutung bildhafter Vorstellungen	210
17.2	Welche bildhaften Vorstellungen sollen bearbeitet werden?	211
17.3	Veränderungstechniken	213
17.3.1	Kinotechnik	214
17.3.2	Vorhangtechnik	215
17.3.3	Verpackungstechnik	216
17.3.4	Perspektive ändern	217
17.3.5	Film rückwärts laufen lassen	218
17.3.6	Gefühl als Gegenstand	218
17.4	Prinzipien der Anwendung	220
17.4.1	Absichtliche Erzeugung der Vorstellungen	220
17.4.2	Häufigkeit der Anwendung	221
17.4.3	Intensivierung der Vorstellungen durch vorhergehende Entspannung	221
17.5	Mögliche Schwierigkeiten bei der Anwendung	221
17.5.1	Die gewählte Vorstellung ist nicht die tatsächliche „Kernvorstellung"	221
17.5.2	Die Vorstellung wurde zu schnell abgebrochen	222
17.5.3	Störende Umgebung	222
17.5.4	Sätze können für Sie bedeutsamer sein als innere Bilder	222

18 Tests und Prüfungen ... 223

18.1	Verschiedene Prüfungsarten	223
18.2	Ressourcen suchen	224
18.3	Prüfungen protokollieren	224
18.4	Prüfung durchspielen	226
18.5	Fehleranalyse	227
18.6	Reihenfolge der Aufgabenbearbeitung	227

Literatur ... 228

Stichwortregister ... 229

Teil 1:
Lernen und Gedächtnis

Lernen heißt im Grunde nichts anderes, als Informationen in das Gedächtnis, speziell in das Langzeitgedächtnis, aufzunehmen. Die Begriffe Lernen und Gedächtnis sind durchaus austauschbar, ohne Lernen kommt nichts in das Gedächtnis, ohne die Speicherung im Gedächtnis ist kein Lernen möglich. Daher ist es wichtig, sich über die Grundfunktionen des Gedächtnisses bewusst zu sein, wenn man effizient lernen möchte. Man kann dann das eigene Lernen systematisch so gestalten, dass man diese Funktionsweisen optimal ausnutzt und das Lernen damit schneller und einfacher gestaltet.

Der erste Teil des Buches beschäftigt sich daher mit der Funktionsweise unseres Gedächtnisses. Im ersten Kapitel wird das Drei-Speicher-Modell vorgestellt. In diesem Modell wird das Gedächtnis als ein sequenzieller Speicher aufgefasst. Um dauerhaft gelernt zu werden, muss jede neue Information die drei Stufen des Gedächtnisses durchlaufen. Der Weg neuer Information durch diese Speicher und die Möglichkeiten, diesen Weg zu beschleunigen, sind Gegenstand des ersten Kapitels. Das vorgestellte Modell eignet sich besonders zur Erklärung von Lernvorgängen, die beim Faktenlernen, z. B. beim Vokabellernen, wichtig sind. Dieses Lernen wird auch oft als Assoziationslernen bezeichnet.

Im zweiten Kapitel wird ein Modell des sogenannten Verarbeitungslernens vorgestellt und daraus werden Lernstrategien abgeleitet, die sich besonders für solche Lernvorgänge eignen, die beim Verstehen eines Lernstoffes eine Rolle spielen. Zwei dabei besonders relevante Strategien werden dann in den nächsten beiden Kapiteln beschrieben. Das dritte Kapitel befasst sich mit der Rolle der Strukturierung, das vierte Kapitel mit der Rolle der Visualisierung bei der Verarbeitung und dem Lernen von Information.

Es erscheint vielleicht zunächst verwirrend, dass zwei verschiedenen Modelle des Gedächtnisses vorgestellt werden. Dies ist jedoch nur die logische Folge des Wissensstandes in diesem Bereich. Es gibt „das" universell gültige Modell des Gedächtnisses (noch) nicht. Es gibt jedoch verschiedene Erklärungen für unterschiedliche Funktionsweisen und verschiedene Teilgebiete des Gedächtnisses. Die Modelle brauchen sich dabei nicht zu widersprechen. Sie können durchaus nebeneinander bestehen. Wichtig ist nur, dass sie zur Erklärung verschiedener Sachverhalte geeignet sind und konkrete Handlungshinweise geben, wie man das Lernen beschleunigen kann. Modelle sind immer nur Hilfsmittel, um Vorgänge beschreibbar und erklärbar zu machen. Genauso sind auch die in diesem Teil beschriebenen Gedächtnismodelle zu verstehen. Die hier vorgestellten Modelle haben ihre Brauchbarkeit für die Steuerung von Lernvorgängen intensiv unter Beweis gestellt.

1 Die Funktionsweise des Gedächtnisses

In diesem Kapitel wird das sogenannte Drei-Speicher-Modell des Gedächtnisses vorgestellt, das sich als ein Beschreibungsmodell für bestimmte Arten von Lernvorgängen bewährt hat. Die sich daraus ergebenden unmittelbaren Konsequenzen für ein effizientes Lernen werden beschrieben. Dazu werden einige Gedächtnisexperimente beschrieben, die Sie zum Teil auch selbst durchführen können. Die Ergebnisse dieser Experimente erhalten immer nur dann Gesetzescharakter, wenn sie mit einer großen Zahl Personen durchgeführt werden, nur dann werden Zufallseffekte vermieden. Wenn man die Experimente dagegen nur im Selbstversuch oder mit einer geringen Anzahl von Personen durchführt, kann es zu Verzerrungen kommen, z. B. dadurch, dass man zu bestimmten Begriffen, die es zu lernen gilt, eine besondere Beziehung hat. Daher werden bei der Beschreibung der Ergebnisse der Gedächtnisexperimente immer die Gesetzmäßigkeiten angegeben, die sich einstellen, wenn man sie mit einer großen Gruppe von Menschen durchführt und dadurch Zufallseffekte vermeidet.

1.1 Das Drei-Speicher-Modell

In diesem Abschnitt wird ein zentrales Gedächtnismodell vorgestellt, das besonders dazu geeignet ist, die Prozesse, die beim Fakten- oder Vokabellernen wichtig sind, zu beschreiben, dieses Modell wird das „Drei-Speicher-Modell" genannt. Es hat sich in den genannten Bereichen des Lernens als ein sehr gutes Modell zur Verdeutlichung der beim Lernen relevanten Prozesse erwiesen.

In diesem Modell gibt es drei Speicher, die die Information nacheinander durchlaufen muss, damit sie dauerhaft behalten wird. Die drei Speicher sind der Sensorische Speicher, der Kurzzeitspeicher und der Langzeitspeicher. Dass es Gedächtnisspeicher von verschiedener Dauer gibt, ist wahrscheinlich jedem aus der unmittelbaren eigenen Erfahrung heraus bekannt. Manche Dinge vergisst man ein Leben lang nicht (z. B. oft die Namen der Mitschüler in der Grundschule), andere Dinge sind dagegen sehr schnell aus dem Gedächtnis verschwunden. Diese Alltagserfahrung und ihre wissenschaftliche Überprüfung sind die Grundlage für das Drei-Speicher-Modell.

Wenn man Informationen über die Sinne (hauptsächlich optisch oder akustisch) aufnimmt, gelangt die Information zuerst in den sogenannten Sensorischen Speicher. Sämtliche Informationen, die man über das Auge, das Ohr, den Geschmacks- oder den Geruchssinn oder über die Haut aufnimmt, sind für ca. eine viertel Sekunde im Sensorischen Speicher verfügbar. Auch nach dem physikalischen Verschwinden des Sinnesreizes ist die vollständige Information über ihn daher noch für kurze Zeit im Sensorischen Speicher abrufbar. Wenn man z. B. einen Kinofilm anschaut, der aus 24 Bildern je Sekunde besteht, nimmt man die 24 Bilder nicht als Einzelbilder, sondern als eine Abfolge sich überlappender Bilder wahr. Durch diesen Mechanismus wird z. B. Zeit zur Mustererkennung geschaffen.

Der Sensorische Speicher enthält das genaue Bild der Welt, so wie es von den Sinnesorganen wahrgenommen wurde. Der allergrößte Teil der Information im Sensorischen Speicher ist es jedoch nicht wert, längerfristig behalten zu werden. Daher findet im Gedächtnis eine strenge Selektion statt. Die Information, die dabei vom Sensorischen Speicher nicht in den Kurzzeitspeicher gelangt, ist dem Vergessen hilflos ausgesetzt.

Vom Sensorischen Speicher gelangt die Information dann, wenn man die Aufmerksamkeit auf sie richtet, in den Kurzzeitspeicher, in dem sie einige Minuten präsent bleiben kann. Im Kurzzeitspeicher erfolgt dann eine weitere Selektion und Interpretation der Information. Man kann in gewissen Grenzen die Information im Kurzzeitspeicher durch Wiederholen festhalten. Um vom Kurzzeitspeicher in den Langzeitspeicher, in dem die Information dann jahrelang gespeichert werden kann, zu gelangen (und somit gelernt zu werden), muss sie jedoch noch weitere Verarbeitungsschritte erfahren (vgl. Abbildung 1).

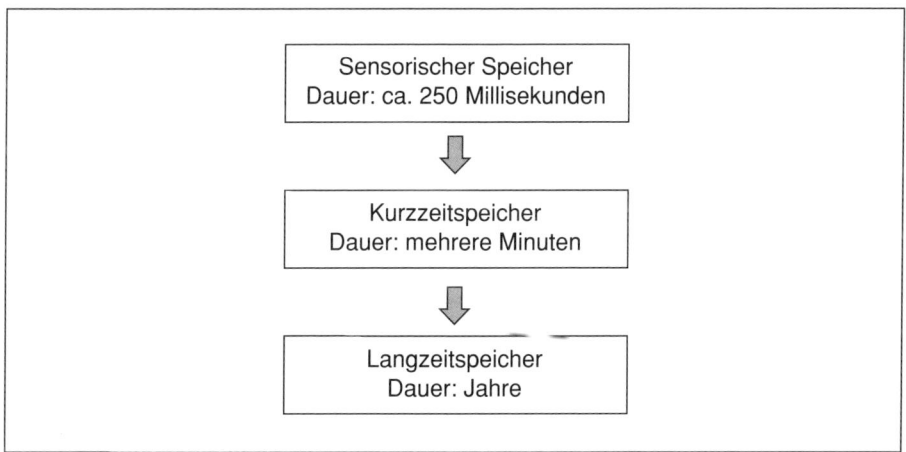

Abbildung 1: Die drei Gedächtnisspeicher

Das Gedächtnis arbeitet bei der Speicherung von Informationen hochgradig ökonomisch und selektiv. Es versucht ständig, irrelevante Informationen auszufiltern. Der größte Teil der Informationen, die in den Sensorischen Speicher und auch in den Kurzzeitspeicher gelangen, ist langfristig betrachtet absolut überflüssig. Im Laufe eines Fernsehabends nimmt man z. B. eine Unzahl an Bildern und Texten auf. Am nächsten Tag erinnert man sich (sinnvollerweise) nur noch an einen ganz kleinen Teil. Man kann dann vielleicht noch den Inhalt des Films zusammenfassen und erinnert sich vielleicht noch an einzelne Szenen, der größte Teil der Information ist jedoch vergessen. Es wäre auch absolut überflüssig, die ganzen Details längerfristig zu speichern. Sonst würde man in der Computeranalogie gesprochen ein riesiges Lager an Festplatten anlegen, das mit sehr großer Wahrscheinlichkeit niemals mehr gebraucht wird. Daher ist die Funktion des Gedächtnisses sehr stark darauf ausgerichtet, Informationen abzublocken und zu filtern. Wenn man effizient lernen möchte, muss man eben diese Filter umgehen. Man kann sich die Filter des Gedächtnisses wie die Wachen einer Burg vorstellen. Je näher man den Gemächern des Königs (des Langzeitgedächtnisses) kommt, desto strenger ist der Zutritt bewacht und reglementiert (gefiltert). Eine andere Analogie sind die Schleusen zu einem Operationssaal. Je näher man dem eigentlichen Operationssaal (Langzeitgedächtnis) kommt, desto größere Anforderungen werden an die Reinheit (Relevanz der Informationen) gestellt (vgl. Abbildung 2).

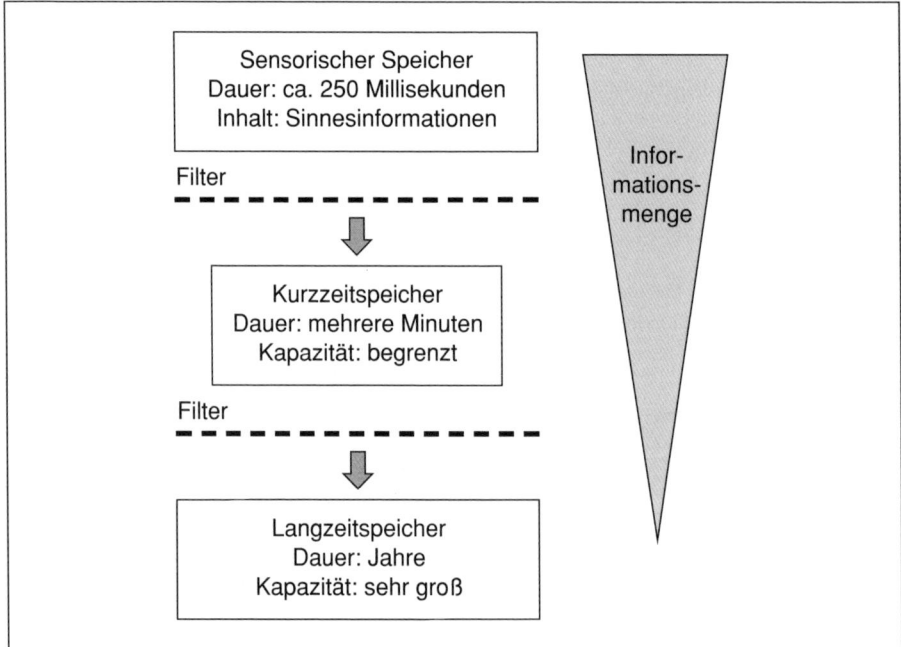

Abbildung 2: Informationsfilterung im Drei-Speicher-Modell

Wenn man nun gezielt Information in das Langzeitgedächtnis schaffen will (und nichts anderes ist ja Lernen), so muss sie diese absolut sinnvollen und hilfreichen Filter beim Übergang zwischen den verschiedenen Speichern passieren. Bei allen beschriebenen Lerntechniken geht es letztendlich darum, Informationen gezielt durch die Filter unseres Gedächtnisses zu schleusen.

1.2 Die Funktionsweise des Kurzzeitgedächtnisses

Dieser Abschnitt beschäftigt sich mit der Funktion und den Eigenheiten des Kurzzeitgedächtnisses. Um die Funktionsweise des Kurzzeitgedächtnisses zu verstehen, kann man folgendes Experiment machen:

> **Experiment 1: Kurzzeitgedächtnis**
>
> Nehmen Sie sich genau eine Minute Zeit und lernen Sie die nachfolgende Liste mit Begriffen auswendig.
>
> Aktenordner
> Zehnkampf
> Naturwissenschaftler
> Blumenkohl
> Teigwaren
> Funkturm
> Kofferraum
> Terminkalender
> Kleiderschank
> Bilderrahmen
> Drehmaschine
> Liederhalle
>
> Legen Sie dann dieses Buch für ca. 10 bis 15 Minuten beiseite und tun Sie etwas ganz anderes. Nehmen Sie sich nach dieser Zeit ein Blatt Papier und schreiben Sie dann die Begriffe auf, an die Sie sich noch erinnern. Wichtig dabei: tun Sie in der Zwischenzeit etwas völlig anderes und wiederholen Sie die gelernten Begriffe nicht.

1.2.1 Die Kapazität des Kurzzeitgedächtnisses

Mit dem obigen Experiment kann man sehr gut die limitierte Kapazität des Kurzzeitgedächtnisses demonstrieren. Vergleichen Sie dazu die reproduzierten Begriffe mit der Liste der Begriffe und errechnen Sie die Zahl der *richtig* reproduzierten Begriffe.

Anzahl der richtig reproduzierten Begriffe:

Sehr wahrscheinlich wird die Anzahl der richtig reproduzierten Begriffe zwischen fünf und neun liegen. Das Kurzzeitgedächtnis hat nämlich eine Kapazität von sieben, plus minus zwei Gedächtnisinhalten (Miller, 1956). Solche Gedächtnisinhalte können Begriffe, Zahlen, Formeln, Ereignisse, Argumentationen etc. sein, also sieben, plus minus zwei sinnvolle Einheiten.

Worin bestehen solche „sinnvolle Einheiten"? Es ist egal, ob es sich bei ihnen um Buchstaben, Worte, Sätze oder Ähnliches handelt, wichtig ist nur, dass es SINN-

VOLLE Einheiten sind. Das Kurzzeitgedächtnis verfügt über die genannten sieben, plus minus zwei Speicherplätze für solche sinnvollen Einheiten. Wie viel Information in einen solchen Speicherplatz gepackt werden kann, hängt davon ab, in welchem Ausmaß bereits Verbindungen zu den Informationen im Langzeitgedächtnis abgelegt sind. Die Informationsspeicherung kann dadurch ökonomisiert werden, dass man Informationen zu sogenannten „Chunks", d. h. Informationsbündeln zusammenfasst (vgl. Abbildung 3). Dies gelingt umso besser, je mehr Vorinformation bereits vorhanden ist. Ist jemand z. B. des lateinischen Alphabets nicht mächtig, so wird er beim Betrachten des Wortes „WIND" nur 10 Linien wahrnehmen, die für ihn jedoch ziemlich bedeutungslos nebeneinander stehen. Um dieses Zeichen im Gedächtnis behalten zu können, wird er alle Speicherplätze des Kurzzeitgedächtnisses benötigen. Kennt er dagegen das lateinische Alphabet, kann aber nicht deutsch, so wird er zwar die Linen als Buchstaben wahrnehmen können, aber nicht den Sinn des Wortes. Zum Behalten des Wortes wird er vier Speicherplätze benötigen. Spricht er jedoch Deutsch, so kann er das Wort identifizieren und braucht zur Speicherung im Kurzzeitgedächtnis nur einen Speicherplatz. Die tatsächliche Informationsmenge im Kurzzeitgedächtnis kann daher erheblich schwanken, je nachdem, wie sinnvoll die Information für den Lernenden ist und wie viel Hintergrundinformationen er jeweils hat.

Abbildung 3: Verschiedene Chunks für das Wort „Wind"

Ein weiteres Beispiel für chunking

Um die unten stehende Zahlenkombination auswendig zu lernen, werden sehr viele Plätze im Kurzzeitgedächtnis benötigt. Für die meisten Menschen ist es sogar unmöglich, da sie mehr als neun Ziffern enthält.

3 5 6 2 1 3 4 6 8 4 2 6 5 4 3 8 9 5 6

1 3 4 6

Wenn man nun einzelne Zahlen zusammenfasst (z. B. zur sinnvollen Zahl 1346), kann man sie jedoch auf nur einem Speicherplatz abspeichern. Diese Ökonomisierung funktioniert allerdings nur dann, wenn die Zahl 1346 z. B. als eine Jahreszahl für den Lernenden auch eine Bedeutung hat. Es kommt dabei darauf an, wie gut es dem Gehirn gelingt, die jeweilige Information als eine sinnvolle Einheit zu begreifen. Je mehr Vorinformation man besitzt, desto größere Chunks kann man bilden und desto größer ist die Gesamtmenge an Information, die man im Kurzzeitgedächtnis präsent halten kann. Die Speicherplätze im Kurzzeitgedächtnis sind dabei wie Schubladen, in denen jeweils nur ein Gegenstand (Chunk) abgelegt werden kann.

Praktische Anwendung des Chunkings: Spickzettel schreiben

Die Gesetzmäßigkeiten des Chunkings kann man sich sehr gut beim Erstellen eines gut gemachten Spickzettels zu Nutze machen. Ein solch gut(!) gemachter Spickzettel ist nichts anderes als das Erstellen von Chunks, indem man Informationen unter einem Stichwort abspeichert. Ein gut gemachter Spickzettel muss dabei so gestaltet sein, dass die Menge der Information insgesamt begrenzt ist und die jeweilige Information zu möglichst vielen Assoziationen anregt, also praktisch nur eine Art Stichwort für andere Gedächtnisinhalte ist. Wenn er diese Funktion nicht erfüllt, ist er sowieso wertlos, da man erstens mit einem zu umfangreichen Spickzettel Gefahr läuft, erwischt zu werden, und zweitens von zu viel Information auf dem Spickzettel eher verwirrt wird. Die Informationsmenge auf dem Spickzettel muss daher stark begrenzt werden. Das zwingt geradezu dazu, die Informationen auf ihm in Form von Chunks zu organisieren, sie zu bündeln. Der gut gemachte Spickzettel enthält nur noch Informationen, die die notwendigen Assoziationen für andere Gedächtnisinhalte beinhalten. Genau auf diese Assoziationen jedoch kommt es an. Ohne die entsprechenden Assoziationen zu den jeweiligen Schlüsselbegriffen sind die Schlüsselbegriffe wertlos, ähnlich einem Schlüssel, zu dem das zugehörige Schloss fehlt. Daher ist das ERSTELLEN eines Spickzettels eine gedächtnispsychologisch sehr sinnvolle Tätigkeit, da es automatisch zum effektiven Chunking führt. Ist dies gelungen und die Information stark verdichtet und gebündelt als Auslöser für weitere Gedankengänge auf einem kleinen Spickzettel konzentriert, kann man ihn aus zwei Gründen getrost wegwerfen: Erstens ist dann die Informationsmenge so gering, dass sie gut in das Kurzzeitgedächtnis passt und zweitens ist das Erstellen der Schlüsselworte eine derart tiefe Verarbeitung (vgl. Kapitel 2), dass die gesamten Inhalte sowieso im Langzeitgedächtnis vorhanden sind. Wenn man ihn wegwirft, entgeht man natürlich auch der Gefahr, erwischt zu werden. Der eigentliche Effekt des Spickzettels ist also nicht das „Produkt" Spickzettel, sondern der Prozess seiner Erstellung. Man schafft sich beim Erstellen eines Spickzettels so viel Hintergrundinformationen und Assoziationen, dass das Papier selbst überflüssig wird. Allein die Arbeit, die man mit der Erstellung des Spickzettels hat, ist also gedächtniswirksam. Daher ist es auch nutzlos, mit Spickzetteln anderer Personen zu arbeiten, da genau diese geistige Arbeit dazu dann fehlt. Ansonsten gäbe es mit Sicherheit schon längst Verlage, die die besten Spickzettel für alle Fächer anbieten würden.

Merke:
Das ERSTELLEN eines Spickzettels ist sehr sinnvoll, das BENUTZEN dagegen riskant und (bei einem gut gemachten Spickzettel) auch völlig unnötig.

1.2.2 Serieller Positionseffekt im Kurzzeitgedächtnis

Ein weiterer, für das Funktionieren des Kurzzeitgedächtnisses unmittelbar relevanter Mechanismus besteht im sogenannten „Seriellen Positionseffekt". Um diesen zu demonstrieren, betrachten Sie in einem zweiten Auswertungsschritt noch einmal das Ergebnis zum Experiment 1.

Experiment 1 (Forts.)

Analysieren Sie dabei nun die Position, an der sich die Begriffe, die Sie richtig reproduziert haben, in der zu lernenden Liste befunden haben. Zählen Sie dazu aus, wie viele Begriffe der Position eins bis vier der Lernliste Sie richtig reproduziert haben, wie viele der richtig reproduzierten Begriffe auf der Position fünf bis acht und wie viele Begriffe auf der Position neun bis zwölf in der Lernliste standen.

Anzahl der richtig reproduzierten Begriffe auf der Position 1 bis 4 ...
Anzahl der richtig reproduzierten Begriffe auf der Position 5 bis 8 ...
Anzahl der richtig reproduzierten Begriffe auf der Position 9 bis 12 ... der Lernliste für das Experiment 1

Tragen Sie die Anzahlen dann im nachfolgenden Diagramm ein:

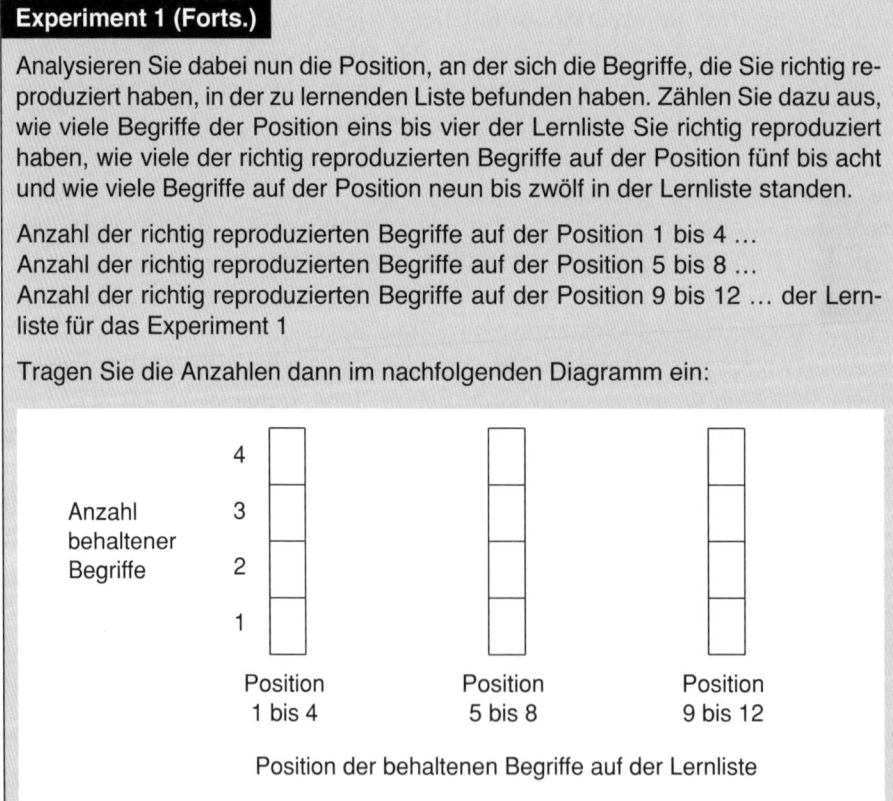

Sehr wahrscheinlich ist die Anzahl der behaltenen Begriffe nicht über alle Positionen gleich verteilt, sie wird sehr wahrscheinlich an den Positionen am Anfang und am Ende der Lernliste höher sein als an den Positionen in der Mitte der Liste.

Die „Haftfähigkeit" von Gedächtnisinhalten hängt zu einem guten Teil von der Reihenfolge ab, in der man sie auswendig lernt. Dabei werden die Einheiten, die am Anfang und am Schluss stehen, besonders gut gelernt. Dieser Effekt erstreckt sich gewöhnlich über ca. vier Begriffe. Die Einheiten, die in der Mitte stehen, werden in der Regel am relativ schlechtesten gelernt. Die Tatsache, dass die Einheiten am Anfang gut behalten werden, bezeichnet man als „Primäreffekt", das gute Behalten am Ende einer Liste als „Rezenseffekt" (McCrary & Hunter, 1953).

Wenn man das obige Experiment unter kontrollierten Bedingungen mit vielen Personen durchführt, erhält man eine Kurve, wie in Abbildung 4 dargestellt.

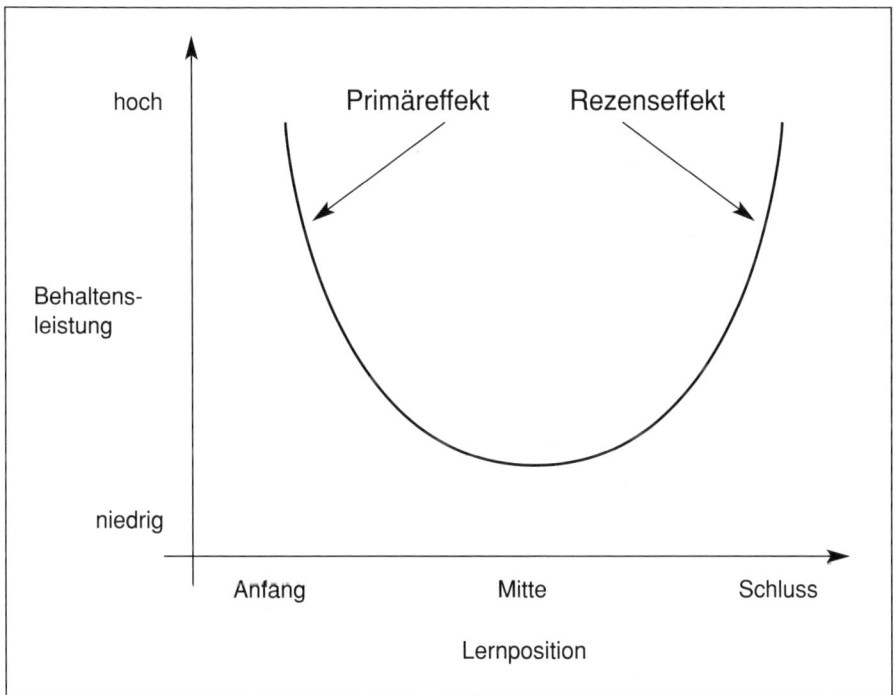

Abbildung 4: Serieller Positionseffekt

Praktische Anwendung: Nutzung des Seriellen Positionseffektes beim Vokabel- und Faktenlernen

Man kann sich den seriellen Positionseffekt sehr gut beim Vokabel- und Faktenlernen nutzbar machen. In der nachfolgenden Abbildung ist ein optimales Vorgehen beim Vokabel- bzw. Faktenlernen dargestellt, das die Gesetzmäßigkeit der seriellen Position berücksichtigt. Dabei sollen aufgrund der begrenzten Kapazität des Kurzzeitgedächtnisses nur jeweils sieben Inhalte in einem Block gelernt werden. Innerhalb eines jeden Blocks sollen die Inhalte, die man schon relativ gut gelernt hat, in der Mitte des Blocks stehen, die Inhalte, die man noch nicht so gut gelernt hat, am Anfang und am Schluss des jeweiligen Blocks. Die einzelnen Siebenerblocks sollten auch so angeordnet sein, dass die Blocks mit bereits gut gelernten Inhalten in der Mitte stehen, die Blocks mit eher weniger gut gelernten Inhalten am Anfang oder am Schluss (vgl. Abbildung 5).

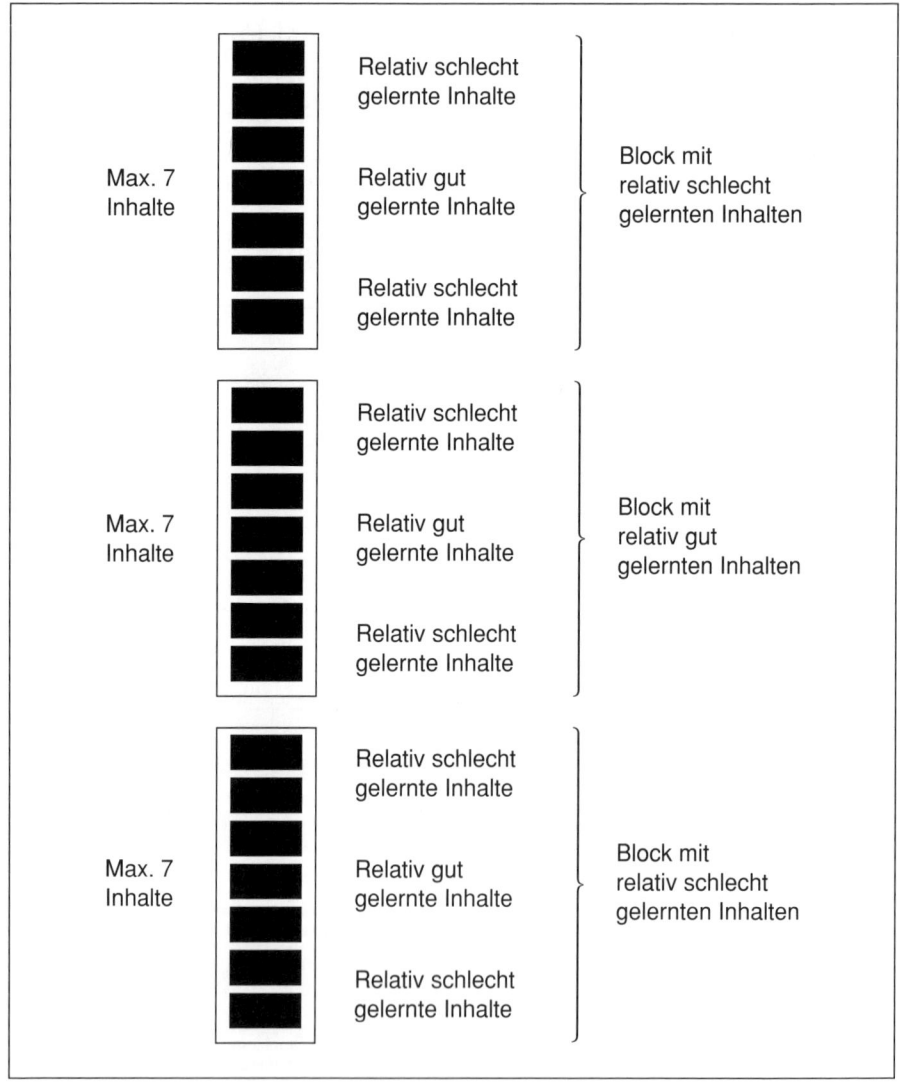

Abbildung 5: Nutzung des seriellen Positionsefektes

1.2.3 Der Gedächtniszerfall im Kurzzeitgedächtnis

Die jeweiligen Gedächtnisinhalte sind im Kurzzeitgedächtnis, wie der Name schon sagt, nur für eine kurze Dauer, in der Regel für einige Minuten, präsent. Wenn sie innerhalb dieser Zeit nicht in das Langzeitgedächtnis gelangen, sind sie für das Gedächtnis verloren. Aber durch welchen Prozess gehen sie verloren? Dies soll wiederum anhand eines Experimentes verdeutlicht werden.

Experiment 2: Kurzzeitgedächtnis

Bei diesem Experiment werden Zahlen unter drei verschiedenen Bedingungen gelernt.

1. Bedingung:
Lernen Sie die nachfolgenden Zahlen in einer Minute auswendig. Sehen Sie sich dann fünf Minuten lang diese Liste nicht mehr an, prägen Sie sich aber die Zahlen aus dem Gedächtnis heraus weiter ein. Schreiben Sie danach die erinnerten Zahlen auf.

484
342
456
876
919
543
152
745
084

2. Bedingung:
Lernen Sie wieder in einer Minute die nachfolgenden Zahlen auswendig. Zählen Sie dann unmittelbar danach von der Zahl 872 beginnend in 3er Schritten rückwärts (max. fünf Minuten lang). Schreiben Sie danach die erinnerten Zahlen auf.

129
623
998
427
543
789
231
654
291

3. Bedingung:
Lernen Sie wiederum die nachfolgenden Zahlen eine Minute lang auswendig. Lesen Sie dann fünf Minuten irgendeinen Text. Schreiben Sie danach die erinnerten Zahlen auf.

438
143
654
241
935
627
948
391
672

Auswertung:

Errechnen Sie die Anzahl der richtig erinnerten Zahlen unter den jeweiligen Bedingungen.

Anzahl der richtig erinnerten Zahlen unter Bedingung 1: ...
Anzahl der richtig erinnerten Zahlen unter Bedingung 2: ...
Anzahl der richtig erinnerten Zahlen unter Bedingung 3: ...

Vergleichen Sie die Anzahl der richtig erinnerten Zahlen unter Bedingung 1 und unter Bedingung 2. Vergleichen Sie dann die Anzahl der richtig erinnerten Zahlen unter Bedingung 2 und unter Bedingung 3.

Sehr wahrscheinlich werden Sie wesentlich mehr Zahlen unter Bedingung 1 richtig erinnert haben als unter Bedingung 2. Unter der Bedingung 3 werden Sie wahrscheinlich weniger Zahlen richtig erinnert haben als unter der Bedingung 1, aber immer noch mehr als unter der Bedingung 2. Wie ist das zu erklären? Wie wir im vorherigen Experiment gesehen haben, ist unsere Gedächtnisspanne im Kurzzeitgedächtnis auf ca. sieben Einheiten begrenzt. In der Bedingung 1 hatten Sie Gelegenheit dazu, die Zahlen im Kurzzeitgedächtnis durch Wiederholen präsent zu halten. In der Bedingung 2 war dies dagegen nicht möglich, da das Wiederholen durch das Rückwärtszählen gestört war, es kam zu einer Überlagerung und Durchmischung der gelernten Zahlen mit den zu errechnenden Zahlen. Dieser Prozess der Überlagerung und Durchmischung wird „Interferenz" genannt (vgl. Abbildung 6). Die Interferenz ist dabei besonders groß, wenn sich das Gedächtnismaterial stark ähnelt. Dies war z. B. in der Bedingung 2 der Fall, da das Gedächtnismaterial beidesmal aus Zahlen bestand. In der Bedingung 3 bestand das neue Gedächtnismaterial aus einem Text, der das zuvor gelernte Zahlenmaterial weniger störte. Daher ist bei der Bedingung 3 das Reproduktionsergebnis in der Regel besser als in der Bedingung 2.

Der größte Teil des Vergessens im Kurzzeitgedächtnis ist durch Interferenz hervorgerufen, nur ein sehr kleiner Teil durch ein Verblassen der Inhalte, durch sogenannten „Spurenzerfall", der nur durch die vergangene Zeit seit der Informationsaufnahme bedingt ist.

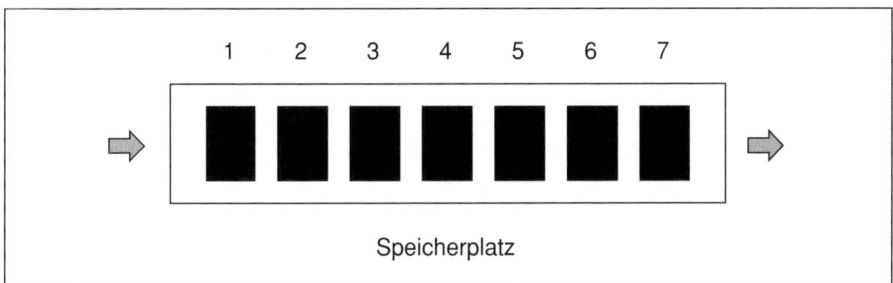

Abbildung 6: Interferenz im Kurzzeitspeicher. Wird neue Information in das Kurzzeitgedächtnis „eingefüllt", so „läuft der Speicher über", der „Abfluss" erfolgt dabei so, dass zuerst das alte Material aus dem Speicher entfernt wird. Das alte Gedächtnismaterial wird „auf die hinteren Plätze" durchgereicht, bis es „hinten herunter fällt".

Ist das Gedächtnismaterial aus dem Kurzzeitspeicher entfernt, hat es keine Chance mehr, in das Langzeitgedächtnis zu gelangen. Soll daher Gedächtnismaterial gezielt in das Langzeitgedächtnis gelangen, ist es günstig, nur gewisse Portionen an Informationen in das Kurzzeitgedächtnis aufzunehmen, dieses Material (z. B. durch Wiederholen oder durch Elaboration, vgl. Kapitel 2) in das Langzeitgedächtnis zu befördern und erst dann weitere Information in das Kurzzeitgedächtnis aufzunehmen.

Was erzeugt Interferenz?
– große Mengen an Information – Ähnlichkeit von Information (z. B. englische und französische Vokabeln nacheinander zu lernen) – Gleichzeitigkeit von Information (z. B. Fernsehen und Lernen)

Das Vorhandensein von Interferenz bemerkt man in aller Regel erst dann, wenn man versucht das Gelernte zu reproduzieren. Während des Lernens ist Interferenz kaum bemerkbar. Das macht es natürlich schwierig, Interferenz zu vermeiden. Die Wirkung von Interferenz kann jedoch dadurch verhindert werden, dass man gezielte Pausen innerhalb und zwischen einzelnen Lernblöcken einsetzt (vgl. Kapitel 8.2). Man erhöht durch den gezielten Einsatz von Pausen die Wahrscheinlichkeit, dass die Inhalte vom Kurzzeitgedächtnis in den Langzeitspeicher gelangen können. Weniger zu lernen und dann eine Pause zu machen ist mehr als viel und unsystematisch zu lernen.

Praktische Anwendung: Vermeidung von Interferenz

Um Interferenz beim Lernen zu verhindern ist es sehr effizient, das Gedächtnis zu Beginn des Lernen „leer zu räumen". Dies kann sehr einfach durch das Vorschalten einer Entspannungsphase vor dem Lernen geschehen. Nach dem Lernen sollte man ebenfalls dem Lernstoff die Chance geben, sich interferenzfrei zu setzen", ohne dass allzu viel störender Input von außen dabei wirksam ist. Dies geschieht am besten auch wieder durch eine Kurzentspannungsphase nach dem Lernen (vgl. Abbildung 7). Entsprechende Techniken, die sich hierfür besonders eignen, sind im Kapitel (vgl. Kapitel 7.2) beschrieben.

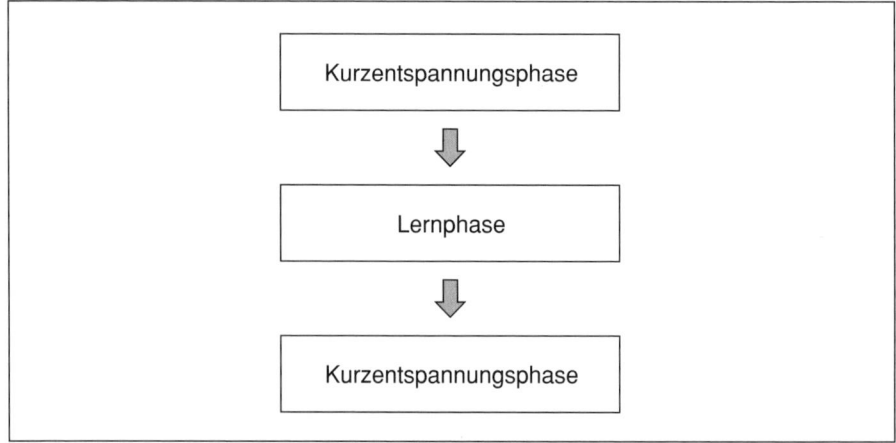

Abbildung 7: Einbettung der Lernphase zwischen zwei Kurzentspannungsphasen zur Vermeidung von Interferenz

1.3 Der Weg vom Kurzzeitgedächtnis in das Langzeitgedächtnis

Die Gedächtnisinhalte können durch Wiederholen im Kurzzeitgedächtnis „festgehalten" werden. Zu einem gewissen Teil ist es auch möglich, sie durch häufiges Wiederholen in das Langzeitgedächtnis zu bringen. Das reine Wiederholen stellt jedoch eine eher ineffektive Methode dar, um Information aus dem Kurzzeitgedächtnis in das Langzeitgedächtnis zu bringen.

Ein effizienterer Weg hierzu ist es, die Information im Kurzzeitgedächtnis zu bearbeiten. Diese Bearbeitung der Information kann z.B. erfolgen durch Interesse an der Information, durch emotionale Beteiligtheit bzw. emotionale Bedeutsamkeit, sowie durch die vielen Möglichkeiten des einsichtigen Lernens.

1.3.1 Interesse

Interesse am Lerngegenstand ist natürlich für die Behaltensleistung prinzipiell sehr förderlich. Nun kann man ja aber ein Interesse am Lernstoff nicht einfach willentlich erzeugen, Interesse ist da oder auch nicht. Sollte nun das Interesse an einem bestimmten Lernstoff eher gering ausgeprägt sein, so kann man dies jedoch als ein Signal nehmen, die in diesem Buch beschriebenen Lernhilfen ganz besonders zu beachten. Bei einem anderen Lernstoff bzw. Fach ist dies eventuell nicht so sehr nötig, da das Interesse von selbst da ist und das Lernen „wie von allein" geht. Die nachfolgende Matrix kann dabei behilflich sein, sich über die Struktur der eigenen Interessen klar zu werden. Achten Sie für ein effizientes Lernen darauf, dass Sie bei den Themen/Fächern, für die Sie weniger Interesse besitzen, auf eine genaue(re) Einhaltung der Lernregeln achten.

Übersicht über die eigenen Interessen			
Fach/Thema	hohes Interesse	mittleres Interesse	geringes Interesse

1.3.2 Emotionale Beteiligung/emotionale Bedeutsamkeit

Gedächtnisinhalte, die an Emotionen geknüpft sind, haben eine bessere Haftung im Gedächtnis. Neben dem semantischen Gedächtnis, in dem eher die Inhalte, das Wissen, gespeichert sind, gibt es noch ein eher emotionales Gedächtnis. Sind Gedächtnisinhalte in beiden Gedächtnisarten abgespeichert, so sind sie besser im Gedächtnis verankert. Die zugehörige Emotion kann dabei sowohl positiv als auch negativ sein. Die Erinnerung an einen Autounfall kann z. B. so intensiv sein, dass man sie ein Leben lang nicht vergisst. Ähnlich verhält es sich auch mit positiv gefärbten Erinnerungen (z. B. einem Flirt). Um den Behaltenseffekt zu erhöhen, ist prinzipiell jede Art von emotionaler Beteiligung förderlich. Natürlich ist es jedoch angenehmer, positive Emotionen an den Lernstoff zu koppeln. Diese können systematisch und mit einiger Übung auch relativ schnell durch positive Körperempfindungen erzeugt werden. Diese positiven Körperempfindungen können wiederum sehr effektiv durch Entspannungsübungen herbeigeführt werden. Wie oben beschrieben hat eine Entspannungsphase vor und nach dem Lernen

Einfluss auf die Interferenz, zusätzlich dazu bewirkt die Entspannung noch eine emotionale Färbung des Lernstoffs und erhöht somit die Haftfähigkeit der gelernten Inhalte. Dazu reicht eine Kurzentspannung vollkommen aus. Techniken dazu finden sich im Kapitel 7.2.

1.3.3 Einsichtiges Lernen

Der Unterschied zwischen Assoziationslernen und eher einsichtigem Lernen wird im nächsten Kapitel eingehend dargestellt. Insbesondere die Methoden der Strukturierung und der Visualisierung eignen sich, um einsichtiges Lernen zu fördern.

> **Fazit:**
>
> Das Drei-Speicher-Modell des Gedächtnisses eignet sich sehr gut dazu, einige zentrale Prinzipien des Lernens deutlich zu machen. Es ist insbesondere hilfreich zur Steuerung des Assoziations- und Faktenlernens. Ein Großteil des Lernens besteht in eben dieser Lernform, die auch Voraussetzung für andere Lernformen ist.

1.4 Unmittelbare Konsequenzen für das Lernen

Die bisher beschriebenen Gesetzmäßigkeiten der Funktionsweise des Gedächtnisses haben praktische Konsequenzen, besonders für das Lernen von Vokabeln und Fakten:
1. Es sollten nie mehr als sieben Inhalte pro Block gelernt werden. Danach ist es günstig, etwas ganz anderes zu tun, dann den nächsten Block mit max. sieben Inhalten zu lernen usw. (limitierte Kapazität des Kurzzeitspeichers).
2. Die Begriffe, die innerhalb eines Blocks noch eher schlecht behalten werden, sollten an den Anfang oder an das Ende eines Lernblocks verschoben werden (serieller Positionseffekt).
3. Nach jedem Lernabschnitt sollten gezielt Pausen gemacht werden. Das Kurzzeitgedächtnis sollte in dieser Zeit gezielt vor Interferenz geschützt werden.
4. Lerninhalte, die sich sehr ähnlich sind, interferieren stark miteinander. Solche Lerninhalte (z. B. verschiedensprachige Vokabeln) sollten nicht nacheinander gelernt werden. Besser ist es z. B. Vokabeln einer Sprache zu lernen, dann z. B. Mathematik, dann die Vokabeln einer anderen Sprache.
5. Das Lernen sollte generell nicht mit anderen Aktivitäten interferieren. Der Lernplatz sollte ausschließlich dem Lernen vorbehalten sein.

Eine besondere Form der Anwendung des Drei-Speicher-Modells stellt die sogenannte Lernkartei dar.

1.5 Die Lernkartei

Die im Folgenden beschriebene Methode wird sehr häufig beim Fremdsprachenlernen eingesetzt und ist da auch besonders nützlich. Leider wird immer wieder übersehen, dass man diese Methode mit dem gleichen Erfolg für andere Fächer einsetzen kann, z. B. für das Formellernen in Mathematik, in Physik oder Chemie, in Biologie, Medizin oder Geschichte. Die Liste ließe sich beliebig fortsetzen. Das Prinzip basiert auf der Erkenntnis, dass Menschen dazu neigen Dinge zu wiederholen, die sie schon können. Vielleicht haben sie schon einmal einem Klavier übenden Kind zugehört. Es spielt ein Stück ganz fließend und beschwingt, bis es an eine bestimmte Stelle kommt und mehr schlecht als recht darüber hinweg holpert, dann geht es wieder flott weiter. Das Kind übt das Stück manchmal 30-mal und öfter, beherrscht die kritische Stelle aber immer noch nicht. Besser wäre es gewesen, wenn es nur die „Stolperstelle" so oft geübt hätte, bis es flüssig darüber hinweggekommen wäre. Nach der missglückten Übungsstunde denkt es vielleicht: „Jetzt habe ich das Stück so lange geübt und kann es immer noch nicht, ich werde es nie können, ich bin unbegabt. Wenn ich gar nicht geübt hätte, wäre ich genau so weit, üben bringt nichts." Außerdem hat sich das Kind die „Stolperstelle" so gut eingeprägt, dass es jedes Mal an dieser Stelle denkt, „jetzt kommt wieder die Stelle, die ich nicht kann." Diese Geschichte ist auf viele Lernsituationen übertragbar. Fast jeder kennt solche Stellen, wo er schon im Voraus weiß, dass er jetzt wahrscheinlich einen Fehler machen wird, z. B. fällt einem der falsche Namen ein, oder man biegt in die falsche Straße ein, usw. Um genau diese Fehler zu vermeiden hilft die Karteikasten-Methode.

Karteikasten-Methode:

Man benötigt dazu einen Karteikasten, am besten mit Deckel, und die passenden Karteikarten dazu. Die Größe der Karteikarten richtet sich nach dem Lerngegenstand. Werden nur Vokabeln gelernt, dann reichen kleine Karten aus, werden größere Zusammenhänge gelernt, dann sollten die Karten ein größeres Format haben. Außerdem braucht man sechs Trennkarten. Als Beispiel wählen wir das Vokabellernen.

Die Trennkarten werden beschriftet mit:

VORRAT
NEUE VOKABELN
WIEDERHOLUNG
WIEDERHOLUNG
WIEDERHOLUNG
ABLAGE

und in dieser Reihenfolge in den Karteikasten gestellt.

> Nun beginnt das Beschriften der Karteikarten. Auf eine Seite schreibt man den Begriff in Deutsch, auf die Rückseite den Begriff in Englisch, dabei sollte man schon sehr aufmerksam sein, um sich die neuen Vokabeln bereits beim Schreiben einzuprägen. Alle neu beschrifteten Karten wandern nun in die Rubrik „Neue Vokabeln". Leere Karten kommen zum Vorrat. Nach einigen Stunden kann man mit der ersten Wiederholung beginnen. Alle Vokabeln, die man weiß, kommen eine Stufe weiter, also in die Rubrik „1. Wiederholung", alle nicht gewussten Vokabeln kommen zu „Neue Vokabeln". Beim nächsten Mal Abhören kommen die gewussten Vokabeln aus der Rubrik „1. Wiederholung" eine Stufe weiter, die nicht gewussten kommen zu den neuen Vokabeln. Auf diese Art und Weise durchlaufen alle Vokabeln mindestens vier Abfragen und werden dann abgelegt. Die widerspenstigen werden allerdings so lange wiederholt, bis sie im Gedächtnis verankert sind. Das Besondere an dieser Methode ist also, dass man nicht die gekonnten Vokabeln zu oft und die unbekannten Vokabeln zu selten wiederholt, was sehr häufig zu der falschen Annahme führt, man sei eben sprachunbegabt.

Sie können diese Methode auch für Geographie, Geschichte und andere Fächer nutzen: Sie schreiben sich die Aufgabe auf die eine Seite, die Antwort auf die Rückseite und können sich mit der oben beschriebenen Methode alles einprägen, was Sie sich merken wollen oder müssen.

Manche Menschen arbeiten lieber am PC oder am Laptop als mit Papier. Auch das ist möglich, da es jede Menge Anbieter von virtuellen Karteikarten im Internet gibt. Geben Sie einfach das Stichwort Karteikasten-Methode in eine Suchmaschine ein und Sie erhalten verschiedene Angebote. Sie können dann Ihre Karteikarten am Laptop vorne und hinten beschriften, in einen virtuellen Karteikasten legen und mit der zuvor vorgestellten Methode lernen. Dann speichern Sie Ihren Lernstand ab und können später daran anknüpfen.

Die Karteikasten-Methode können Sie weiter verfeinern, indem Sie den zu lernenden Stoff nach Fächern, Themen und Lernschwerpunkten strukturieren. Um Zeit zu sparen, können Sie bereits in der Vorlesung mit dem Schreiben Ihrer Karteikarten beginnen. Sie schreiben Fragen Ihres Dozenten auf die eine Seite und eine dazu passende Antwort auf die Rückseite. Zur weiteren Ausarbeitung und Einordnung des Themas hilft es, zusätzlich Datum und Vorlesungshinweise zu notieren. Um den Lernstoff effektiv im Gehirn zu verankern, dienen des Weiteren Skizzen und Eselsbrücken, mit denen Sie Ihre Karteikarten anreichern können.

2 Assoziationslernen und Verarbeitungslernen

Während in Kapitel 1 diejenigen Funktionsweisen des Gedächtnisses beschrieben wurden, die besonders für das Assoziationslernen (Vokabeln, Daten Fakten, Formeln etc.) von Bedeutung sind, geht es in diesem Kapitel um solche Gedächtnisfunktionen, die besonders für das Verständnis von geschriebenem oder im Falle eines Unterrichts oder eines Vortrags auch von gesprochenem Text relevant sind.

Im ersten Abschnitt wird dazu auf den Unterschied zwischen Assoziationslernen und Verarbeitungslernen eingegangen. Der zweite Abschnitt befasst sich mit der sogenannten „Elaboration" als einer sehr effizienten Verarbeitungsstrategie des Lernens. Im dritten Abschnitt werden dann verschiedenen Methoden der Elaboration von Texten vorgestellt. Im vierten Abschnitt wird die Anwendung der Elaboration speziell auf das Mit- und Herausschreiben thematisiert.

2.1 Zwei grundlegende Lernarten

Man kann prinzipiell zwei Arten von Lernsituationen unterscheiden: das Assoziationslernen und das Verarbeitungslernen. Das Assoziationslernen ist ein Auswendiglernen, z. B. Vokabeln in einer fremden Sprache, Jahreszahlen im geschichtlichen Zusammenhang, Formeln etc. Dieses eher mechanische Lernen ist die Grundvoraussetzung für das Verständnis vieler Zusammenhänge, so kann man z. B. eine Fremdsprache natürlich nicht verstehen, ohne die Bedeutung der einzelnen Worte zu kennen. Jedoch führt die alleinige Kenntnis der Worte einer Fremdsprache auch noch nicht dazu, eine Sprache wirklich zu verstehen. Für das Assoziationslernen gelten die Gesetzmäßigkeiten, die mit dem Drei-Speicher-Modell sehr gut beschrieben werden können.

Das Assoziationslernen hat seinen festen Platz innerhalb der Lernstrategien. Nur mit Hilfe des Assoziationslernens kann man Lerninhalte erwerben, die dann Voraussetzung für das tiefere Verständnis komplexerer Zusammenhänge sind.

Für das Verständnis und das Lernen komplexerer Sachverhalte dagegen eignet sich eher ein Gedächtnismodell, das sich mit der sogenannten „Elaboration" von Lernmaterial befasst. Dieses Modell und seine Anwendung wird nachfolgend beschrieben. Unter „Elaboration" von Lernmaterial versteht man den Grad der Verarbeitung, den die zu lernende Information erfährt, dasjenige, was man mit der Information tut, wie sehr man die zu lernende Information be- und verarbeitet, wie viel gedankliche Kapazität man ihr widmet.

Man kann natürlich auch versuchen, sich komplexere Zusammenhänge, die eigentlich ein Verständnislernen erfordern würden, mittels Assoziationslernen anzueignen. Dies ist auch bis zu einem gewissen Grad möglich, indem man z. B. versucht, sich kurz vor einer Prüfung Zusammenhänge schnell anzueignen. Diese Art des Lernens hat jedoch auch eine ganze Reihe von Nachteilen.

Vorteile von Assoziationslernen von komplexen Zusammenhängen („Einpauken")
– man benötigt weniger Zeit – man braucht relativ wenig geistige Energie – die Antwort auf (die passenden) Fragen kommt wie aus der Pistole geschossen
Nachteile dieser Strategie
– sie funktioniert nur bei eher einfacheren Themen – die Stoffmenge muss relativ genau eingrenzbar sein – das Gelernte wird schnell wieder vergessen – der längerfristige Nutzen ist eher gering – die Reproduktion dieses Wissens ist anfälliger für Störungen, z. B. bei unerwarteten Fragen

2.2 Elaboration als Gedächtnisstrategie

Die zentrale Rolle der Elaboration als Gedächtnisstrategie des Verständnislernens wird in diesem Abschnitt näher beschrieben. Auch dazu soll zunächst ein Experiment beschrieben werden, das die Rolle der Elaboration verdeutlicht. Auf dieser Grundlage werden daran anschließend dann konkrete Handlungsempfehlungen für das Lernen aufgezeigt.

Experiment von Craik und Tulving (1975):
In dem betreffenden Experiment bekamen Versuchspersonen insgesamt 40 Begriffe gezeigt. Jeder dieser Begriffe wurde mit einem sogenannten Tachistoskop (das ist ein Gerät, das ähnlich wie ein Diaprojektor funktioniert) für jeweils nur 200 Millisekunden gezeigt. Den Versuchspersonen wurde dabei gesagt, es handle sich um ein Experiment zur Reaktionszeit. Die Versuchspersonen sollten zu den gezeigten Begriffen einfach nur Fragen beantworten, die Begriffe also nicht explizit auswendig lernen. Das Experiment fand unter drei Bedingungen statt. In jeder der drei Bedingungen erhielt die Versuchspersonengruppe unterschiedliche Fragen, die sie zu den tachistoskopisch gezeigten Begriffen beantworten sollten. Die erste Gruppe sollte nur entscheiden, ob die gezeigten Begriffe in Groß- oder Kleinschrift geschrieben waren (Formfrage). Die zweite Gruppe sollte entscheiden, ob

sich das gezeigte Wort auf ein vorgegebenes Wort reimt oder nicht (Reimfrage). Die dritte Gruppe sollte entscheiden, ob das jeweils gezeigte Wort in einen vorgegebenen Satz hineinpasst oder nicht (Satzfrage).

Nach dem Experiment wurde für die Versuchspersonen unerwartet eine Abfrage der behaltenen Begriffe durchgeführt. Von den Worten aus der Formfragebedingung wurden 8 % reproduziert und 16 % richtig wiedererkannt, von den Worten der Reimfragebedingung wurden 12 % reproduziert und 45 % wiedererkannt. Am besten war die Behaltensleistung jedoch bei den Worten der Satzfragebedingung, hier wurden 23 % der Worte reproduziert und 65 % der Worte wiedererkannt. Der Prozentsatz der wiedererkannten Worte ist dabei jeweils größer, weil das Widererkennen von Worten eine einfachere Gedächtnisleistung darstellt als das aktive Reproduzieren.

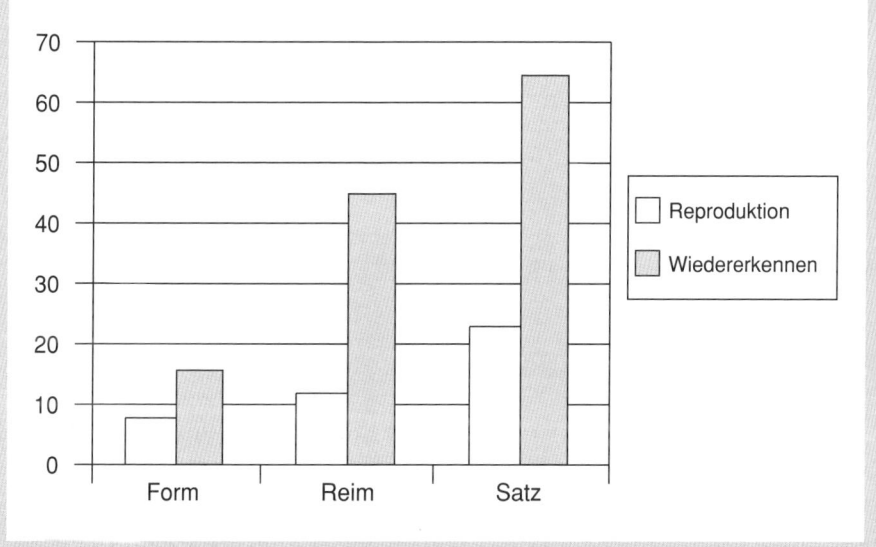

Man kann die Ergebnisse dieses Experiments folgendermaßen zusammenfassen:

Die Begriffe werden umso besser behalten, je mehr man auf die BEDEUTUNG der Worte achtet.

Wenn man die Bedeutung von Begriffen erfasst, kann man dies auch eine tiefe Verarbeitung nennen. Der Begriff „Tiefe" ist eine Metapher dafür, dass die Gedächtnisinhalte „tiefer" in das Gedächtnis eingegraben werden. Ich bevorzuge für die Beschreibung dieses Sachverhalts den Begriff „Elaboration", der in diesem Buch weiter verwendet wird. Es gilt die Gesetzmäßigkeit: je höher der Elaborationsgrad ist, der einer Information zukommt, je stärker man sich also mit der Information geistig beschäftigt, desto eher wird die Information auch im

Langzeitgedächtnis abgelegt, was ja genau das Ziel des Lernens ist (vgl. Abbildung 8).

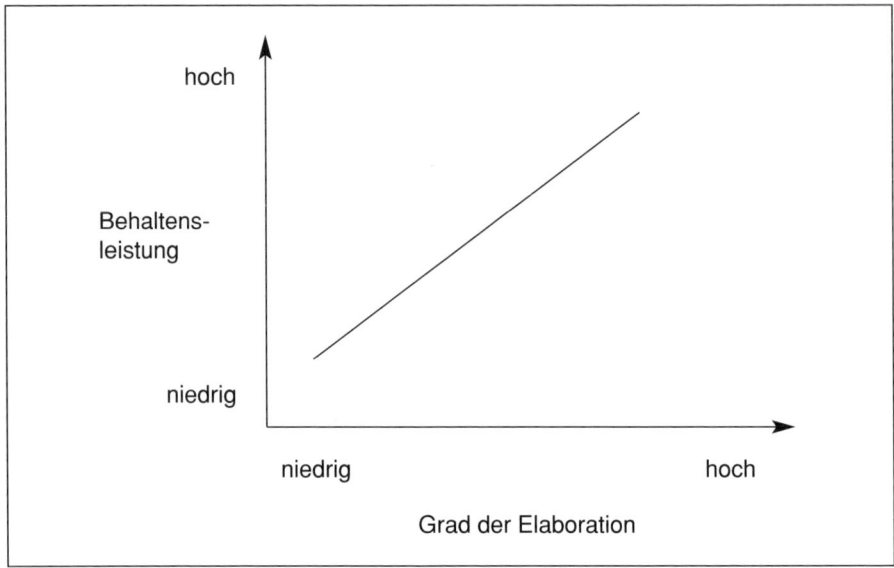

Abbildung 8: Abhängigkeit der Behaltensleistung vom Grad der Elaboration

2.3 Methoden der Elaboration

Wie kann man nun ein möglichst großes Maß an Elaboration erreichen? Das reine Durchlesen oder Hören eines Textes bewirkt noch keine allzu große Elaboration, dabei ist lediglich eine sensorische und somit relativ geringe Verarbeitungstiefe erreicht. Bei der Elaboration geht es nun darum sich intensiver mit dem gelesenen oder gesprochenen Text zu beschäftigen. In diesem Abschnitt werden Methoden beschrieben, mit denen man eine möglichst intensive Elaboration erreichen kann.

Allgemein gilt dabei:
Je mehr Aufmerksamkeit man einer Information schenkt, desto besser wird sie behalten.

Es gibt nun verschiedene Methoden, um gesprochene oder geschriebene Information zu elaborieren. Man kann sie auf einer relativ einfachen Stufe formal bearbeiten, auf einer weiteren Stufe eher semantisch (bedeutungsmäßig) zunächst niedrig, dann eher hoch elaborieren und auf einer dritten Stufe die Elaboration innerhalb einer Gruppe von Menschen durchführen (vgl. Abbildung 9).

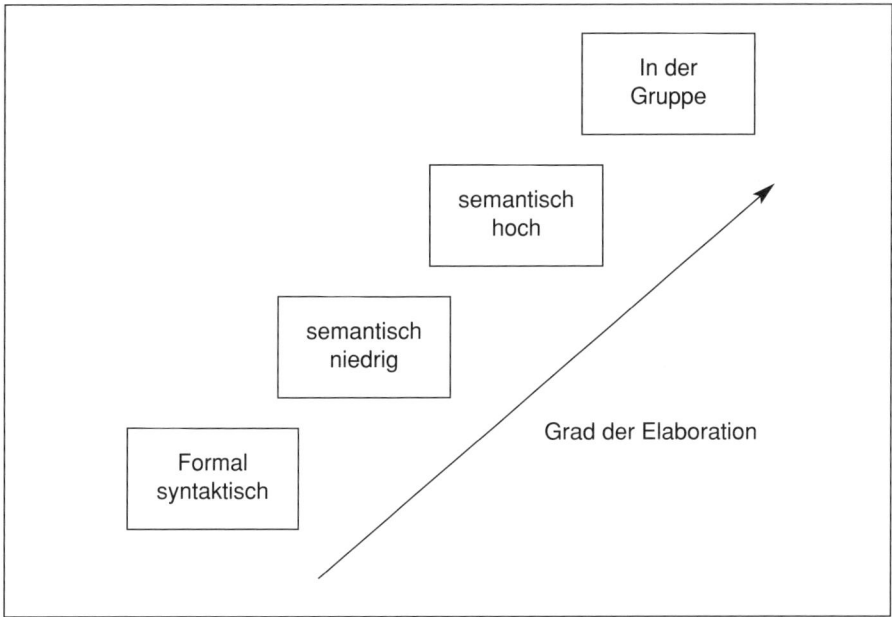

Abbildung 9: Methoden der Elaboration

Wie dies praktisch aussehen kann, soll nachfolgend erläutert werden.

1. *Individuell-formal:*
   Auf einer ersten Stufe der Elaboration kann man einen Text eher formal-syntaktisch bearbeiten: man kann dazu z. B.:
   – den Text durchlesen,
   – den Text abschreiben,
   – Textteile unterstreichen,
   – Synonyme für bestimmte Begriffe finden.

2. *Individuell-semantisch eher niedrig:*
   Man kann auf einer weiteren Stufe dann den Text eher semantisch bearbeiten, indem man z. B.:
   – den Text zusammenfasst,
   – einzelne Passagen in eigenen Worten herausschreibt,
   – überflüssige Textteile (Beispiele, Wiederholungen, …) herausstreicht,
   – metakognitive Aussagen über den eigenen Wissensstand in Bezug auf den Text formuliert wie z. B.:
   „Ich habe … noch nicht verstanden"
   „Den Vergleich … verstehe ich nicht"
   „Diesen Abschnitt habe ich voll verstanden",
   – eigene Überschriften zu einzelnen Passagen formuliert.

3. *Individuell-semantisch eher hoch:*
Auf einer weiteren Stufe der Verarbeitung kann man einen Text semantisch noch intensiver bearbeiten, indem man z. B.:
- Verbindungen zu persönlichen Erfahrungen sucht,
- mögliche Anwendungen sucht,
- eine fiktive Pressenotiz/Buchbesprechung zu dem Text schreibt,
- überlegt, was man davon verfilmen könnte,
- Analogien sucht,
- Kritik am Text formuliert,
- die zentralen Punkte des Inhalts auf einen Tonträger spricht (dadurch nutzt man auch noch den auditiven Kanal),
- einen Spickzettel zu dem Text erstellt (vgl. Kapitel 1.2),
- den Inhalt visualisiert (vgl. Kapitel 4),
- die Struktur des Textes transparent macht (vgl. Kapitel 3),
- Fragen zum Text entwirft (z. B.: „Welche Fragen könnten an der Prüfung drankommen?").

4. *In der Gruppe:*
Unter gewissen Voraussetzungen kann auch Gruppenarbeit sehr nützlich dazu sein, die Elaboration eines Textes zu verstärken. Man merkt sich das besonders gut, was man anderen erzählt hat. Die für eine effektive Gruppenarbeit notwendigen Bedingungen sind im Kapitel 8.3 beschrieben. Man kann in der Gruppenarbeit z. B.:
- den Text jemandem erklären,
- jemandem über den Text berichten,
- aus dem Text die zwei wichtigsten Sätze heraussuchen und diese dann mit den von anderen herausgesuchten Texten vergleichen,
- den Text präsentationsreif vorbereiten,
- den Text präsentieren.

Wie diese Elaboration praktisch aussehen kann, soll nachfolgend anhand eines Beispiels erläutert werden.

Beispieltext:

„Die Wahrnehmungsselektion ist eine notwendige Bedingung dafür, dass der Mensch sich überhaupt in seiner Umwelt zurecht finden kann. Wenn jeder noch so schwache Reiz, der auf den Organismus in nur einer einzigen Sekunde einströmt, bewusst verarbeitet werden würde, so wäre der Organismus nicht überlebensfähig. Wer sämtliche Nuancen der Licht- und Schallwellen, die radioaktive Umgebungsstrahlung, alle körperintern ablaufenden Prozesse wie Hormonausschüttungen oder Zellteilungen bewusst zur Kenntnis nehmen muss, der verliert jegliche Freiheit zur Verhaltenssteuerung. Ein solches – kaum vorstellbares – Wesen müsste über gigantische Kapazitäten der parallelen Informationsverarbeitung verfügen. Ansonsten würde es wohl nur noch still in seiner Höhle kauern und auf den erlösenden Tod warten." (aus Kanning, 1999)

Für den obigen Beispieltext kann man nun z. B. folgende beispielhaften Strategien der vertiefenden Elaboration anwenden:

1. *Visualisierung:*
Um den im Text beschriebenen Sachverhalt zu visualisieren, kann man sich z. B. einen Neandertaler vorstellen, der apathisch in seiner dunklen Höhle sitzt, sich voll auf sich selbst konzentriert und dabei verhungert, weil er keine Kapazität mehr hat, sich um das Essen zu kümmern.

2. *Bezug zur persönlichen Erfahrung:*
Man kann einen Bezug zur persönlichen Erfahrung z. B. dadurch herstellen, dass man sich an die zuletzt gesehene Fernsehsendung erinnert und dabei versucht, so viele Dialoge wie möglich exakt zu reproduzieren. Man wird dabei sehr schnell eine eigene Erfahrung für die im Text beschriebene Wahrnehmungsselektion finden.

3. *Metakognitive Aussagen:*
Man formuliert Aussagen zum eigenen Verständnis des Textes, z. B. „Das Beispiel mit der radioaktiven Hintergrundstrahlung verstehe ich nicht."

4. *Kritische Auseinandersetzung:*
Bei der kritischen Auseinandersetzung versucht man die im Text getroffenen Aussagen zu bewerten, bzw. in Frage zu stellen. Für den obigen Text könnte dies z. B. sein:
„Man hat doch gar keinen Sinn, mit dem man die Hormonausschüttung wahrnehmen könnte, vielleicht wäre es besser gewesen, die nachfolgenden Effekte der Hormonausschüttung (Herzschlag, Atmung, etc.) als Beispiel zu wählen."

5. *Analogien finden:*
Analogien für den im Text beschriebenen Sachverhalt könnten sein:
   a) Zum Jahreswechsel bricht oftmals das komplette Handy-Netz in Deutschland zusammen, da um 24.00 Uhr so viele Anrufe und SMS gesendet wurden, dass das Funknetz diese Flut von Informationen nicht mehr bewältigen konnte.
   b) Eine Sekretärin hat unter anderem auch die Aufgabe, „unnütze" Besuche von ihrem Chef abzuwimmeln, damit sich dieser nicht mit vielen irrelevanten Dingen auseinander setzen muss, sondern Zeit für seine wesentlichen Aufgaben hat.
   c) Ein Computer benötigt Speicher- und Verarbeitungszeit, um die Information, die er erhalten hat, zu verarbeiten.

Darüber hinaus sind die in den Kapiteln 3 und 4 beschriebenen Methoden der Strukturierung und der Visualisierung sehr effektive Methoden der tieferen Verarbeitung des Gelernten.

2.4 Konkrete Anwendung auf das Mit- bzw. Herausschreiben

Ein Großteil des Lernens besteht aus dem Bearbeiten von Texten in Form von Büchern oder eigenen Aufschrieben. Auch der Unterricht ist im Prinzip nichts anderes als das Be- und Verarbeiten von Texten in gesprochener Form. Wer das Wesentliche einer Text- oder Verbalinformation mitschreibt, hat eine 7fach höhere Chance, das Gehörte/Gelesene zu behalten (Rankin & Kausler, 1979). Beim aktiven Mit- oder Herausschreiben ist *zunächst* natürlich Mehrarbeit notwendig. Einfaches, eher passives Durchlesen oder Zuhören ist momentan zwar weniger aufwändig, bringt aber auch längerfristig weniger Behaltensleistung und braucht daher *insgesamt* mehr Aufwand, um ein Thema effektiv zu lernen. Denn genau in der (am Anfang noch eher zusätzlichen) Aktivität des aktiven Mit- bzw. Herausschreibens liegt der positive Effekt der besseren Behaltensleistung begründet. Es handelt sich also bei der Frage, ob man mitschreibt oder nicht, um eine Frage des *langfristigen* Kalküls.

Langfristiges Kalkül der Faulheit

Der (vermeintliche) Faule nimmt die zu lernende Information eher passiv auf und „spart" damit momentan geistige Aktivität. Er muss dann jedoch später noch einmal viel Energie aufwenden, um sich die Information anzueignen. Der *wirklich* Faule nimmt die Information gleich mit geistiger Beteiligung auf und spart somit längerfristig geistige Arbeit und Vorbereitungszeit.

Wenn man das Gehörte bzw. Gelesene mit- oder herausschreibt, hat man praktisch schon „automatisch" eine relativ hohe Stufe der Verarbeitung erreicht. Das Mit- oder Herausschreiben hat dabei folgende positive Effekte:

Effekte des Mit- bzw. Herausschreibens

- Man kann stundenlang zuhören oder lesen und gleichzeitig gedanklich völlig abschweifen. Beim Mit- und Herausschreiben geht das nicht. Man hat damit einen Indikator für das eigene Verständnis des Textes.
- Da man nicht alles mitschreiben kann und soll, ist eine aktive Auseinandersetzung in Form der Selektion von Information unvermeidlich. Dieser Selektionsvorgang stellt eine effektive Elaboration dar.
- Man wiederholt beim Aufschreiben das Gelernte mit dem Gehirn UND mit der Hand.

- Das Mit- und Herausschreiben braucht Zeit, man beschäftigt sich daher automatisch längere Zeit mit der wichtigen Information.
- Man reproduziert beim Mit- oder Herausschreiben oft „automatisch" die Struktur des Textes (vgl. Kapitel 3).
- Das Mit- und Herausschreiben entlastet das Gedächtnis, da man sich nicht ständig auf die wichtigen Inhalte konzentrieren muss. Man hat mit dem Mitschrieb einen externen Speicher geschaffen, auf den man jederzeit wieder zugreifen kann, der „Arbeitsspeicher" kann daher wieder zur Informationsaufnahme genutzt werden.

Selbst dann, wenn man den Aufschrieb verliert, hat man aus einem Vortrag oder einem gelesenen Text mehr behalten, als wenn man nichts mitgeschrieben hätte. Die Elaboration, die die jeweilige Information durch das Mit- oder Herausschreiben erfahren hat, bleibt auch dann noch gedächtniswirksam, wenn das „Produkt" Aufschrieb abhanden kommt.

Vorsicht: Gedächtnistäuschung!

Während man etwas hört oder liest, ist die jeweilige Information noch aktuell im Kurzzeitgedächtnis vorhanden und erscheint daher anscheinend nicht wert, dass man sie aufschreibt. Man hat das (momentan auch richtige) Gefühl, dass man die Information ja verstanden und präsent und somit anscheinend auch gelernt hat. Wenn dann jedoch die Information aus dem Kurzzeitgedächtnis verschwindet, stellt man plötzlich fest, dass man sie doch nicht vollständig und richtig reproduzieren kann. Man merkt erst später, dass man das Nicht-Mitgeschriebene nicht behalten hat, dann ist es jedoch oft zu spät. Das momentane subjektive Gefühl, alles verstanden und gespeichert zu haben, ist daher kein guter Indikator dafür, ob tatsächlich ein Lernprozess stattgefunden hat, sondern oft nur eine Täuschung aufgrund der momentanen Aufmerksamkeitslenkung.

Praktische Durchführung

Beim Mit- bzw. Herausschreiben kann es natürlich nicht darum gehen, das Gehörte/Gelesene wörtlich oder vollständig mit bzw. abzuschreiben. Das wäre eher ein Akt der Dokumentation als des Lernens. Um einen Lerneffekt zu erzielen muss man die Information selektieren. Die gelesenen oder gehörten Texte müssen auf das Wesentliche reduziert werden. Die relevante Information muss dazu aus den Texten „destilliert" werden. Der Aufbau des Textes kann erfasst werden, die Inhalte können in Beziehung zu bereits Bekanntem gesetzt werden, Wichtiges kann von Unwichtigem getrennt werden. Nur wenn beim Mit- oder Herausschreiben eine solche Informationsverarbeitung stattfindet, kann es zu effizienten und dauerhaften Lernprozessen kommen.

Viele Bestandteile eines Textes sind für das Verständnis nicht unbedingt notwendig. Beispiele, Wiederholungen, Verdeutlichungen etc. sind daher für das Mit- oder Herausschreiben eher unwichtig. Beim Mit- oder Herausschreiben geht es also nicht darum, die dargebotene Information eins zu eins mit zu stenografieren, sondern sie aktiv zu filtern. Die Reduzierung der Information kann z. B. erfolgen durch:
– Unterstreichen,
– Durchstreichen von Unwichtigem,
– Formulierung eigener Überschriften,
– Zusammenfassung mit eigenen Worten.

Faustregeln zum Mit- oder Herausschreiben

- Texte sollten generell in einzelnen Abschnitten gelesen werden.
- Ein Text sollte immer in irgend einer Art und Weise bearbeitet werden, bevor man ihn weglegt.
- Die maximal sinnvolle Bearbeitungszeit eines Textes liegt bei ca. 15 Minuten. Nach dieser Zeit sollte man sich fragen: „Was war an dem Gelesenen zentral und was lohnt sich aufgeschrieben zu werden?
- Eine Seite Text oder ca. fünf Minuten gesprochenen Text sollte man in ca. zwei bis drei Sätzen zusammenfassen. Diese Faustregel gibt einem die Möglichkeit zu überprüfen, ob man das Wesentliche erfasst hat. Sollte dies nicht gelingen, sollte man den Text noch einmal lesen.

Neben der Elaboration und den damit verbundenen Gedächtniseffekten hat das Mit- und Herausschreiben natürlich auch die Funktion, dass man sich damit für sich persönlich bedeutsame Unterlagen schafft. Eine solche eigene Unterlage hat einen viel höheren Gedächtnis- und Wiedererkennenswert als ein Buch und ist zudem wesentlich kompakter. Zur Vorbereitung einer Prüfung ist daher die Menge der Unterlagen deutlich zu reduzieren.

Das Mit- und Herausschreiben hat also zwei Funktionen

1. Die Reduktion und Verarbeitung der dargebotenen Unterlagen
2. Die Konservierung dieser reduzierten und elaborierten Information

2.5 Eine spezielle Methode des Mit- bzw. Herausschreibens

Zu jedem Lernprozess gehören Aufschriebe. Das können Mitschriften, Protokolle von Unterrichtsstunden, Vorlesungen, Vorträge oder selbstgefertigte Zusammenfassungen aus Büchern sein. Bereits das Aufschreiben ist ein Akt des

Lernens. Je nachdem was für ein Lerntyp Sie sind, kann es für Sie sogar eine sehr effektive Lernmethode sein. Aus jahrelanger Unterrichtserfahrung wissen wir, dass man manchen Menschen einen gewissen Stoff nur zu diktieren braucht, und sie haben ihn schon intus, weil sie mit der Handbewegung beim Schreiben den Stoff schon ins Gedächtnis eingravieren. Wie ist das bei Ihnen? Erinnern Sie sich an den Text, den Sie vor kurzem geschrieben haben? Wenn Sie sich einen Merkzettel fürs Einkaufen schreiben, den Zettel später dann vergessen, wissen Sie dann noch was Sie einkaufen sollen? Können Sie sich noch gut an vor einiger Zeit geschriebene Texte erinnern? Dann lernen Sie eindeutig gut durch Schreiben. Aber gerade dann, wenn das Schreiben für Sie nicht die richtige Gedächtnisstrategie ist, brauchen Sie Aufschriebe.

Ein effektiver, später brauchbarer Aufschrieb enthält
– Datum, Uhrzeit und evtl. Dauer des Unterrichts
– Thema der Unterrichtseinheit
– Verlauf des Unterrichts
– Tafel- bzw. Folienmitschrift
– Korrekturzeichen
– Randsymbole

Arbeiten Sie bei Ihren Mitschriften von Anfang an mit verschiedenen Farben oder Markern, um besonders wichtige Details herausheben zu können.

Legen Sie bestimmte Farben für spezifische Sachverhalte fest, zum Beispiel:
– Rot für Merksätze, Schlüsselbegriffe und alles andere Wichtige,
– Grün für Beispiele und Veranschaulichungen,
– Blau für Daten, Hinweise, Detailinformationen,
– Orange für besondere Hinweise,
usw.

Beispiele für Randsymbole zur Markierung von Besonderheiten						
Symbol	?	∴	💡	♥	☺	😐
Bedeutung	nicht verstanden	blabla unwichtig	Licht aufgegangen	auswendig lernen	kapiert	Nochmal überlegen
Symbol	☹	✓	f	Def.	Bspl	⇒
Bedeutung	andere Meinung	richtig und kontrolliert	falsch und kontrolliert	Definition	Beispiel	Daraus folgt

Folgende Aufteilung hat sich sehr bewährt. Sie haben damit eine gute Übersicht und geben sich schon beim Mitschreiben eine sinnvolle Struktur vor. Richten Sie sich im Voraus einige Blätter so her und prägen Sie sich die Einteilung dabei gut ein.

Strukturierung von Mitschriften:

	T	N
S	H	
	G	

Die Felder T, N, S, H und G sind für folgende Beschriftung reserviert:

T für das **T**hema, die Überschrift oder den Schwerpunkt,

N für die **N**ummer der Seite und andere wichtige Kenndaten wie Datum, Fach, Dozent etc.,

S für die **S**eiten- oder Medienhinweise, **S**ymbole von den oberen Symbolvorschlägen, **S**chlüsselwörter und andere übergeordnete Begriffe,

H für das **H**auptfeld der simultanen Mitschrift,

G für Ihre eigenen **G**edanken, Fragen, Kommentare, Notizen.

Überarbeiten Sie Ihre Mitschrift so früh wie möglich nach der Unterrichtsveranstaltung. Je früher Sie damit beginnen, umso frischer haben Sie den Inhalt noch im Gedächtnis. Sie können nun unvollständige Sätze ausbessern und weitere Markierungen anbringen. In manchen Fällen ist eine komplette Abschrift mit der

Überarbeitung sinnvoll, besonders, wenn Sie beim Schnellschreiben unleserlich werden. Überprüfen Sie auch die innere Logik Ihres Aufschriebes, ergänzen Sie, was inhaltlich fehlt. Spontan eingefügte Kürzel und Abkürzungen sollten Sie erklären, damit Sie diese auch noch zu einem späteren Zeitpunkt verstehen. Sie können auch jetzt noch in die Spalte S Schlüsselbegriffe und Hinweise einfügen. Ebenfalls ist jetzt die Zeit, um noch zusätzliche Gedanken, Kommentare und offene Fragen in das Feld G einzutragen. Überprüfen Sie, ob bei Ihren persönlichen Mitschriften Ihre Einteilung in die einzelnen Felder gelungen ist. Sie können die einzelnen Felder nach Ihren Bedürfnissen individuell verändern. Falls Sie gerne viele eigene Gedanken aufschreiben, müssen Sie das Feld G besonders groß machen, etc. Nun sollte Ihre Mitschrift so überarbeitet sein, dass Sie sie abheften können.

Besonders für die sehr begrenzte Zeit kurz vor einer Prüfung ist es lohnenswert, nur die hervorgehobenen Abschnitte noch einmal durchzulesen. Gut gestaltete Mitschriften und Notizen sind oft schon der halbe Lernerfolg, ganz besonders dann, wenn der Unterrichtende auch gleichzeitig der Prüfende ist. Bei gutem Zuhören kann man oft schon heraushören, was an der Prüfung wichtig sein wird. Aus dem bisher Gesagten ergibt sich folgende effiziente Handlungsstrategie für eine Lerneinheit zur Bearbeitung eines Textes:

Handlungssequenz zum effizienten Bearbeiten eines Textes
Vorbereitung: prüfen, ob es Interferenz mit anderem Lernmaterial gibt 1. Aufsuchen des Arbeitsplatzes 2. Umschalten auf die innere Wahrnehmung/Kurzentspannung 3. Text lesen 4. Text(teile) elaborieren 5. Zusammenfassung der wichtigsten Teile/Aussagen 6. Kurzentspannung zum Abspeichern

3 Strukturierung als Gedächtnisstrategie

Die Strukturierung stellt eine besonders wichtige und sehr effektive Methode der Elaboration dar. Daher wird sie in diesem Kapitel separat behandelt. Dazu wird zunächst wiederum ein Experiment zu diesem Thema beschrieben, daran anschließend wird die praktische Anwendung der Strukturierung als Lernbeschleuniger anhand einiger Beispiele verdeutlicht.

3.1 Der Effekt der strukturierenden Elaboration

Die visuelle Erfassung von Strukturen hat eine besondere Bedeutung für die Gedächtniswirkung der gelernten Information. Dies soll wieder anhand eines Experiments verdeutlicht werden. Mandler (1967) gab zwei Gruppen von Versuchspersonen Listen mit je 100 Begriffen. Die erste Gruppe hatte die Aufgabe, die Begriffe auswendig zu lernen. Die zweite Gruppe sollte die Begriffe lediglich ordnen. In einem (für die zweite Gruppe überraschenden) Behaltenstest hatten beide Gruppen gleich viele Begriffe behalten. Das Ordnen und Strukturieren ist also offensichtlich ein Prozess, der quasi „nebenbei" das Behalten fördert und dies im gleichen Ausmaß wie das „absichtliche" Lernen. Der Grund liegt wahrscheinlich darin, dass man durch den Aufbau einer Struktur den Abruf aus dem Gedächtnis erleichtert.

Wenn man zwar etwas im Gedächtnis abgespeichert hat, die Inhalte dann aber nicht abrufen kann, nützt das Lernen nichts. Beim Abrufen geht unser Gedächtnis so vor, wie man ein Buch in einer Bücherei suchen würde oder in einem Verzeichnis von Dateien. Wenn man dabei versuchen würde, alle Regale Buch für Buch durchzugehen und dabei hoffen würde, irgendwann das gesuchte Buch zu finden, so wäre dies eine sehr ineffiziente Strategie. Sehr viel schneller und sicherer findet man das Buch dagegen, wenn man es systematisch sucht, z. B. indem man in einem Autorenverzeichnis, einem Titelverzeichnis oder in einem nach Jahren geordneten Verzeichnis nachsieht. Genauso schafft man dem Gedächtnis eine Art „Inhaltsverzeichnis", indem man sich die Struktur eines Textes vergegenwärtigt. Die gelernte Information kann man dann sehr viel schneller finden. Mit der Strukturierung von Information schafft man sich automatisch ein Ordnungssystem, das den Abruf der Informationen erleichtert. Durch die Ordnung und Gruppierung von Information werden den Einzelinformationen gewissermaßen „Rückenschilder" angeklebt, mit deren Hilfe man die gespeicherte Information viel leichter wiederfinden kann. Ähnlich wie bei einem Computer kann man auch im Gedächtnis „Dateien" wesentlich leichter wiederfinden, wenn sie in einem „Verzeichnis" mit entsprechenden „Unterverzeichnissen" abgelegt sind. Verzeichnisse sind in aller Regel hierarchisch aufgebaut, d. h. es gibt Ober- und Unterbegriffe, Gesamtmengen und Teilmengen.

Das Gedächtnis arbeitet beim Aufruf gespeicherter Information ganz ähnlich wie ein Computer beim Aufruf gespeicherter Dateien.

Die Steigerung der Behaltensleistung durch Strukturierung spielt auch beim Aufbau einer Präsentation (vgl. Kapitel 11) eine große Rolle. Gibt man den Zuhörern bei einem Vortrag die Struktur (Gliederung des Vortrages, Leitfaden, Agenda etc.) vor, so verstehen diese das Gesagte deutlich besser (Hofmann, 2001). Bei einem guten Vortrag übernimmt es der Vortragende, die vermittelte Information für die Zuhörer vorzustrukturieren.

3.2 Wie sieht die Strukturierung von Information praktisch aus?

Sehr häufig lassen sich gesprochene Informationen und die Informationen in Texten in der Form von hierarchischen Strukturen darstellen, es gibt Oberbegriffe und Unterthemen. Fast jeder Text (insbesondere in Lehrbüchern) und fast jede verbale Aussage lässt sich auf diese Art und Weise strukturiert darstellen. Zeichnet man die Struktur auf, so hat sie häufig etwa folgende Form:

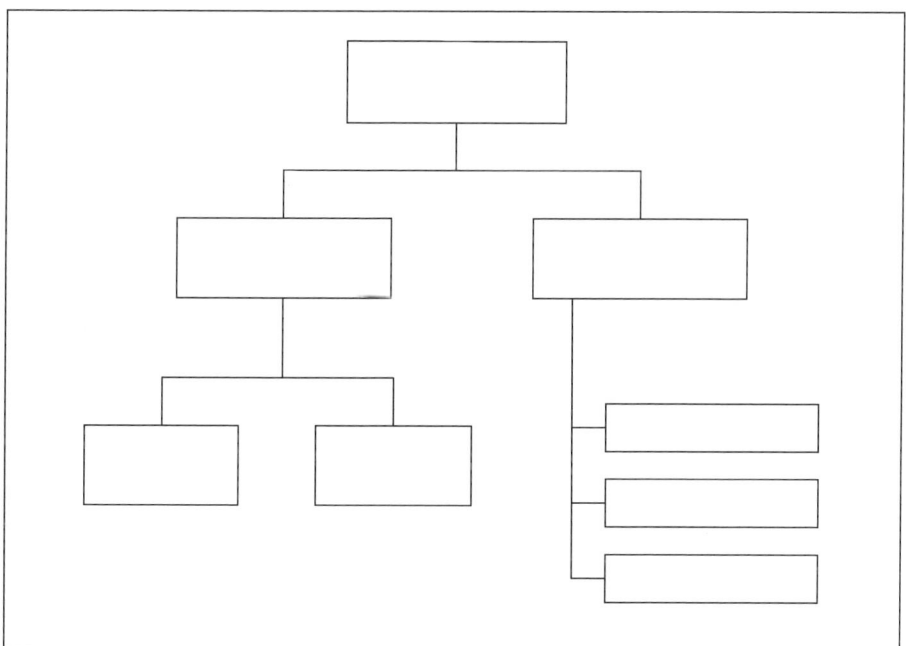

Diese Darstellungsweise erinnert stark an ein Organigramm, in dem ja ebenfalls Hierarchien abgebildet sind. Genau um diese Hierarchisierung geht es auch bei der Darstellung der Struktur eines Textes. Man bildet Ober- und Unterbegriffe,

Gesamt- und Teilmengen. Die Elaboration des Textes erfolgt dadurch, dass man den Text in sein strukturelles Abbild „übersetzt". Bei diesem Übersetzen erzielt man auch einen Teil der Effekte, auf denen die Elaboration durch Visualisierung beruht (vgl. Kapitel 4).

Nachfolgend werden dazu einige praktische Beispiele dargestellt. Dabei wird zuerst der betreffende Text aufgeführt und im Anschluss daran eine mögliche Strukturierung vorgestellt.

Beispiele für die Strukturierung von Information:

Beispiel 1: Angstformen

Text: Man kann verschiedene Angstformen unterscheiden. Zunächst gibt es zwei Hauptformen der Angst. Die Angst vor physischen und psychischen Angriffen und die Angst vor Bewertungssituationen. Die Angst vor physischer und psychischer Verletzung kann aus Angst vor physischer Verletzung, Angst vor Erkrankung und Angst vor ärztlicher Behandlung bestehen. Die Angst vor Bewährungssituationen beinhaltet die Angst vor Auftritten und die Angst vor Selbstbehauptung. Eine weitere Angst, die sich diesen Gruppen nicht zuordnen lässt, ist die Angst vor Normenüberschreitung.

Beispiel für eine strukturelle Darstellung:

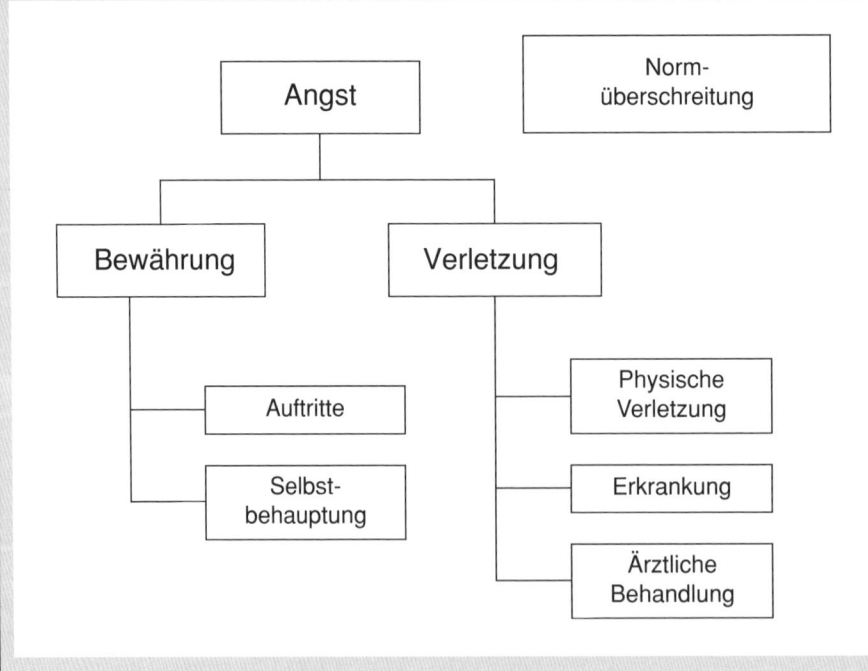

Beispiel 2: Nervensystem

Text: Das Nervensystem besteht aus zwei Systemen, dem zentralen Nervensystem und dem peripheren Nervensystem. Das periphere Nervensystem dient hauptsächlich der Reizleitung zum zentralen Nervensystem, das zentrale Nervensystem dagegen hauptsächlich der Verarbeitung der Reize. Im zentralen Nervensystem muss man das Großhirn und das Stammhirn unterscheiden. Vom Stammhirn werden hauptsächlich die lebenswichtigen Funktionen gesteuert. Es besteht aus dem eher aktivierenden Teil, dem Sympathikusnerv und dem eher desaktivierenden Teil, dem Parasympathikusnerv. Im Großhirn dagegen werden die sogenannten „höheren" Funktionen gesteuert. In dem ältesten Teil des Großhirns, dem Paleocortex, werden hauptsächlich motorische Leistungen gesteuert, im jüngeren Teil, dem Neocortex, hauptsächlich Denkleistungen erbracht.

Beispiel für eine strukturelle Darstellung:

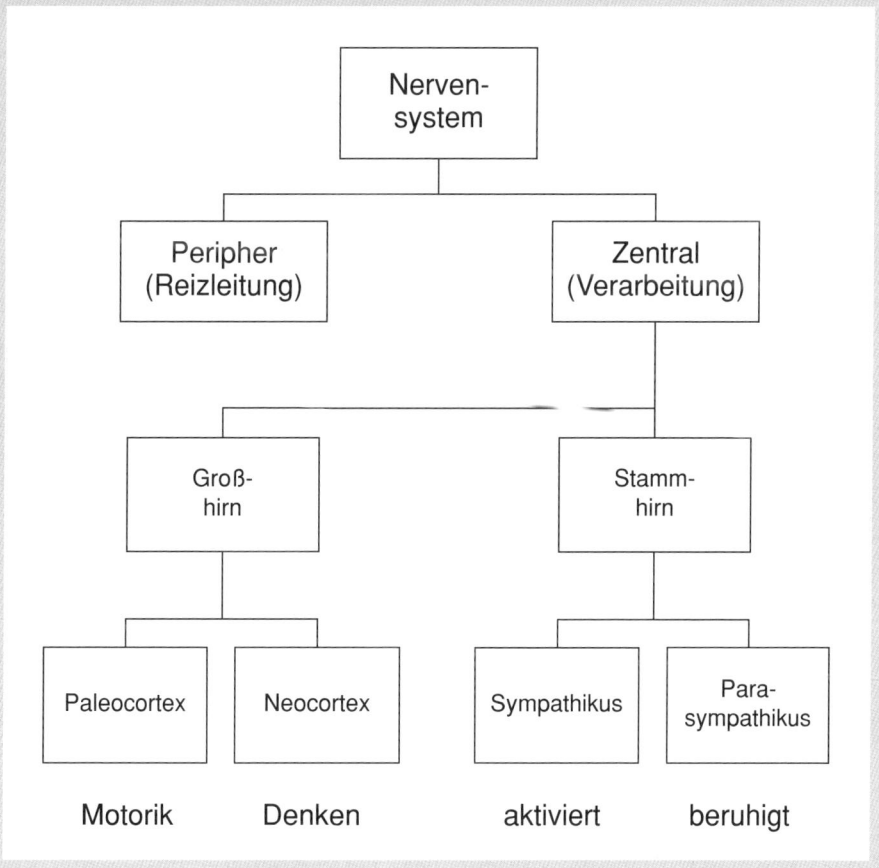

Beispiel 3: Zusammensetzung des Blutes

Text: Das Blut besteht zu 55 Prozent aus dem Blutplasma und zu 45 Prozent aus festen Bestandteilen, insbesondere aus den roten (Erythrozyten) und weißen (Leukozyten) Blutkörperchen und den Blutplättchen. Das Blutplasma ist eine milchig-gelbe Flüssigkeit, die Wasser und Eiweißstoffe enthält. Außerdem enthält das Plasma noch Mineralstoffe. Die roten Blutkörperchen haben die Funktion, den eingeatmeten Sauerstoff zu transportieren. Von den weißen Blutkörperchen gibt es drei Arten, die aber alle die Funktion haben, Krankheitskeime abzutöten. Bei jeder Infektion vermehren sich die Leukozyten und eilen gewissermaßen zum Tatort um die eingedrungenen Fremdkörper auszuschalten. Nicht minder wichtig ist ein anderer fester Bestandteil des Blutes, die Blutplättchen oder Thrombozyten. Diese leiten die Blutgerinnung ein, sobald das Blut an irgendeiner Stelle aus dem ansonsten geschlossenen Blutkreislauf austritt. So wird der Verlust des kostbaren Blutes in Grenzen gehalten.

Beispiel für eine strukturelle Darstellung:

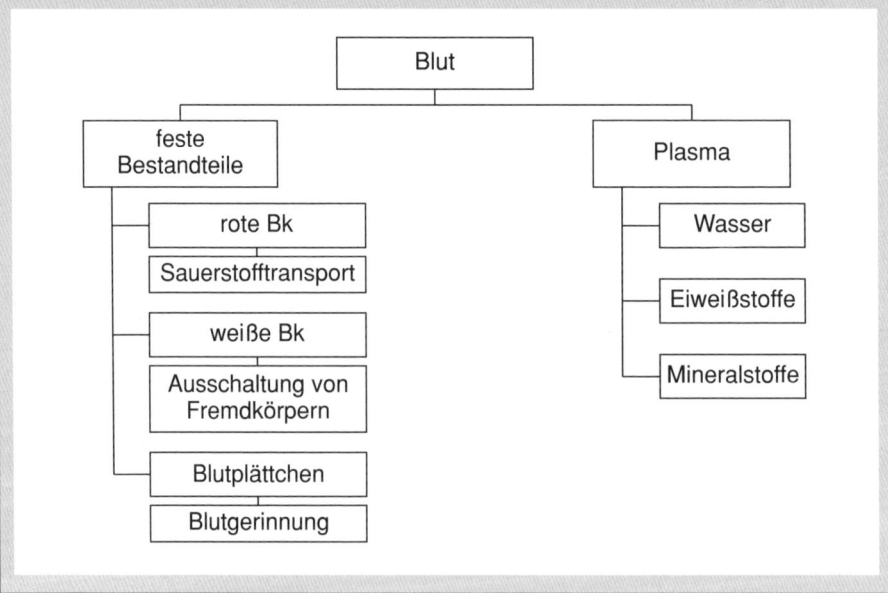

3.3 Übungsbeispiele

Um die Methode der Strukturierung von Texten und deren Elaboration üben zu können, sind nachfolgend drei Texte aufgeführt. Erstellen Sie zu den jeweiligen Texten eine hierarchische Strukturierung der darin enthaltenen Information. Eine

Lösungsmöglichkeit befindet sich am Ende des Kapitels. Es kommt nicht so sehr darauf an, dass Sie genau diese Lösung gefunden haben, es kommt vielmehr darauf an, dass Sie EINE Art von Strukturierung gefunden haben. Jede Strukturierung kann auf dem Hintergrund des Vorwissens und der eigenen Erfahrung anders aussehen, richtig und falsch gibt es dabei nicht. Um in der Analogie des Büchersuchens zu bleiben: es kommt nicht darauf an, dass Sie das „richtige" System haben, sondern ein System, das es Ihnen auf dem Hintergrund Ihres Wissens erleichtert, das Buch wiederzufinden.

Übungsbeispiele:

Übungsbeispiel 1: „Kündigungsschutzgesetz"

Die Kündigung des Arbeitsverhältnisses gegenüber einem Arbeitnehmer, dessen Arbeitsverhältnis in demselben Betrieb ohne Unterbrechung länger als sechs Monate bestanden hat, ist rechtsunwirksam, wenn sie sozial ungerechtfertigt ist. Sozial ungerechtfertigt ist eine Kündigung dann, wenn sie nicht durch Gründe, die in der Person oder im Verhalten des Arbeitnehmers liegen oder durch dringende betriebliche Erfordernisse, die einer Weiterbeschäftigung des Arbeitnehmers entgegenstehen, bedingt sind.

Übungsbeispiel 2: „Nonverbale Kommunikation"

Die nonverbale Kommunikation hat im Rahmen der Gesamtkommunikation vielerlei Funktionen. Sie kann sprachersetzend sein. Wenn man z. B. jemandem den „Vogel" zeigt, so ersetzt diese Geste die Aussage: „Du Idiot". Die nonverbale Kommunikation kann auch sprachbegleitend sein, indem sie das Gesagte durch entsprechende Gestik und Mimik unterstützt. Diese sprachbegleitende Funktion fehlt z. B. dann, wenn man telefoniert. Weiterhin kann die nonverbale Kommunikation eine regulierende Funktion haben, indem die Gesprächspartner z. B. signalisieren, dass sie etwas sagen möchten. Die Eindeutigkeit der nonverbalen Kommunikation nimmt in der oben dargestellten Reihenfolge ab, die Freiheit und somit auch die Schwierigkeit der Interpretation nimmt dagegen zu.

Übungsbeispiel 3: „Beteiligung des Betriebsrates bei Kündigungen"

Der Betriebsrat ist vor jeder Kündigung zu hören. Der Arbeitgeber hat ihm die Gründe für die Kündigung mitzuteilen. Eine ohne Anhörung des Betriebsrates ausgesprochene Kündigung ist unwirksam. Hat der Betriebsrat gegen eine ordentliche Kündigung Bedenken, so hat er dies unter Angabe der Gründe dem Arbeitgeber spätestens innerhalb einer Woche schriftlich mitzuteilen. Äußert er sich innerhalb dieser Frist nicht, gilt seine Zustimmung zu der Kündigung als erteilt. Hat der Betriebsrat gegen eine außerordentliche Kündigung Bedenken, so hat er diese unter Angabe der Gründe dem Arbeitgeber unverzüglich, spätestens jedoch innerhalb von drei Tagen mitzuteilen.

Lösungsmöglichkeiten

Kündigung nach Kündigungsschutzgesetz

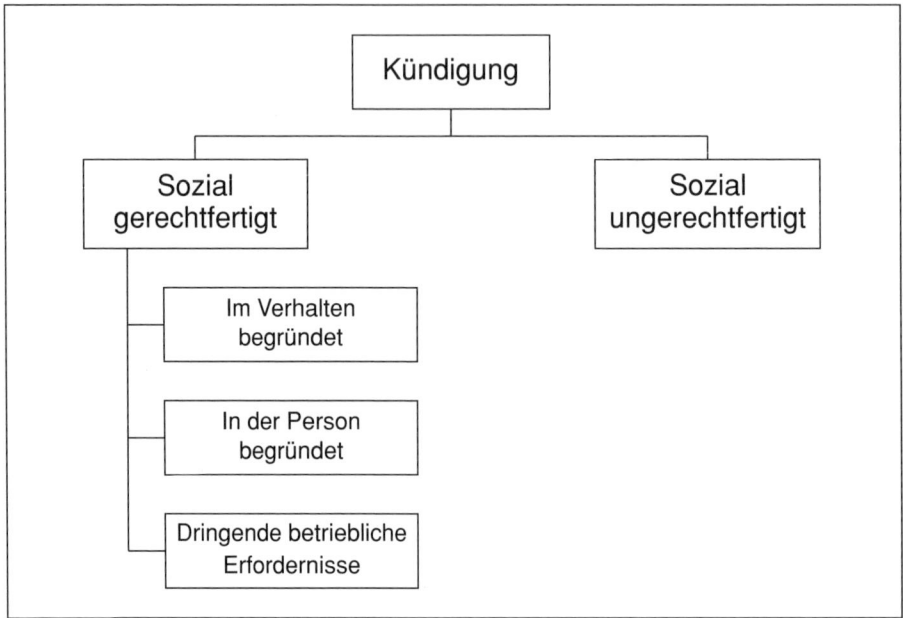

Nonverbale Kommunikation

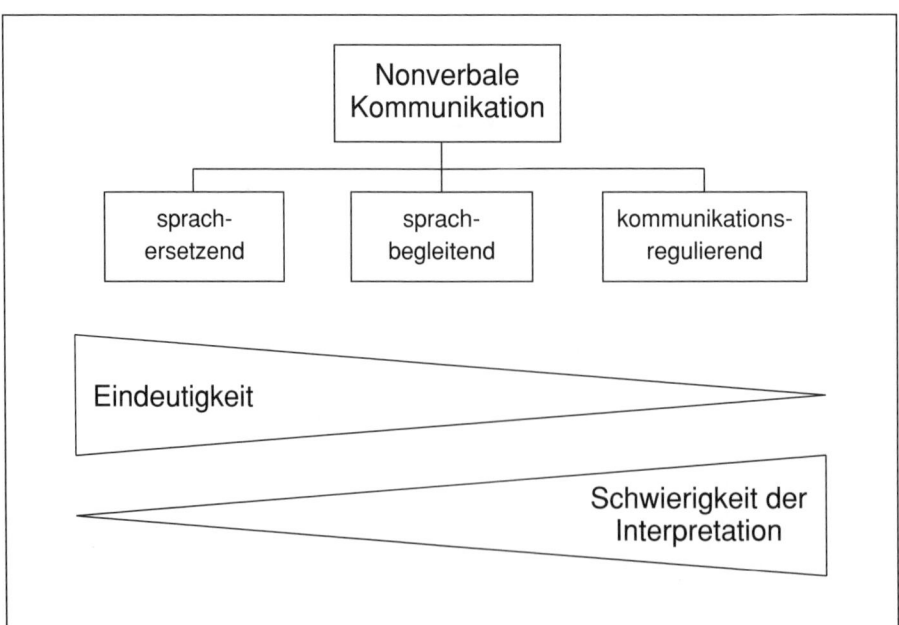

Beteiligung des Betriebsrates bei Kündigungen

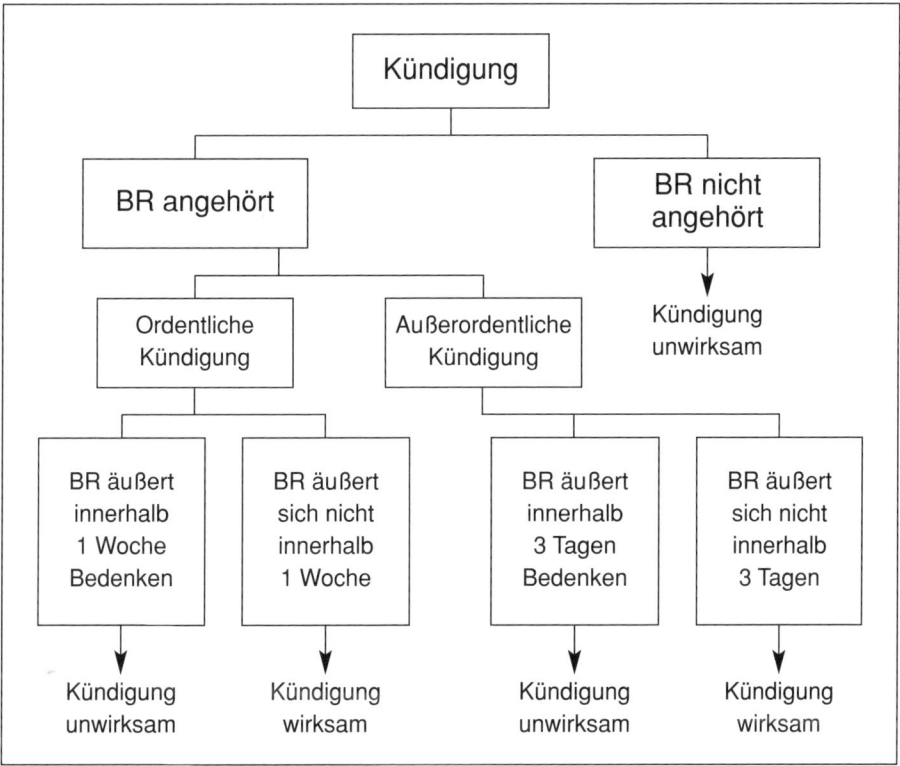

3.4 Mind-Mapping als eine spezielle Methode der Strukturierung

Eine spezielle Form der strukturierenden Elaboration stellt die sogenannte Mind-Map-Methode dar. Tony Buzan ist der Erfinder und Urheber der Mind-Maps. Er wurde 1942 in London geboren, er studierte Psychologie, Anglistik, Mathematik und Allgemeine Naturwissenschaften und schloss seine Studien mit Auszeichnung ab. Er veröffentlichte 19 Bücher über das Gehirn, Kreativität und Lernen, und er wurde zum internationalen Medienstar. Er schreibt über den Beginn seines Studiums: „Es erging mir wie vielen Studenten: Die wissenschaftliche Arbeit nahm immer stärker zu, und mein Gehirn drohte unter der Last des Studiums, das so viel Denken, Kreativität, Erinnern, Problemlösen, Analysieren und Schreiben erforderte, schier zusammenzubrechen. Ich hatte bereits nicht nur weniger Erfolge, sondern auch zunehmend Misserfolge erfahren." (Buzan & Buzan, 2013) Daraufhin beschäftigte er sich intensiv mit dem menschlichen Gehirn und entwickelte in jahrelanger Arbeit sein System des Mind-Mappings. Was er dabei erfand, ist genau so einfach wie frappierend. Es ist nicht nur eine Gedächtnishilfe, sondern dient auch dem kreativen Denken.

In der Mind-Map kommt das Denken des Menschen bildhaft zum Ausdruck. Es ist eine grafische Technik, mit der wir unser Gehirnpotenzial besser erschließen können. Man kann die Mind-Map in jedem Lebensbereich anwenden, in dem verbessertes Lernen und klareres Strukturieren zu mehr Erfolg führt.

Eine Mind-Map ist nach folgendem Prinzip aufgebaut:

- Das Hauptthema steht im Zentrum.
- Die wichtigsten Gliederungspunkte strahlen vom Zentralbild wie Äste aus.
- Die Themen mit untergeordneter Bedeutung zweigen von den Hauptästen ab.
- Das Ganze bildet ein Gefüge von miteinander verbundenen Knotenpunkten.

Die Mind-Map-Techniken

Betonung: Durch verschiedene Farben, Bilder, Pfeile, Dreidimensionalität und sonstige Hervorhebungen kann man die Mind-Map noch einprägsamer und eindrucksvoller gestalten. Für das Gedächtnis ist es sehr wichtig diese Betonungen zu machen. Farben stimulieren die Kreativität und das Gedächtnis. Je vielfältiger die Ausgestaltung der Mind-Map ist, umso besser wird sie in Erinnerung behalten. Es gibt keine starren Regeln, jeder kann und soll seinen eigenen Stil entwickeln.

Assoziationen: Durch Verwenden von Pfeilen kann man zwei verschiedene Teile einer Mind-Map verbinden. Man kann auch mit Hilfe von Häkchen, Sternchen, Kreuzen oder anderen Symbolen Verbindungen zwischen verschiedenen Teilen der Mind-Map herstellen. Es spart Zeit, wenn man für wiederholt auftauchende Personen oder Dinge Codes in Form von Ziffernkombinationen oder Buchstabenabkürzungen verwendet.

Deutlichkeit: Es ist sehr wichtig, die Begriffe deutlich aufzuschreiben, weil dem geschriebenen Wort eine große Bedeutung zukommt. Jedes Wort zieht viele Assoziationen nach sich und sollte deshalb nicht verloren gehen. Die Worte schreibt man auf Linien, die gleichzeitig das Gerüst der Mind-Map bilden. Machen Sie die Linie nur so lang wie das Wort, um Platz zu gewinnen. Die Linien unter zentrale Begriffe werden dicker gezeichnet. Umrahmen Sie einzelne Bereiche der Verzweigungen. So können Sie bestimmte Bereiche gegen andere abgrenzen und herausheben. Man kann einzelne Bereiche auch nummerieren und so eine Reihenfolge der Gedanken einführen. Das ist sehr sinnvoll, wenn man zum Beispiel eine Rede oder einen Aufsatz vorbereitet. Am besten eignet sich das Querformat für die Gestaltung von Mind-Maps.

Persönlicher Stil: Nehmen Sie sich vor, jede Mind-Map etwas farbiger, ein wenig einfallsreicher, einprägsamer als die vorige zu gestalten. So entwickeln Sie ihren eigenen persönlichen Stil. Geben Sie nicht zu früh auf. Mindestens 100 Mind-Maps müssen Sie schon gemacht haben, bevor Sie sich eine Meinung über deren Nützlichkeit bilden können. Vielleicht brauchen Sie auch noch länger. Gönnen Sie sich diese Übungsphase.

Wiederholung: Wenn es sich um einen Stoff handelt, den Sie auswendig können wollen oder müssen, so empfiehlt es sich die Mind-Map wiederholt anzuschauen. Am besten so früh wie möglich zum ersten Mal wiederholen, also nach 10 bis 30 Minuten, dann nach ein paar Stunden, dann am nächsten Tag und danach können die Intervalle größer werden, bis die Mind-Map im Langzeitgedächtnis verankert ist. Sie können zur Kontrolle auch immer wieder eine Tempo-Mind-Map erstellen, damit frischen Sie auch jedes Mal Ihre Erinnerung auf.

Anwendung des Mind-Mappings auf öffentliches Reden und Auftreten

Abgelesene Texte unterscheiden sich stark von freier Rede. Sehr häufig langweilen sich die Zuhörer recht bald, denn der Redner hat keinen Augenkontakt mit dem Publikum, konzentriert sich aufs Lesen, klebt an seinen Notizen, wirkt in sich gekehrt. Eine minutiös ausgearbeitete Rede erlaubt es dem Redner nicht, sich auf die Bedürfnisse der Zuhörer einzustellen. Ohne seine schriftliche Unterlage ist er nicht in der Lage, seine Rede zu halten. Das Einhalten eines Zeitlimits ist schwierig, weil man den geschriebenen Text nicht einfach abkürzen kann.

Eine frei gehaltene Rede wirkt im Gegensatz dazu viel lebendiger und interessanter. Eine Mind-Map kann dem Redner die nötige Freiheit und Flexibilität verschaffen, um den vorbereiteten Inhalt vorzutragen oder die Schlüsselargumente blitzschnell abzuändern und gleichzeitig auch auf Fragen von Zuhörern einzugehen. Es ist auch möglich, Gedanken des Vorredners in den eigenen Vortrag einzubauen. Die Vorbereitung erlaubt außerdem jederzeit eine Anpassung an den vorgegebenen Zeitrahmen. Man kann seine Rede kurzfristig kürzen oder erweitern.

Verwendung von Mind-Mapping in Besprechungen

Außer einer privaten Mind-Map kann man auch große, für alle sichtbare Mind-Maps auf einer Tafel, einem Bildschirm oder einer Flipchart darstellen. Dadurch kann man Gedanken und Beiträge festhalten, und die Strukturierung lässt ein Weiterarbeiten in jeder Richtung zu. Die Gruppe hat dadurch ein klares Bild des eigenen Besprechungsinhaltes vor sich. Manche Nachteile von traditionellen Besprechungen können so vermieden werden. Forschungsergebnisse zeigten, dass Personen bevorzugt werden, die sich durch die Reihenfolge oder die Lautstärke ihrer Redebeiträge hervortaten, obwohl diese zur Lösungsfindung nichts beitrugen. Durch die bildhafte Darstellung in der Mind-Map lässt sich die inhaltliche Relevanz von Statements sichtbar machen. Die Gefahr von Abschweifungen zu Unwichtigem und Abweichungen vom Thema ist damit gebannt. Der Diskussionsleiter kann mit der für alle Teilnehmer sichtbaren Mind-Map, die mit jedem Beitrag erweitert und verfeinert wird, elegant für ein Arbeiten am Kernthema sorgen. Die Ergebnisse der Besprechungen sind für alle Beteiligte zufriedenstellender und dauern nicht so lange. Durch die Visualisierung beteiligt sich die Arbeitsgruppe intensiver und bringt gerne Beiträge, die schriftlich als Stichworte festgehalten werden. Bei größeren Projekten, die lange Zeiträume in Anspruch nehmen, hat man mit der Mind-Map immer einen Anknüpfungspunkt an den letzten Diskussionsstand. Bei einer späteren Fortsetzung der Besprechung kann man den Faden schneller wieder aufnehmen und ohne Zeitverlust weiterarbeiten.

Ergebnisberichte und Protokolle lassen sich mit Hilfe einer Mind-Map schneller und präziser herstellen.

Eine Mind-Map zum Thema „Lernmotivation" kann z. B. wie in Abbildung 10 dargestellt aussehen.

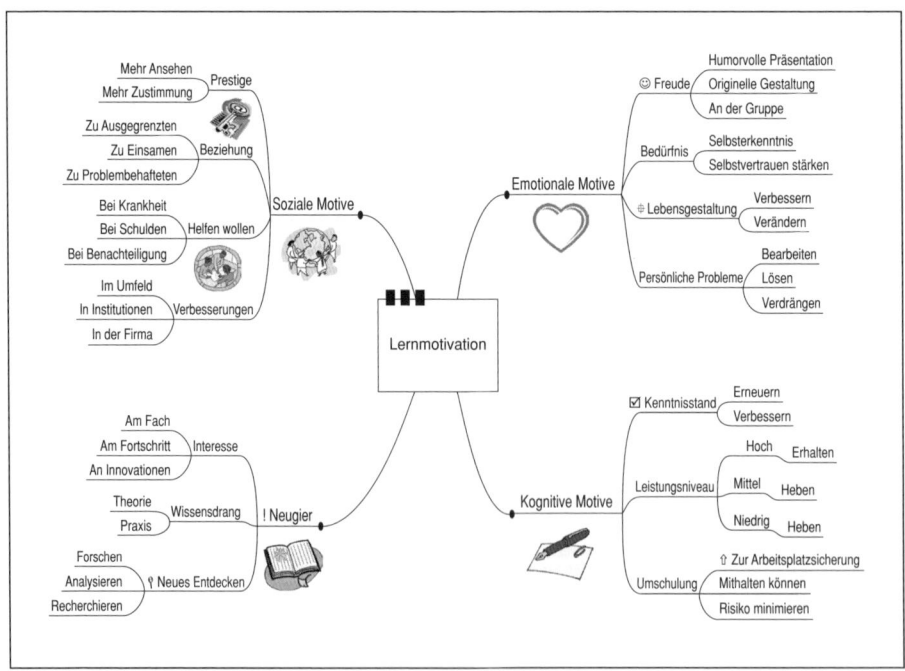

Abbildung 10: Mind-Map zum Thema „Lernmotivation"

4 Visualisierung als Methode der Elaboration

Die sogenannte „Visualisierung" stellt ein weiteres, sehr effizientes Mittel dar, Texte so zu bearbeiten, dass sie sehr gut im Langzeitgedächtnis verankert werden. Unter Visualisierung versteht man ganz einfach die bildhafte Darstellung von Information. In diesem Kapitel wird zunächst auf die Bedeutung der Visualisierung eingegangen und daran anschließend wird die praktische Umsetzung der Visualisierung besprochen.

4.1 Die Wirkung der Visualisierung

Um die Wirkung der Visualisierung zu verdeutlichen, wird zunächst wiederum ein Experiment vorgestellt, das Sie selbst mit Hilfe einer weiteren Person durchführen können. Lesen Sie dazu dieser Person den folgenden Text in normaler Lesegeschwindigkeit vor, sie soll dann die Figur entsprechend dem Vorgelesenen nachzeichnen. Notieren Sie dabei auch die Zeit, die Sie zum Vorlesen der Beschreibung benötigen.

Experiment: Visualisierung

Text zur Beschreibung der Figur

Die Grundfigur besteht aus einem großen Kreis.

Mit der Senkrechten und der Waagrechten ist sie in 4 gleich große Teile geteilt. Das rechte obere Feld wird so unterteilt, dass drei gleich große Segmente entstehen.

Im linken oberen Feld ist ein größtmögliches Quadrat eingezeichnet.

Das rechte untere Feld ist so unterteilt, dass ein Kreisbogen parallel zum äußeren Kreis von der Mitte der waagrechten zur Mitte der senkrechten Strecke verläuft.

Das linke untere Feld ist so durch eine Gerade geteilt, dass ein größtmögliches Dreieck entsteht.

Benötigte Zeit zum Vorlesen: _____

Vergleichen Sie dann die gezeichnete Figur mit dem unten zu sehenden Abbild der Figur. Sehr wahrscheinlich wird nur ein relativ loser Zusammenhang zwischen den beiden Figuren bestehen.

Zeigen Sie dann einer zweiten Person die unten abgebildete Figur genau so lange, wie Sie gebraucht haben, um die Beschreibung der Figur vorzulesen. Bitten Sie dann auch diese Person, die Figur aus dem Gedächtnis nachzuzeichnen. In aller Regel wird sie dies fast fehlerfrei können.

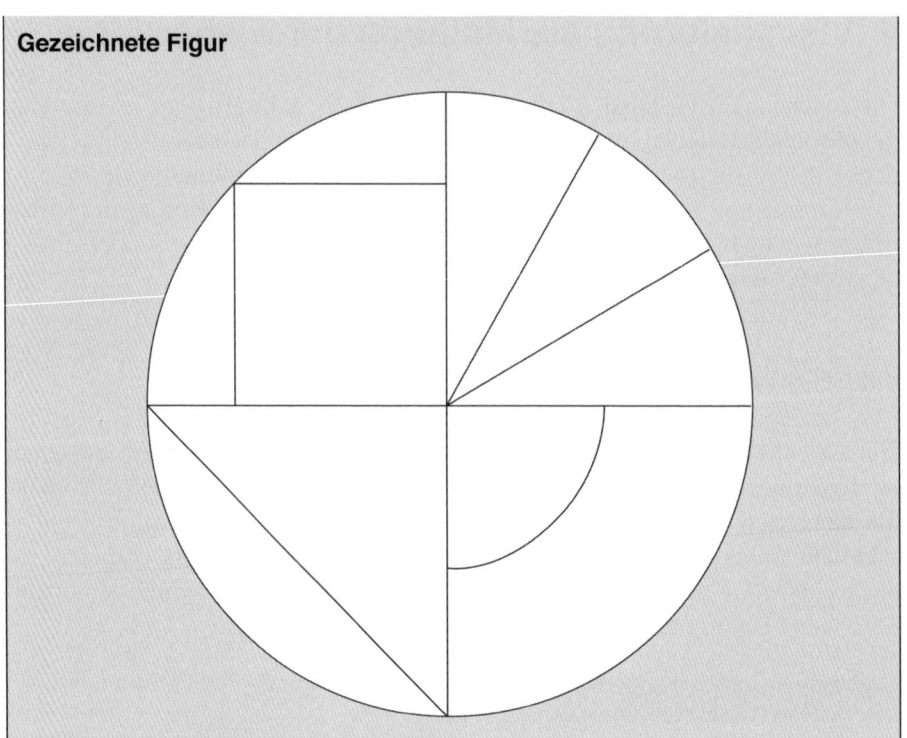

Unser Wahrnehmungssystem arbeitet so, dass den verschiedenen Sinnen verschieden große Bedeutung bei der Informationsaufnahme zukommt. Gewisse Sinnesmodalitäten werden eher bevorzugt als andere. In Kasten 1 sind die Anteile der einzelnen Sinneskanäle an der gesamten aufgenommenen Information dargestellt.

Kasten 1: Welche Informationen nehmen wir bevorzugt auf?

Auge	83%
Ohr	11%
Geruch	3,5%
Tastsinn	1,5%
Geschmackssinn	0,1%

Dieser Sachverhalt kann auch noch auf eine andere Weise beschrieben werden. Lesen Sie dazu zunächst folgenden Text durch:

„Empirische Untersuchungen haben gezeigt, dass eine durchschnittliche Versuchsperson beim Lesen ca. 10 % der aufgenommenen Information behält. Wird die Information akustisch aufgenommen, so behält sie ca. 20 % davon. Kann man dargebotene Information sehen (nicht aber gleichzeitig hören), so werden ca. 30 % behalten. Kann man die dargebotene Information sehen und gleichzeitig hören, so erhöht sich die Behaltensleistung auf ca. 50 %. Wird die erworbene Information zusätzlich auch noch angewandt, erhöht sich die Behaltensleistung auf ca. 90 %."

Wenn Sie den obigen Text gelesen haben, werden Sie also nach einiger Zeit noch ca. 10 % der in ihm enthaltenen Information behalten. Wird die selbe Information dagegen wie z. B. in Abbildung 11 visualisiert, so werden Sie ca. 30 % davon behalten.

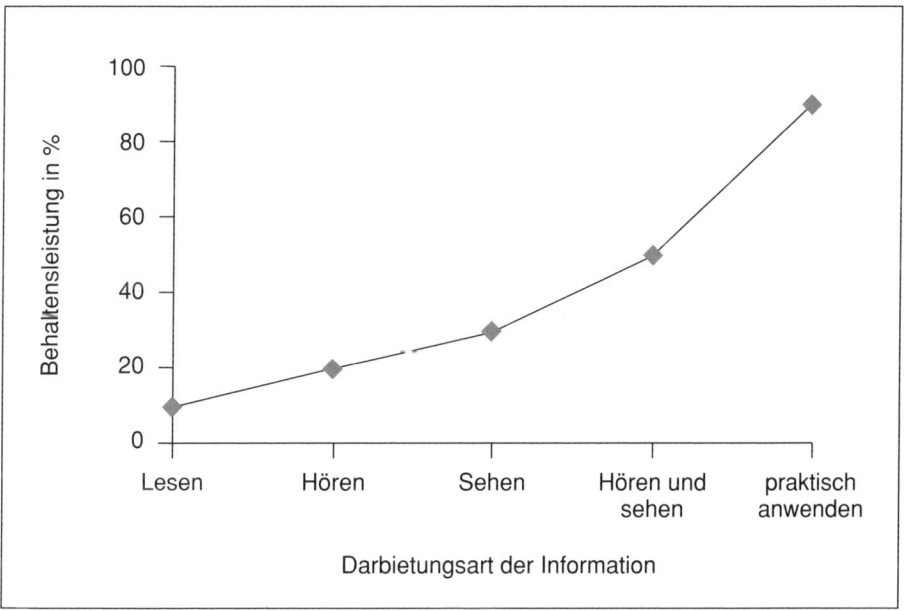

Abbildung 11: Visuelle Darstellung der selben Information

Wenn Sie das Diagramm ansehen und sich dabei den Text laut vorlesen, werden Sie später um die 50 % der darin enthaltenen Information erinnern.

Eine andere Darstellungsmöglichkeit einer ähnlichen Information als Visualisierung zeigt Abbildung 12.

Abbildung 12: Weitere Version der visuellen Darstellung der selben Information

4.2 Warum wird die visualisierte Information besser behalten?

Warum visualisierte Information besser als reine Textinformation behalten wird, wird in diesem Abschnitt erklärt.

Unser Großhirn besteht aus zwei Hemisphären, die durch den sogenannten „Balken" (Korpus Kallosum) miteinander verbunden sind. In den 60er und 70er Jahren des letzten Jahrhunderts wurde bei Patienten, die an epileptischen Anfällen litten, eine Operation vorgenommen, bei der der die beiden Hemisphären verbindende „Balken" chirurgisch durchtrennt wurde, um so ein Übergreifen eines epileptischen Anfalles auf die jeweils andere Großhirnhälfte zu verhindern. Die Forschung zu diesem Thema ist unter den Begriffen „Split-Brain" bzw. „Spalthirn" bekannt geworden (Sperry, 1969). Die Patienten profitierten von dieser Operation und hatten durch die Operation auch fast keine Funktionsausfälle. Mit einer sehr ausgeklügelten Versuchsanordnung gelang es jedoch unterschiedliche Informationen in jeweils nur eine Hemisphäre gelangen zu lassen. Eine Weitergabe der Information an die jeweils andere Hemisphäre war durch die Durchtrennung des Balkens ausgeschlossen. Dabei macht man sich eine anatomische Eigenheit des Sehnervs zu Nutze. Die linke Hälfte der Netzhaut des linken Auges und die linke Hälfte der Netzhaut des rechten Auges liefern ihre Information an die rechte Gehirnhälfte. Die rechte Hälfte der Netzhaut des linken Auges und die rechte Hälfte der Netzhaut des rechten Auges liefern ihre Information an die linke Hemisphäre. Normalerweise ist die gesamte Information der Netzhaut beider Augen für beide Hemisphären verfügbar, da beide mit dem „Balken" verbunden sind. Ist der „Balken" jedoch durchgetrennt, kann man eine Information z. B. dadurch ausschließlich in die rechte Hemisphäre schicken (vgl. Abbildung 13).

Normalerweise sind die Augen ständig in Bewegung, so dass sich die Netzhautbilder überlappen. Man muss daher den Gegenstand für die Person nur sehr kurzzeitig auf einem Bildschirm sichtbar halten. Dies geschieht durch eine sogenannte tachistoskopische (nur einige Millisekunden dauernde) Darbietung. Mit Hilfe dieser Versuchsanordnung gelangte man nun zu interessanten Ergebnissen:

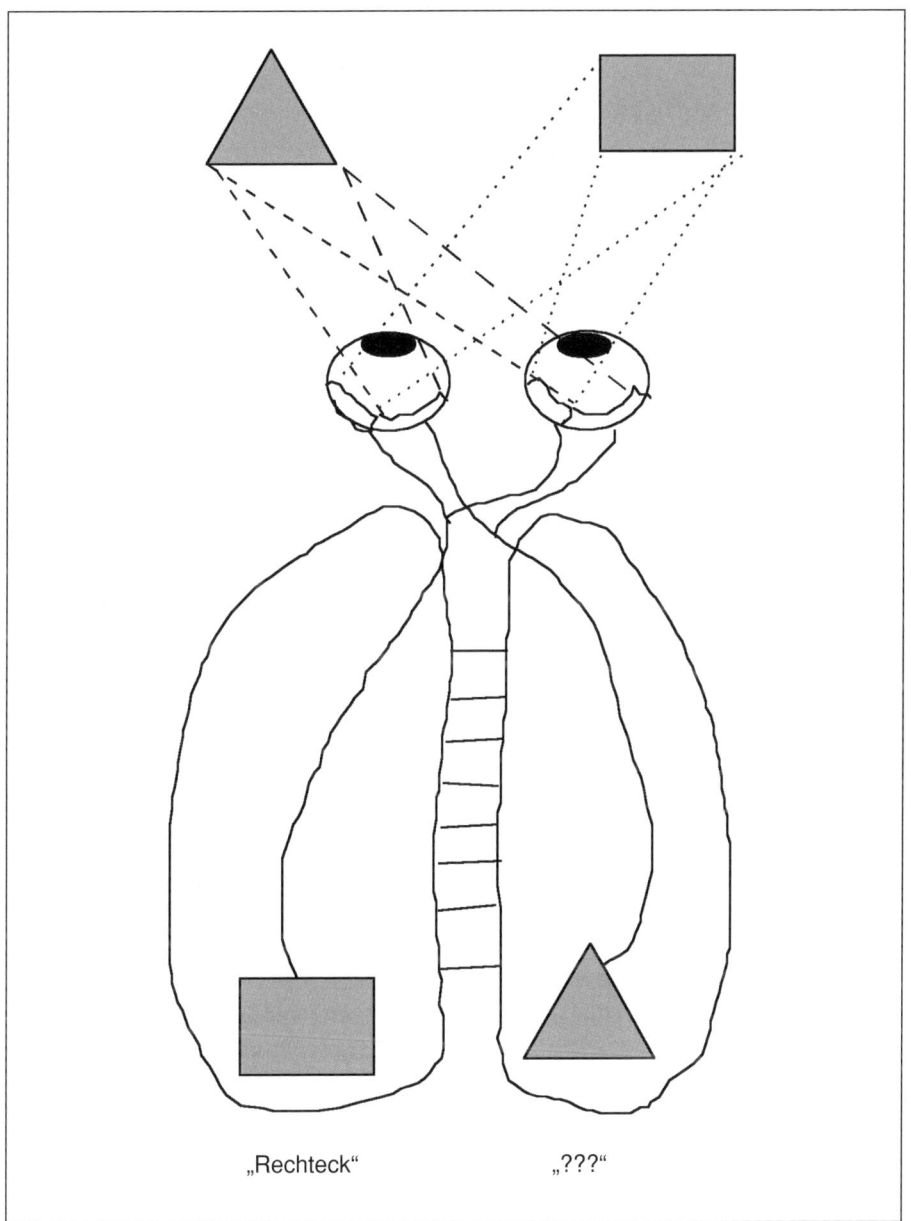

Abbildung 13: Verschiedene Funktionsweisen der beiden Hemisphären

Die in der rechten Gesichtshälfte gezeigten (ausschließlich in der linken Hemisphäre verarbeiteten) Gegenstände können benannt werden. Werden im rechten Gesichtsfeld Worte gezeigt, so können diese benannt und notiert werden. Es gibt keinen Unterschied zu normalen Versuchspersonen. In der linken Gesichtshälfte gesehene (und von der rechten Gehirnhälfte verarbeitete) Gegenstände können dagegen weder mündlich noch schriftlich wiedergegeben werden. Den Spalthirnpatienten gelingt es aber, diese Gegenstände aus anderen Gegenständen herauszufinden, ohne sie jedoch benennen zu können. Vor die linke Gesichtshälfte projizierte (und von der rechten Gehirnhälfte verarbeitete) Worte können nicht gelesen werden.

Die beiden Gehirnhälften haben also eine unterschiedliche Spezialisierung. Die linke ist hauptsächlich das Zentrum des verbalen Verstehens, die rechte ist eher auf visuelle, bildhafte Informationsverarbeitung spezialisiert. Für das Thema Visualisierung haben diese Erkenntnisse unmittelbare Relevanz. Wird ein Text nur verbal bearbeitet, so wird dabei hauptsächlich die linke Gehirnhälfte „angesprochen", die Möglichkeiten, gezielt auch die bevorzugte Funktionsweise der rechten Gehirnhälften „anzubilden", werden dann wenig genutzt. Wird dagegen Visualisierung verwendet, wird auch zusätzlich der dominante Funktionsmodus der rechten Gehirnhälfte für die Informationsaufnahme nutzbar gemacht. Die Information wird daher mit viel höherer Wahrscheinlichkeit behalten werden. Wenn man beim Lernen keine Visualisierung verwendet, macht man sich – bildlich gesprochen – zu einem Split-Brain-Patienten. Die strikte Trennung der beiden Gehirnhälften ist jedoch eher eine Metapher als eine strenge anatomische Realität. Auch bei den Split-Brain-Patienten, die ja schon eine besondere Art von Versuchspersonen darstellen, ist es nur durch eine trickreiche Versuchsanordnung möglich, die oben beschriebenen Effekte zu erzielen. Bei gesunden Menschen stehen die beiden Gehirnhälften in ständigem Kontakt und arbeiten sehr eng zusammen. Im Normalzustand ist es nicht möglich, eine Hemisphäre auszuschalten.

Einige Interpretationen, Spekulationen und Behauptungen, die im Zusammenhang mit der Hemisphärenspezialisierung aufgestellt wurden, sind völlig unbegründet. So wurde versucht, die Hemisphärenspezialisierung als einen Grund für das sogenannte westliche und östliche Denken zu interpretieren. Eine weitere, völlig unhaltbare Behauptung in diesem Zusammenhang ist die These von der geringen Auslastung unseres Gehirns. So wird behauptet, wir nutzten nur 1%, 5%, 10%, 50% unseres Gehirns, der Rest liege brach. Es bleibt dabei unklar, auf welche Aufgaben sich diese Aussagen beziehen sollen, auf den Anteil richtiger Aufgabenlösungen, den Teil der aktivierten Gehirnzellen oder auf was sonst? Eine wesentliche Frage dabei ist:

Was zählt zum GANZEN Gehirn? Alle Nervenzellen, auch die des vegetativen Nervensystems? Wenn man 100% des so definierten Gehirns für das Lernen verwenden würde, wäre der Lernende sofort tot, weil diese Zellen ganz andere Aufgaben haben. Oder soll damit die Gesamtzahl der Nerven in der Großhirnrinde gemeint sein? Damit kann dann nur die Zahl der qualitativen Verbindungen gemeint sein, also der Nervenkontakte durch Synapsen. Die Synapsenzahl wird auf ca. 400 Billionen geschätzt. Die Zahl der potenziellen Nervenverbindungen geht ins Unendliche. Wer will klären, wann wir eine unendliche Zahl erreicht haben, oder wie viel 50 Prozent einer unendlichen Zahl ist? Die 100%Marke ist also vollkommen undefiniert, daher natürlich auch Prozentteile dieser Marke. Aber auch außerhalb dieser quantitativen Argumentation sind solche Interpretationen ziemlich unsinnig. Ein erfolgreiches Gehirn zeichnet sich gerade dadurch aus, dass es wenig ausgelastet ist. Würde man, wie Dietrich (2000) fragt, einem Hochleistungsrechner ankreiden, dass er nur einen kleinen Teil seiner Kapazität dazu verwendet, das Ergebnis einer Aufgabe zu berechnen? Dass das Gehirn nur zu einem (jeweils wechselnden) Teil beansprucht wird, spricht gerade für seine optimale Auslastung. Die oben beschriebenen Spekulationen dienen eher der Verbreitung gewisser Weltbilder bzw. dem Verkauf von Seminaren und Büchern, als dass sie die Realität widerspiegeln.

Prozess und Produkt der Visualisierung

Der Effekt der Visualisierung besteht zum einen in einer besseren, tieferen Verarbeitung des Textes, indem die Visualisierung ERSTELLT wird, zum anderen hat das archivierte Resultat der Visualisierung einen hohen Wert, um die damit verbundenen Assoziationen zu ERINNERN.

Für den Lernenden ist also das Endprodukt der Visualisierung beinahe nebensächlich, der Entstehungsprozess dagegen umso wichtiger. Es gilt auch hier, ähnlich wie bei der Erstellung eines Spickzettels: „Der Weg ist das Ziel".

4.3　Wie kann visualisiert werden?

Es gibt nun verschiedene Grundformen der Visualisierung. Diese Grundformen mit ihren Besonderheiten werden nachfolgend beschrieben. Es sind dies die freie Visualisierung, die Visualisierung in Form von Zahlenbildern, die Visualisierung von Abläufen sowie die Darstellung von Strukturen. Mit diesen Arten der Visualisierung kann man fast jeden Sachverhalt visuell darstellen.

4.3.1　Freie Visualisierung

In der einfachsten Form kann man die im Text gegebenen Informationen einfach in irgendwelche bildhaften Darstellungen umsetzen. Die grafische Qualität der bildhaften Darstellung ist dabei vollkommen sekundär. Viel wichtiger ist die Tatsache, DASS man eine bildhafte Darstellung findet. Wie dies praktisch aussehen kann, soll anhand eines Beispiels verdeutlicht werden.

Information in reiner Textform:

Kommunikation besteht keineswegs, wie dies oft angenommen wird, lediglich in der Übermittlung von Sachinformationen. Vielmehr werden bei grundsätzlich jeder Art der Kommunikation über die Informationen zu der Sache, über die man (manchmal nur vordergründig) spricht, zusätzlich noch (implizite) Aussagen darüber gemacht, wie man sich die Beziehung der Gesprächspartner vorstellt, man offenbart etwas von sich selber und man appelliert an den Gesprächspartner. Wie stark dabei die jeweiligen Komponenten der Kommunikation gewichtet sind, ist von Situation zu Situation sehr unterschiedlich. Bei einem Streitgespräch wird wahrscheinlich eher der Beziehungsaspekt im Vordergrund stehen, bei einem Verkaufsgespräch eher der Appellaspekt, bei einem Vortrag eher der Sachaspekt, bei einer Wahlveranstaltung eher der Selbstdarstellungsaspekt. Grundsätzlich gilt jedoch, dass bei jeder Kommunikation alle vier Aspekte einer Nachricht zumindest implizit enthalten sind (siehe auch Kapitel 10.1).

Dieser Text kann z. B. folgendermaßen visualisiert werden:

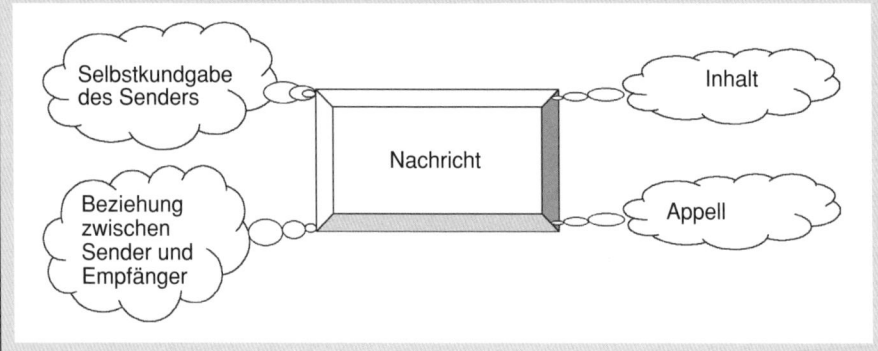

4.3.2 Zahlenbilder

Viele Sachverhalte lassen sich auch in Form von Zahlenbildern darstellen. Zahlenbilder sind Diagramme, die in der Regel Zusammenhänge oder Entwicklungen darstellen. Dies soll wiederum an einem Beispiel verdeutlicht werden.

Die bereits erwähnten Ergebnisse der Untersuchung von Craik und Tulving (vgl. Kapitel 2.2) kann man rein verbal darstellen:

Beispiel: Zahlenbilder

Von den Formwörtern wurden 8 % reproduziert und 16 % wiedererkannt, von den Reimwörtern 12 % reproduziert und 45 % wiedererkannt, von den Satzwörtern 23 % reproduziert und 65 % wiedererkannt.

In einem Zahlenbild dargestellt, könnte die selbe Information z. B. folgendermaßen aussehen:

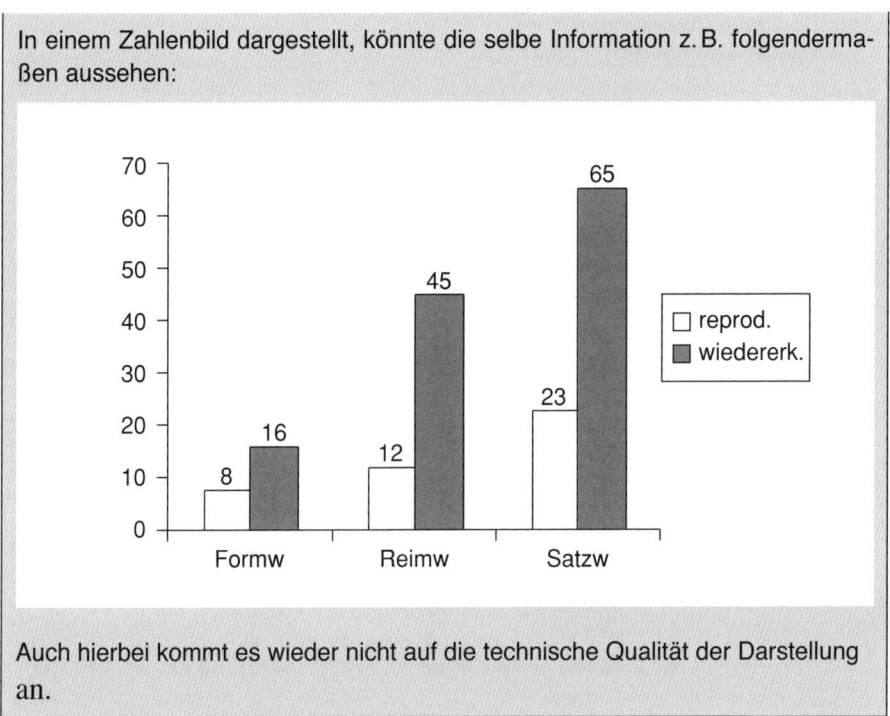

Auch hierbei kommt es wieder nicht auf die technische Qualität der Darstellung an.

4.3.3 Abläufe visualisieren

Häufig kann man Information in Form von Abläufen darstellen. Zu diesem Zweck gibt es einen Satz fast schon allgemein anerkannter Symbole. Um solche Abläufe visuell darzustellen, haben sich folgende Symbole als sinnvoll erwiesen und allgemein gültig durchgesetzt:

1. Der Ausgangspunkt und der (bzw. die) Endpunkt(e) werden durch ein Rechteck mit runden Seiten dargestellt

2. Verzweigungen in Abhängigkeit von einer Entscheidung (z. B. Ja – Nein, größer – kleiner, ...) werden mit einer Raute dargestellt.

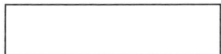

3. Tätigkeitsschritte bzw. Handlungen werden in Form eines Rechteckes dargestellt.

4. Ist die Darstellung eines Ablaufes länger als eine Seite, so wird der Übergang zur nächsten Seite durch einen Anschlusspunkt in Form eines Kreises dargestellt.

5. Die Abfolge, in der die jeweiligen Schritte erfolgen, wird mit einem Pfeil dargestellt.

Natürlich kann man wiederum auch für die Darstellung von Abläufen andere Symbole verwenden. Es kommt – wie bei allen Arten der Visualisierung – mehr darauf an, DASS die Information visualisiert wird, nicht so sehr darauf, WIE. Die Visualisierung von Abläufen soll anhand eines Beispieles verdeutlicht werden.

Beispiel: Ablauf visualisieren

In Textform: Die rechtlichen Grundlagen, die zur Kündigung wegen Alkoholmissbrauchs führen können.

Bei alkoholbedingter Arbeitsunfähigkeit eines Arbeitnehmers stellt sich für den Arbeitgeber die Frage, ob er das Arbeitsverhältnis durch Kündigung beenden kann. Soweit das Kündigungsschutzgesetz nicht Anwendung findet, nämlich während der ersten sechs Monate der Beschäftigung, ist eine Kündigung unter Einhaltung der gesetzlichen Kündigungsfristen zulässig. Bei Anwendung des Kündigungsschutzgesetzes müssen entweder verhaltensbedingte oder krankheitsbedingte Kündigungsgründe vorliegen. Bei Trunkenheit kommt eine verhaltensbedingte Kündigung in Betracht. Die Einordnung als verhaltensbedingte Kündigung wird dort gegeben sein, wo ein Arbeitnehmer noch nicht alkoholabhängig ist, also als noch verantwortlich für sein Tun angesehen werden kann. Bei Trunksucht, also Krankheit, dagegen kommt eine krankheitsbedingte Kündigung in Betracht. Die Einordnung als krankheitsbedingte Kündigung ist dort vorzunehmen, wo der Arbeitnehmer sein Verhalten nicht mehr steuern kann und als alkoholabhängig anzusehen ist. Diese Differenzierung ist deshalb wichtig, weil beide Kündigungsvarianten unterschiedliche Wirksamkeitsvoraussetzungen haben. Während bei der verhaltensbedingten Kündigung in der Regel eine ordnungsgemäße Abmahnung

Voraussetzung ist, ist dies bei der krankheitsbedingten Kündigung nicht erforderlich, da der abhängige Arbeitnehmer auf diesem Wege meist nicht mehr zur Umkehr bewegt werden kann. Der Alkoholkonsum eines nicht trunksüchtigen Arbeitnehmers kann den Arbeitgeber zu einer verhaltensbedingten Kündigung berechtigen. Bevor eine verhaltensbedingte Kündigung ausgesprochen wird, muss dem Arbeitnehmer grundsätzlich die Möglichkeit zur Besserung gegeben werden. Dies erfolgt durch eine arbeitsrechtlich korrekte Abmahnung, die den konkreten Verstoß gegen die arbeitsvertraglichen Pflichten sowie die Konsequenzen einer Kündigung bei einem weiteren Verstoß enthalten muss. Der Arbeitgeber kann nach erfolgter Abmahnung im Wiederholungsfalle in der geltenden Kündigungsfrist kündigen. Ist dem Arbeitgeber die Trunksucht des Arbeitnehmers bekannt, so kommt eine Kündigung nur wegen Krankheit in Betracht. Voraussetzung hierfür sind grundsätzlich erhebliche Fehlzeiten, wobei es nicht darauf ankommt, ob diese durch einen längeren oder durch mehrere kurze alkoholbedingten Arbeitsausfälle verursacht worden ist. Es muss weiterhin die objektive Besorgnis bestehen, dass auch in Zukunft weitere erhebliche Fehlzeiten auftreten. Grundsätzlich sollte der Arbeitgeber vor dem Ausspruch einer Kündigung dem trunksüchtigen Arbeitnehmer die Möglichkeit zur Entziehungsbehandlung einräumen. Wenn der Arbeitnehmer an einer Entziehungskur teilnimmt, ist es regelmäßig geboten, das Ergebnis abzuwarten. Wenn der Arbeitnehmer die Entziehungskur von vorneherein ablehnt, kann erfahrungsgemäß davon ausgegangen werden, dass er von seiner Trunksucht auf absehbare Zeit nicht geheilt wird. Das gleiche gilt, wenn der Arbeitnehmer die Entziehungskur abbricht oder ohne Erfolg an ihr teilnimmt, sowie wenn er nach einer Entziehungskur rückfällig wird. In diesen Fällen ist der Arbeitgeber grundsätzlich zu einer Kündigung berechtigt. Im Gegensatz zur verhaltensbedingten Kündigung ist bei der krankheitsbedingten Kündigung keine arbeitsrechtliche Abmahnung vor der Kündigung erforderlich und auch nicht denkbar, da der Arbeitnehmer aufgrund seines Verhaltens keinen Einfluss auf seine Trunksucht nehmen kann. In Fällen, in denen die Trunksucht des Arbeitnehmers dem Arbeitgeber nicht bekannt ist, kann eine Kündigung unter den zur verhaltensbedingten Kündigung angeführten Voraussetzungen erfolgen. Der Arbeitgeber ist nicht verpflichtet, von sich aus Erkundigungen über die Art und die Schwere des beim Arbeitnehmer vorliegenden Problems einzuholen. Der Arbeitnehmer kann allerdings eine verhaltensbedingte Abmahnung des Arbeitgebers unter Hinweis auf seine Trunksucht zurückweisen. Dann kommt nur noch eine krankheitsbedingte Kündigung in Betracht. Weist der Arbeitnehmer auf seine Trunksucht nicht hin, so ist die verhaltensbedingte Kündigung auch dann wirksam, wenn sich beispielsweise im Verlauf des Prozesses herausstellt, dass der Arbeitnehmer krankhaft alkoholabhängig ist.

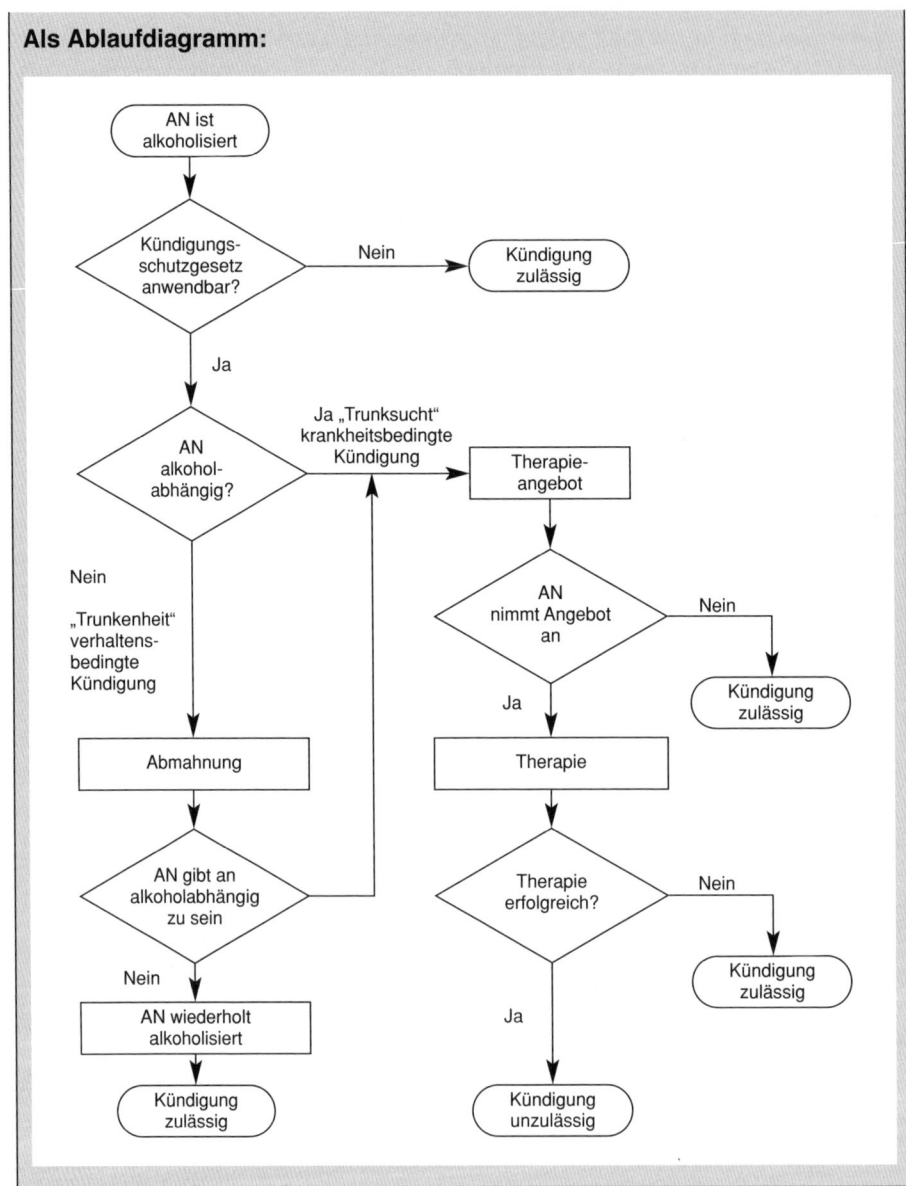

4.3.4 Strukturen visualisieren

Auch das Erstellen von Strukturen ist bereits ein Prozess der Visualisierung.

Teil 2:
Komponenten
für erfolgreiches Lernen

Mit dem Lernen ist es wie mit einer langen Individualreise in ein unbekanntes Land. Wenn die Reise ein unvergessliches Erlebnis werden soll, muss sie gründlich vorbereitet werden. Beginnen muss man mit einer möglichst genauen Planung. Die Zeit, die wir für das Lernen aufwenden, ist unser wichtigstes Gut.

Das fünfte Kapitel beschäftigt sich deshalb mit den verschiedenen Facetten einer effektiven Lernplanung und berücksichtigt dabei das Empfinden des modernen Menschen in einem beschleunigten Wandel fast aller Lebensbereiche. Eine gut durchdachte Zeitplanung hilft, viel Zeit zu sparen und unseren Lerneinsatz zu optimieren. Das Zeitempfinden des modernen Menschen hat sich verändert, unsere Zeit ist schneller geworden, wir leben oft in Hast und Eile und meinen ständig, etwas zu verpassen. Die Angebote zur Freizeitgestaltung sind exponentiell angewachsen. Es gibt kaum eine Tätigkeit oder ein Vergnügen, welches nicht von der Freizeitindustrie als ein Wellness- oder Fun-Ereignis entdeckt und vermarktet wurde. Dadurch ist es immer schwieriger geworden, Zeit für regelmäßiges Lernen freizuhalten. Da Menschen nicht wie Maschinen zu jedem Zeitpunkt und mit beliebiger Länge lernen können, müssen sie zuerst Ihre optimale Lernzeit und Lerndauer entdecken. Im Folgenden stellen wir Ihnen ein ausgeklügeltes Zeitmanagement-System vor, das Ihnen hilft, sich selbst zu steuern und Zeitvorgaben einzuhalten. Es ist wichtig, die richtige Tageszeit für individuelles Lernen festzustellen. Erkenntnisse aus der Chronobiologie helfen, die beste Tageszeit für das eigene Lernen herauszufinden. Oft wird die erfrischende Wirkung von Pausen übersehen oder einfach unterschätzt.

Das sechste Kapitel befasst sich mit dem Urgrund unseres Antriebs zur persönlichen Weiterentwicklung, denn lustlos und ohne Motivation gelingt uns auf Dauer keine Arbeit. Beim Lernen ist es genauso. Je genauer wir unsere eigene Motivation kennen und einsetzen, umso größer wird unser Lernerfolg. Bekanntlich ist nichts erfolgreicher als der Erfolg. Das heißt, eine gute Anschubmotivation hilft uns über viele Hürden hinweg und ist fast ein Garant für das Erreichen unserer Ziele. Sie sollten alles für die Festigung Ihrer Motivation tun. Dazu finden Sie auf den folgenden Seiten erprobte Methoden.

In Kapitel 7 lernen Sie Techniken zur Kurzentspannung kennen. Wir stehen oft unter Zeitdruck, unter Leistungsdruck, unter Prüfungsstress, aber auch verschiedene andere Lernhemmnisse machen uns das Lernen schwer. Mit der Methode der Kurzentspannung werden Sie selbst in der Lage sein, Ihre Anspannung zu steuern. Diese Kurzentspannung können Sie in Ihre Lernplanung aufnehmen und bereits in den vorgesehenen Pausen üben. Je öfter Sie üben, umso mehr profitieren Sie später in Stresssituationen von dieser hilfreichen Ent-SPANNUNGS-Methode.

Kapitel 8 befasst sich mit spezifischen Elementen der Feinplanung. Der Gruppenarbeit kommt heutzutage oft ein ungerechtfertigter Stellenwert zu. Es gibt

Sonnen- und Schattenseiten dieser Art zu lernen. Um nicht einer Art Selbstbetrug mit zwangsweise nachfolgender Enttäuschung aufzusitzen, hilft die genaue Analyse von Vor- und Nachteilen. Wichtig, und manchmal zu Unrecht als lästig empfunden, sind die Übungen zum Reproduzieren des gelernten Wissens. Erst mit diesen Übungen verankern und festigen Sie das frisch erworbene Wissen abrufbar in Ihrem Gedächtnis. Mit der anschließenden Checkliste stellen Sie den Stand Ihrer metakognitiven Fähigkeiten fest.

5 Zeitmanagement

Die Zeit ist wie der Wind: richtig genutzt, bringt sie uns an jedes Ziel.

Lothar J. Seiwert (2012)

Lernplanung ist eine Wissensmanagementstrategie von großer Effizienz. Sie bestimmen damit Ihr Lerntempo, Ihre Lernzeit, erhöhen Ihre Motivation und sorgen für eine Zielerreichung in angemessenem Zeitrahmen. Durch die Unterteilung in Fern- und Nahziele kommen Struktur und Ordnung in Ihre Zeitplanung. Komplexe Probleme lassen sich nun leichter bewältigen, und Sie kommen schneller zu Erfolgserlebnissen. Die Planungsarbeit erscheint vielleicht aufwändig, ist aber notwendig, um alle diese positiven Effekte zu erreichen.

5.1 Das Zeitempfinden in unserer Zeit

Die meisten Menschen leben heutzutage in dem ständigen Gefühl etwas zu verpassen. Alles muss schnell gehen. „Keine Zeit, keine Zeit!" Der Leitspruch des weißen Kaninchens im Wunderland der Alice ist zum Motto der modernen Zeit geworden, unterstützt und gefördert durch allgegenwärtige und immer genauere Uhren und Chronometer. Zeitknappheit ist zu einem Statussymbol geworden. „Remember, that time is money!" So forderte bereits Benjamin Franklin[1] zum effektiven Umgang mit der Zeit auf, sicherlich ohne zu ahnen, in welch gehetztem Zustand der moderne Mensch dadurch geraten würde. Sogar unsere Mahlzeiten, die Genuss und bringen sollten, unterliegen einer unübersehbaren Beschleunigung. Arbeitsessen, Schnellimbiss, Fertiggerichte, Fast Food sind Symptome unserer rasanten Lebenseinstellung. Doppelbeschäftigungen wie: Zeitung lesen beim Essen, Telefonieren beim Autofahren, Lernen im Schlaf ... verdeutlichen ebenso unsere Hektik. Der Computer, der uns eigentlich viel Zeit sparen sollte, entpuppt sich allerdings als ein Gerät mit einer unvorhersehbaren Eigendynamik. Wenn wir nicht aufpassen, frisst er die Zeit auf eine Art und Weise, wie ein schwarzes Loch Materie schluckt.

Das Paradoxe an dieser Beschleunigung unserer Lebensgewohnheiten ist, dass man in einen atemlosen Strudel der immer knapperen Zeit gerät und man trotzdem keine Zeit gewinnt.

Lernplanung ist somit eine der wichtigsten Wissensmanagementstrategien überhaupt, da sie sehr viel Zeit und Reibungsverlust ersparen kann. Vielleicht lag Ihnen dieser Gedanke bisher fern, da diese Aufgabe während der Schulzeit meistens von den Lehrern geleistet wurde. Der Stundenplan war vorgegeben und auf

---
1 Benjamin Franklin (1706–1790), amerikanischer Politiker, Naturwissenschaftler, Erfinder und Schriftsteller

die Lehrbücher hatte man auch keinen Einfluss. Aber mit dem Beginn eines Studiums oder einer sonstigen Weiterbildungsmaßnahme ändert sich die Lernsituation drastisch. Um das Studienziel im angemessenen Zeitrahmen zu erreichen, ist eine gründliche Lernplanung notwendig.

5.2 Analyse Ihres Umgangs mit Zeit

Untersuchen Sie mit folgender Checkliste, wie Sie mit Ihrer Zeit umgehen und welche Gefühle daraus resultieren.

	Stimmt	Stimmt nicht	Gefühl
Ich habe oft das Gefühl, dass der Tag zu wenig Stunden hat.			
Ich nehme mir oft zu viel vor.			
Dringende Aufgaben erledige ich häufig in letzter Minute.			
Meine Prüfungsergebnisse könnten oft besser sein, wenn ich früher mit der Vorbereitung begonnen hätte.			
Mein Tagesablauf wird zu oft durch äußere Bedingungen bestimmt.			
Ich bin oft unzufrieden mit meiner Leistung.			
Ich fühle mich immer wieder überfordert und unter Druck.			
Freizeit habe ich zu selten.			
Ich arbeite oft bis Mitternacht.			
Ich stehe oft zu spät auf.			
Ich lasse mich schnell durch Telefonate und andere Nebensächlichkeiten stören.			
Oft bin ich zu nervös, um mich auf eine geistige Aufgabe konzentrieren zu können.			
Wahrscheinlich werde ich mein Ziel nicht erreichen können, weil ich zu wenig Zeit habe.			

Wenn Sie mehrere dieser Fragen mit „stimmt" beantwortet haben, sollten Sie die folgenden Seiten durcharbeiten.

5.3 Die langfristige Lernplanung

Der angestrebte Abschluss ist Ihnen durch die Wahl des Studiums, des Lernziels, der Ausbildung bzw. der Weiterbildungsmaßnahme schon weitgehend vorgegeben. Die Festlegung des Zeitrahmens, in dem Sie beispielsweise das Studium abschließen möchten, ist Ihnen aber häufig selbst überlassen. Legen Sie nicht planlos los. Am besten legen Sie eine Orientierungsphase ein. Besorgen Sie sich zuerst die Prüfungsordnung und alle erhältlichen Merkblätter, welche helfen das gewählte Studium zu strukturieren. Informieren Sie sich über mögliche Zwischenprüfungen und darüber, welche Veranstaltungen in welchem Halbjahr vorgeschrieben bzw. zu empfehlen sind. Ein Besuch der allgemeinen Studienberatung ist auch dann zu empfehlen, wenn Sie sich über Ihr Ziel schon völlig im Klaren sind. Auch die spezielle Fachstudienberatung kann Ihnen bei Ihrer Planung helfen. Als Vorbereitung auf diesen Besuch eignen sich die folgenden Überlegungen.

Beantworten Sie folgende Fragen:

Welches Fernziel strebe ich an?
_____
_____

Welche Teilziele führen zu diesem Ziel?
_____
_____

Muss ich bei den Lehrveranstaltungen eine Reihenfolge einhalten?
_____
_____

Welche Tests und Prüfungen muss ich bestehen?
_____
_____

Gibt es eine vorgeschriebene Reihenfolge dieser Tests?
_____
_____

Welche wichtigen Termine muss ich beachten?
_____

_____

Besitze ich die notwendigen Voraussetzungen? (Umgang mit dem Computer ...)
_____

_____

Soll ich mich einer Lerngruppe anschließen?
_____

_____

Welche Prioritäten soll ich setzen?
_____

_____

Formulieren Sie immer in kleinen Sätzen. Stichwörter sind zu wenig und führen zu Missverständnissen. Halten Sie Ihre Antworten schriftlich fest.

Fragen, die Sie noch nicht beantworten konnten, sollten Sie dem Berater stellen. Stellen Sie aber auch ganz offene Fragen, wie z. B.: Gibt es noch eine Besonderheit an dieser Einrichtung, die ich beachten sollte? Oder: An welchen Bedingungen sind schon einmal Studenten gescheitert?

Entwerfen Sie nun einen groben Plan für Ihr langfristiges Ziel.

Datum: _____

Zeit bis zur Prüfung: _____

Stoffgebiet:	**Zeitrahmen**

5.4 Der Wochenplan

Warum ist es wichtig, einen Wochenplan zu erstellen? Vielleicht gehören Sie zu den Menschen, die sich täglich neue Vorsätze machen. Zum Beispiel: Ab morgen stehe ich früher auf, fahre ich pünktlicher ab, lese ich nicht so lange die Zeitung, jogge ich täglich, rede ich nicht so lange am Telefon, lerne ich intensiver usw. Für kurze Zeit gelingt dann eventuell die Umsetzung, aber bald danach fällt man in die alten Gewohnheiten zurück. Man schafft mit großer Mühe nur das Notwendigste, obwohl man ständig das Gefühl hat, auf viel zu verzichten, nur um zu lernen. Es fällt dann immer schwerer, mit dem Lernen zu beginnen, verschiebt immer mehr auf später, bis man womöglich entgültig aufgibt. Aus dieser bedrückenden Situation kann Ihnen ein gutes Timing heraushelfen.

Beginnen Sie mit einer Wochenplanung:

Wochenplan							
Woche vom			bis zum				
Uhrzeit	Montag	Dienstag	Mittwoch	Donnerstag	Freitag	Samstag	Sonntag
7–8							
8–9							
9–10							
10–11							
11–12							
12–13							
13–14							
14–15							
15–16							
16–17							
17–18							
18–19							
19–20							
20–21							
21–22							
Bemerkungen:							

Kopieren Sie sich diesen Wochenplan gleich für einige Wochen, oder erstellen Sie sich selbst einen individuell gestalteten Wochenplan. Tragen Sie in Stichworten alle festen Termine ein. Berücksichtigen Sie berufliche und private Termine. Legen Sie nun Ihre Lernzeiten fest.

Kontrollieren Sie Ihren Wochenplan am Ende der Woche. Schreiben Sie unter Bemerkungen, was Ihnen aufgefallen ist. Ändern Sie in Ihrer Planung für die nächste Woche alles, was sich als unrealisierbar herausgestellt hat. Verfeinern Sie Ihre Planungstechnik von Woche zu Woche. Bedenken Sie: Eingehaltene Wochenpläne machen froh.

5.5 Berücksichtigung der Tageszeit

Sie sitzen kurz nach dem Mittagessen über Ihren Vorbereitungen für eine Klausur und sind ziemlich verzweifelt, weil Sie sich nicht recht konzentrieren können. Kein Grund zur Sorge. Stimmungsschwankungen und Leistungsunterschiede während des Tages sind ganz normal. Verantwortlich dafür ist eine Art „körpereigene Zeiteinteilung", die durch die Chronobiologie, die Wissenschaft der periodischen Lebensprozesse, erforscht wird. „Genau wie Tag und Nacht oder Sommer und Winter erlebt auch der menschliche Körper jeden Tag und das ganze Jahr über starke Schwankungen im Rhythmus seiner Hormone und der Körpertemperatur", erklärt der amerikanische Chronomediziner Dr. Michael Smolensky. Es ist dem Körper unmöglich 24 Stunden am Tag alle Funktionen auf Hochtouren laufen lassen. Die Kräfte müssen den Tageszeiten entsprechend sinnvoll eingeteilt werden.

Es ist also durchaus nicht gleichgültig, zu welcher Tageszeit man lernt. Die Leistungsfähigkeit eines jeden Menschen ändert sich im Laufe des Tages, es gibt Zeiten, in denen man lernfähiger und konzentrierter ist, und Zeiten, in denen eher das Gegenteil der Fall ist. Jeder Mensch besitzt eine Art innere Uhr, die seine Aufnahmebereitschaft für den Lernstoff steuert. Der Verlauf der Leistungsfähigkeit kann dabei von Person zu Person unterschiedlich sein. Bei einer Person bleiben die Zeiten höherer und die Zeiten geringerer Leistungsfähigkeit dagegen weitgehend stabil. Sie schwanken natürlich bei einer Person dann, wenn sich der normale Lebensrhythmus stark ändert (z. B. nach einer durchgemachten Nacht).

Die unten abgebildete Kurve der Leistungsfähigkeit ist ein Mittelwert. Viele Menschen werden sich in diesem Verlauf wiederfinden. In einzelnen Fällen kann es jedoch aber auch zu größeren Abweichungen kommen.

Über viele Menschen gemittelt, sieht die Kurve der Leistungsfähigkeit wie in Tabelle 1 aus.

Tabelle 1: Kurve der Leistungsfähigkeit

Zeit	−	− +	+
6.00−		X	
7.00−		X	
8.00−		X	
9.00−		X	
10.00−			X
11.00−		X	X
12.00−		X	
13.00−	X		
14.00−	X		
15.00−		X	
16.00−		X	
17.00−			X
18.00−			X
19.00−			X
20.00−			X
21.00−		X	
22.00−		X	
23.00−	X		
24.00−	X		
1.00−	X		
2.00−	X		
3.00−	X		
4.00−	X		
5.00−		X	

Im Allgemeinen hat der Mensch ein absolutes Nachttief zwischen drei und vier Uhr nachts, ein erstes Leistungshoch gegen elf Uhr vormittags, ein schwächeres Tief zwischen 13 und 14 Uhr und ein zweites Hoch am späten Nachmittag gegen 17 Uhr. Das Mittagstief gehört zu unserem biologischen Zeitprogramm und wird nicht durch das Mittagessen ausgelöst, wie viele meinen. In dieser Zeit sind wir weniger leistungsfähig, es passieren mehr Fehler und mehr Unfälle. Eine kleine Siesta von etwa 15 bis 20 Minuten kann wahre Wunder bewirken. Die Müdigkeit ist beseitigt, und die Leistungsfähigkeit steigt signifikant.

> **Der Verlauf dieser Kurve hat unmittelbare Konsequenzen für das Zeitmanagement:**
>
> – Legen Sie die Lernphasen wenn möglich in die Zeiten des Leistungshochs.
> – Nutzen Sie die Zeiten des Leistungstiefs für andere Dinge.
> – Lernen Sie insbesondere Fächer, die Sie von Natur aus weniger interessieren, nur in Zeiten des Leistungshochs.
> – Fächer, die Sie sowieso interessieren, können Sie dagegen auch in Zeiten eines relativen Leistungstiefs lernen.
> – Lernen in der Nacht hat in der Regel sehr wenig Effizienz. Nutzen Sie die Nacht als Ruhephase, das hat wesentlich mehr Wirkung auf das nachfolgende Lernen.
> – In den Phasen geringerer Leistungsfähigkeit braucht der Körper größere Erholungsphasen.
> – Bearbeiten Sie im Leistungstief solche Aufgaben, die wiederholenden Charakter haben.
> – Lernen Sie uninteressanten Stoff in Zeiten hoher Leistungsfähigkeit, interessanten Stoff kann man auch in Zeiten geringerer Leistungsfähigkeit lernen.
> – Erledigen Sie Arbeiten, die viel Konzentration erfordern in der Hochphase.
> – Erledigen sie Routinearbeiten in den Tiefphasen.
> – Erledigen Sie in „Niedrigkonzentrationszeiten" Einkäufe, Besuche, Telefonate etc.
> – Lassen Sie sich in den für Sie optimalen Arbeitszeiten auf keinen Fall stören.
> – Lernen Sie Ihre eigene Leistungskurve kennen.

Zum Kennenlernen der eigenen Leistungskurve können Sie folgende Übung machen:

> **Übung: Leistungsfähigkeit**
>
> Beobachten Sie Ihre (Lern-)Leistungsfähigkeit zu verschiedenen Zeitpunkten. Stufen Sie die Leistungsfähigkeit in der unten stehenden Tabelle ein. Beobachten Sie sich mehrere Tage, um Zufallseffekte zu vermeiden. Richten Sie dann Ihr Arbeitsverhalten einige Tage probeweise an dieser Kurve aus.

Zeitmanagement

Zeit	−	− +	+
6.00−			
7.00−			
8.00−			
9.00−			
10.00−			
11.00−			
12.00−			
13.00−			
14.00−			
15.00−			
16.00−			
17.00−			
18.00−			
19.00−			
20.00−			
21.00−			
22.00−			
23.00−			
24.00−			
1.00−			
2.00−			
3.00−			
4.00−			
5.00−			

In der Schule wird der Tagesrhythmus natürlich durch den Stundenplan vorgegeben, beim eigenen Lernen kann man dagegen das Lernen sehr gut dem eigenen Rhythmus anpassen.

5.6 Der Tagesplan

Nun kommt der wichtigste aller Pläne, weil er nicht zu einem späteren Zeitpunkt, sondern sofort umgesetzt werden muss. Sie können ihn auch jeden Tag ändern. Mit ihm geben Sie Ihrem Tagesablauf eine vorgegebene Struktur und sich selbst einen Halt. Sie sind damit in der Lage, sich selbst zu motivieren und zu kontrollieren. Setzen Sie sich bei ihren Aufgaben unter Zeitdruck, damit Sie nicht ins Träumen kommen. Stellen Sie zum Beispiel folgende Forderungen an sich selbst:
- Mit dem Text Y mache ich mich in 15 Minuten vertraut.
- Innerhalb von 30 Minuten muss ich die Aussagen von Text A mit den Aussagen von Text B verglichen haben.
- 20 Minuten müssen für die Auseinandersetzung mit den Ansichten von C genügen.
- Am Ende meiner Arbeit mache ich immer eine kurze Zusammenfassung meiner Erkenntnisse.

Beachten Sie folgende Tipps zu Ihrem persönlichen Zeitmanagement:

- Planen Sie realistisch, überlegen Sie, ob die Aufgabe in der vorgegebenen Zeit zu bewältigen ist.
- Warten Sie nicht auf eine euphorische Arbeitsstimmung. Halten Sie einfach die Arbeitszeiten ein.
- Halten Sie sich an Ihren Plan, wie Sie sich an Arzttermine halten.
- Beachten Sie den Unterschied von zeitlich terminierten und selbst einteilbaren Arbeiten.
- Verplanen Sie nur 60 % Ihrer verfügbaren Zeit. In den restlichen 40 % haben Sie somit eine Reserve für Unvorhergesehenes und für spontane Unternehmungen.
- Verteilen Sie den Lernstoff in kleinere Einheiten, versuchen Sie nicht alles an einem Tag zu lernen.
- Lernphasen sollten 90 Minuten nicht übersteigen. Planen Sie Pausen von 5 bis 15 Minuten (nicht länger!) ein.
- Achten Sie auf die Abwechslung von Lernformen. Wechseln Sie zwischen Lesen, Auswendiglernen, Schreiben, Rechnen, Zeichnen und Gestalten ab.
- Planen Sie auch eine Zeit zum Wiederholen ein.
- Machen Sie Hausarbeiten, wenn möglich, direkt nach der Lehrveranstaltung.
- Sparen Sie sich Ausgänge, indem Sie diese telefonisch erledigen.

Der Tagesplan						
Datum:						
Zeit	**Dauer**	**Fach**	**Gegenstand**	**Tätigkeit**	**Bewertung**	
7–8						
8–9						
9–10						
10–11						
11–12						
12–13						
13–14						
14–15						
15–16						
16–17						
17–18						
18–19						
19–20						
20–21						
21–22						
Anmerkungen:						
Schwerpunkte:						

Schreiben Sie unter Anmerkungen immer die Besonderheiten dieses Tages auf: Was Ihnen gelungen ist und warum es Ihnen gelungen ist. Machen Sie dasselbe mit Dingen, die Sie noch verbessern möchten.

Unter Schwerpunkte notieren Sie von jedem Lerngegenstand stichwortartig die wichtigsten Bestandteile, kurz alles, was Sie jetzt am Ende des Tages präsent haben, was Ihnen sofort einfällt. Der Trick an dieser kleinen Übung ist, dass Sie das Gelernte noch einmal in Ihrem Gedächtnis verankern und damit besser ins Langzeitgedächtnis bringen.

Kopieren Sie sich diesen Tagesplan gleich mehrfach, bzw. gestalten Sie sich einen auf Ihre individuellen Bedürfnisse abgestimmten Tagesplan am Computer.

Ein Beispiel, wie dieser Plan ausgefüllt werden könnte.

Zeit	Dauer	Fach	Gegenstand	Tätigkeit	Bewertung
7–8	45 Min	Englisch	If-Sätze	schreiben lesen lernen	☺ ☺ ☹

Die Bewertung, rechts außen in der Tabelle, können Sie natürlich erst nach der Arbeit vornehmen. Sie soll zeigen, wie zufrieden Sie mit Ihrer Lernleistung waren. Diese Bewertung dient einerseits der Kontrolle Ihrer Arbeit, andererseits werden Sie bald feststellen, dass diese Bewertung auch eine motivierende Funktion hat.

Kontrollieren Sie Ihre Tagespläne regelmäßig, heften Sie diese in einem Ordner ab und passen Sie die Pläne immer wieder an Ihr geändertes Lernverhalten an. Lassen Sie sich nicht entmutigen, wenn Sie Ihre Pläne nicht voll einhalten konnten.

To-do-Liste. Obwohl solche Pläne sich längst bewährt haben und Ihnen sicherlich nützen können, sind sie nicht jedermanns Sache. Sie müssen zu Ihnen passen, auf Sie zugeschnitten sein und vor allem: durchgehalten werden. Falls Sie das nicht schaffen oder nicht wollen, gibt es auch noch ein abgekürztes Verfahren, das sehr empfehlenswert ist. Versuchen Sie es mit einer täglichen To-do-Liste, auf der Sie stichwortartig alle Ihre Vorhaben notieren und diese nach getaner Arbeit abhaken. Diese Liste mit Datum und Kommentar versehen hat einige vergleichbare Vorteile, wie sie die aufwändigeren oben beschriebenen Pläne liefern, sie sind aber weitaus bequemer.

5.7 Systematischer Einsatz von Pausen

In jedem Betrieb hat der Arbeitgeber dafür zu sorgen, dass die Arbeitnehmer genügend vorgeschriebene Pausen einhalten. Beim Lernen sollte dies auch der Fall sein.

Die Strategie: „Viel hilft viel" als Lerntechnik ist nicht sinnvoll. Wenn man unter Zeitdruck steht (z.B. vor einer Prüfung), so kann man sich sagen: „Wenn ich schon unter Zeitdruck stehe, dann werde ich ja nicht auch noch die sowieso knappe Zeit damit ver(sch)wenden, Pausen zu machen". Dies ist vordergründig betrachtet richtig – aber eben nur vordergründig. Verstärktes Lernen führt nämlich dazu, dass die Effizienz, mit der man lernt, geringer wird. Die Zeit, die man dann noch weiterlernt, ist in Wahrheit ziemlich verplemperte Zeit. Um effizient zu arbeiten, ist genau die gegenteilige Strategie sinnvoll. Auf der Ebene einer rein quantitativen Betrachtung ist die Zeit, die man mit absichtlich gesetzten Pausen verbringt, natürlich verloren und reduziert die verbleibende Lernzeit. Bezieht man jedoch den qualitativen Aspekt mit ein, so ändert sich das Gesamtbild schlagartig. Durch die verbesserte Effizienz nach der Pause wird die dann objektiv kürzere Zeit weitaus stärker genutzt, was den scheinbaren „Verlust" der Zeit durch die Pause mehr als kompensiert. Auch hier gilt das Yerkes-Dodson-Gesetz (vgl. Teil 4). Die durch eine Pause „verlorene" Zeit wird durch die erhöhte Effizienz nach der Pause überkompensiert. Der Versuch, die zur Verfügung stehende Zeit durch ein Lernen über das Optimum hinaus vermeintlich „optimal" zu nutzen, ist von vorne herein zum Scheitern verurteilt. Pausen sollten nicht TROTZ Zeitnot, sondern gerade WEGEN der Zeitnot eingeplant werden. Die Arbeitszeit zu verlängern, indem man versucht, Pausen einzusparen, ist sehr ineffektiv.

Auch der Schlaf stellt eine sehr effiziente Pause dar. Im Schlaf kann sich das Gelernte interferenzfrei konsolidieren. Lernen auf Kosten des Schlafes ist daher unsinnig (vgl. Kapitel 7). Die Konzentration der meisten Menschen reicht nur für ca. 30 Minuten effiziente Lernzeit. Einige Zeit kann sie dann noch durch Willensanstrengung hoch gehalten werden, dann aber nur noch durch Pausen wiederhergestellt werden.

Weniger ist Mehr!
Mindestens ein Fünftel der Lernzeit sollte aus Pausen bestehen!

Woran kann man nun erkennen, dass es dringend an der Zeit ist, eine Pause zu machen? Man kann sich dazu an die oben genannten Zeiten halten, man kann aber auch die Situation als untrüglichen Hinweis nehmen, wenn man über einem Buch oder über Aufschrieben sitzt und sich fragt, was man eigentlich die letzten zwei Minuten gedacht oder gelesen hat. Wenn man dies nicht weiß oder sich mit etwas anderem als dem Lernstoff beschäftigt hat, ist es spätestens Zeit, eine Pause zu machen.

Man kann die einsetzende Ermüdung daran erkennen, dass man abschweift:

- Gähnen
- Zum Fenster sehen
- Mit dem Stift spielen
- Unabsichtlich an etwas anderes denken
- etc.

Manche Tätigkeiten sind so interessant, dass man sie stundenlang mit hoher Konzentration ausführen kann. Bei anderen Tätigkeiten dagegen schweift man schnell gedanklich ab und denkt an alle anderen Dinge, nur nicht an die Aufgabe selbst. Wenn Sie dies bei sich beobachten, ist es höchste Zeit, eine gezielte Pause zu machen. Die „Arbeitszeit" ist dann nämlich eine „Scheinarbeitszeit".

Tun Sie in der Pause etwas, das sich von der Arbeit deutlich unterscheidet, sonst ist die Pause auch nur eine „Scheinpause". Nach unserer Erfahrung kann man sich selten länger als eine halbe Stunde voll konzentrieren. Dann ist es an der Zeit, z. B. ein paar Schritte zu gehen. Wenn man keine bewusste Pause einsetzt, werden sich „Zwangspausen" von ganz allein einstellen. Man bringt sich dann um die Möglichkeit, die Pausen, die sowieso auftreten, zu nutzen und gezielt als Pause zu erleben. Wenn sich der Lernerfolg trotz hohem Zeiteinsatz nicht einstellt, sollte man nicht mehr lernen, sondern die Lerngestaltung überdenken. Vielleicht liegt es gerade an dem hohen Zeiteinsatz, dass sich der Lernerfolg nicht einstellt. Dem effizienten Umgang mit Pausen und Erholung kann der Glaube gegenüberstehen, man habe nur dann ein Anrecht auf einen guten Lernerfolg und gute Noten, wenn man vorher entsprechend „geackert" hat. Diese Einstellung kann zwar unter Umständen das schlechte Gewissen beruhigen, das Gehirn als „Organ des Lernens" weiß jedoch von solchen Gewissensberuhigungsmechanismen nichts. Der Lebensgrundsatz: „Erst die Arbeit, dann das Vergnügen" ist hier unsinnig, er hieße besser: „Arbeit und Vergnügen (Pausen) müssen sich abwechseln, um ein optimales Ergebnis zu erzielen".

Praktische Gestaltung

Es hat sich bewährt, z. B. nach ca. jeweils fünf Minuten aktiven Lernens eine kurze Pause von ca. einer halben Minute zu machen, nach insgesamt 10 bis 20 Minuten aktiven Lernens zwei bis drei Minuten und nach insgesamt 45 Minuten aktiven Lernens mindestens eine viertel Stunde aktive Pause zu machen. Vor einer Pause ist es sehr günstig, das Gelernte noch einmal kurz zu rekapitulieren. Die Pausenzeit kann durch eine AKTIVE Gestaltung der Pause effektiver genutzt werden, indem man z. B. in der Pause etwas ganz anderes tut, sich z. B. etwas bewegt.

> Vermeiden Sie verdeckte Pausen, machen Sie stattdessen tatsächliche Pausen.

Die Effektivität einer Pause nimmt mit ihrer Länge ab (vgl. Abbildung 14). Nach einem Viertel der Pause hat man schon Dreiviertel ihrer Effektivität erreicht. Der relative Erholungswert eine Pause sinkt mit ihrer Länge. Der Erholungseffekt einer Pause ist nicht über die gesamte Dauer der Pause hinweg gleich verteilt. Er nimmt mit der Dauer der Pause stark ab.

Viele kleine Pausen sind effektiver als wenige große.
„Die Teile sind mehr als die Summe."

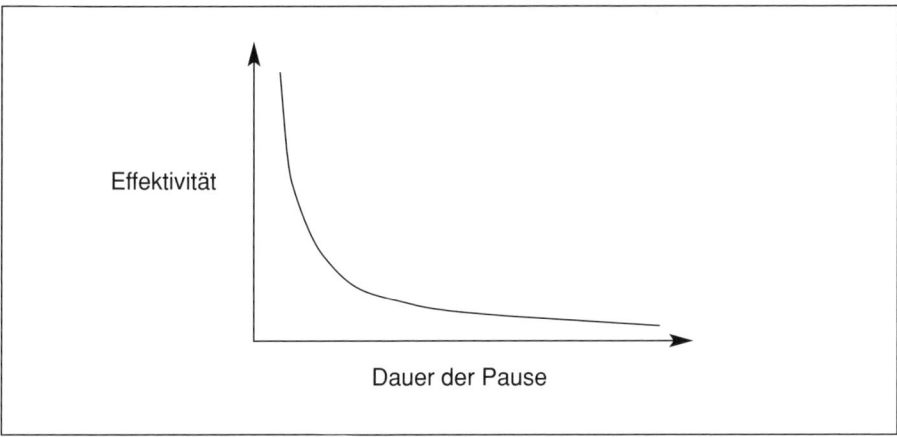

Abbildung 14: Effektivität einer Pause

Das heißt konkret für die Pausengestaltung:

Machen Sie eher viele kurze Pausen als wenige lange.

Verteiltes und massiertes Lernen

Man weiß aus Untersuchungen zu verteiltem und massiertem Lernen, dass sich bei massiertem Lernen irgendwann ein Lernplateau einstellt. Ein weiteres Lernen auf diesem Lernplateau bringt dann keinerlei Verbesserungen mehr. Man verschwendet dann nur noch Energie, hat aber dadurch keinerlei Effekt mehr (vgl. Abbildung 15). Wenn man bei einer solchen Übersättigung trotzdem noch weiterlernt, kann es sogar dazu kommen, dass sich die Behaltensleistung für das bisher Gelernte verringert.

Mehrarbeit kann dann schaden.

Versuche wurden durchgeführt, bei denen ein gewisser Stoff zu lernen war. Eine Gruppe lernte den Stoff ohne Pause, ein zweite Gruppe lernte den selben Stoff aber mit drei Pausen von ca. fünf Minuten Länge alle 45 Minuten. Eine dritte Gruppe lernte den selben Stoff mit elf Pausen von ca. zwei Minuten Länge. Dabei ist zu beachten, dass die Gesamtarbeitszeit sowie der Lernstoff identisch waren. Das Behaltensergebnis war Folgendes: Die erste Gruppe war am schlechtesten, die dritte am besten, die zweite Gruppe war besser als die erste, aber schlechter als die dritte.

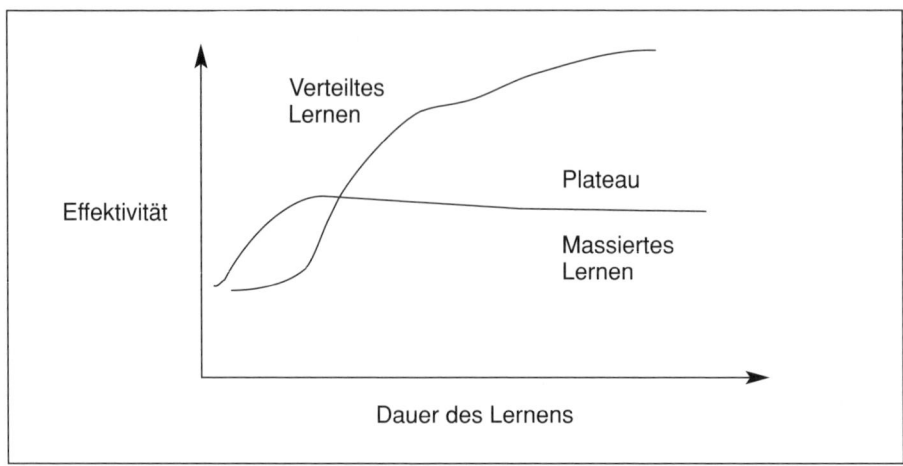

Abbildung 15: Verteiltes und massiertes Lernen

Man kann sich diesen Effekt wiederum mit der Computeranalogie erklären: Das Gehirn lässt sich nicht unbegrenzt mit Eingaben füllen. Es braucht ähnlich wie bei einem Computer einfach Zeit, diese Eingaben auf den Speicher zu schreiben. Hat es diese Zeit nicht, kommt es zu Fehlern. Ein Schema zum optimalen Gestalten der Pausen kann wie in Abbildung 16 dargestellt aussehen.

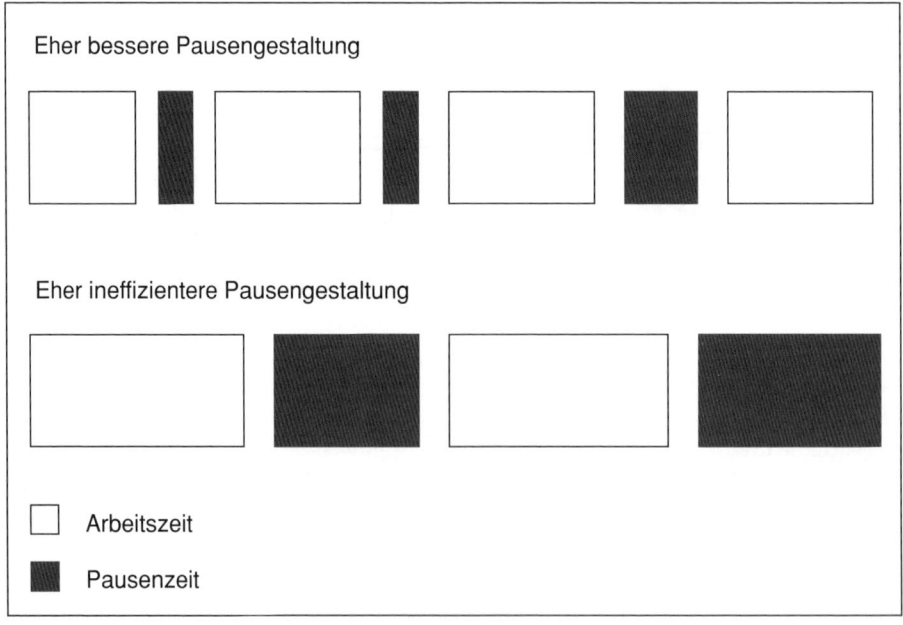

Abbildung 16: Optimale Pausengestaltung

5.8 Das Lernprotokoll

Möglicherweise stellen Sie mit der Zeit fest, dass Sie nicht so gut vorausplanen können, weil doch zu viel Unvorhergesehenes auf Sie zukommt. Dann können Sie ein ähnliches Formular wie den Tagesplan als Grundlage für ein Lernprotokoll verwenden. Sie schreiben einfach auf, wann, was und wie Sie gelernt haben. Mit diesem Lernprotokoll haben Sie eine gute Kontrolle über Ihr Lernverhalten, und Sie ziehen einige Vorteile daraus, die Sie auch bei der Verwendung eines Tagesplanes gehabt hätten. Ihnen wird klar, wo die Zeitfresser sitzen, wie viel Sie wirklich lernen, ob Ihr Lernen effektiv war, wo genau Sie Ihren Lernstil ändern können oder müssen. Das Lernprotokoll ist ein gutes Instrument, um sich selbst zu motivieren. Immerhin haben Sie hinterher immer einen schriftlichen Beweis Ihrer Tätigkeiten. Wenn Sie viel auswendig lernen müssen, also Gedächtnisarbeit leisten, dann gibt es in der Regel kein sichtbares Ergebnis dieser Arbeit. Beim Autowaschen haben Sie hinterher ein sauberes Auto und das schöne Gefühl, etwas geleistet zu haben. Mit Hilfe eines Lernprotokolls belohnen Sie sich ebenfalls. Der schriftliche Beweis für ihre geistige Arbeit vermittelt Ihnen das zufriedene Gefühl, etwas Sinnvolles gearbeitet zu haben.

Aus vielen Lernberatungen ist mir bekannt, dass allein schon einfache Lernprotokolle eine signifikante Verhaltensänderung bewirken können. Die Selbstbeobachtung fördert Seiten des Selbst zu Tage, die man nicht für möglich gehalten hätte. Außerdem hat sie einen Rebound-Effekt, d. h. das Lernverhalten wird allein durch die Beobachtung und schriftliche Fixierung desselben verändert, denn man möchte sich ja nicht selbst dokumentieren, dass man zu bequem oder ablenkbar etc. ist. Plötzlich wird einem auch klar, wie oft man sich selbst etwas vormacht. Man lebt in der Meinung, „dauernd" zu lernen, und muss feststellen, dass die wirkliche Lernzeit auf wenige Stunden am Tage zusammenschrumpft … Viele Studenten lehnen lange Zeit jede Einladung ab, verbieten sich jedes Kino oder andere Vergnügen, weil sie ja lernen müssen, und sind später enttäuscht von ihren Prüfungsergebnissen. Andere, die am Leben aktiv teilnehmen, aber doch Zeiten intensiven Lernens nutzen, haben oft mehr Erfolg. Woran liegt es? Ganz einfach an der Effektivität des Lernens. Lernen Sie lieber kurz und wirksam, dann überlasten Sie ihr Gehirn nicht und können sich mehr merken! Es entsteht auch nicht die gefährliche Lernunlust, die möglicherweise zum Aufgeben führt. Andererseits muss man trotzdem sehr streng mit sich umgehen und seinen Arbeitsplan straff einhalten, damit sich nicht die sehr verbreitete Prüfungsangst einschleicht. Prüfungsangst entsteht immer dann, wenn man den Eindruck gewinnt, nichts zu können. Dies geschieht sehr häufig, wenn man zu viel auf einmal gelernt hat, das heißt, den Lernstoff nicht gut verteilt hat. Durch ein Lernprotokoll kommen Sie sich selbst sehr schnell auf die Schliche und Sie haben es schriftlich, ob Sie mit sich zufrieden sein dürfen oder ob Sie noch etwas verbessern könnten. Falls Sie vom Wert eines Lernprotokolls nach diesen Ausführungen immer noch nicht überzeugt sind, so gönnen Sie sich wenigstens einen Versuch.

Die Verwunderung ist oft groß, welch spürbaren Effekt diese wirklich kleine Maßnahme hervorgerufen hat.

Stellen Sie sich folgendes Lernprotokoll mit dem Computer her oder kopieren Sie es mehrfach und hängen Sie es in der für Sie wichtigen Zeit mit einem Klebestreifen in der Nähe Ihres Lernplatzes auf. Wenn es niemand sehen soll, können Sie es auch an die Innenseite eines Schrankes hängen oder in einem Ordner abheften, den Sie jeden Tag vor Ihrem Lernen aufschlagen. Seien Sie konsequent mit dem Eintragen. Es lohnt sich!

Beispiel:

Datum	Zeitdauer	Tätigkeit	Thema	Bewertung
25.10.	16.00–17.00 60 Min.	lesen Stichworte schreiben	Die soziale Frage im Mittelalter	☺
	19.00–19.30 30 Min.	Vokabeln lesen schreiben lernen	Lektion 23	☹
	22.00–22.25 25 Min.	Mathematik	Textaufgabe	☺

Was kann man aus obigem Protokoll heraus lesen? Was könnte man wohl auf Anhieb verbessern? Von 17 Uhr bis 19 Uhr und von 19.30 bis 22 Uhr waren zwei lange Pausen. Es wäre wohl besser gewesen nach kurzen Pausen weiterzuarbeiten. Dann wäre das Lernpensum um 18.10 Uhr bewältigt gewesen und der lange Feierabend hätte zur Entspannung gereicht.

Zum Selbstausfüllen:

Datum	Zeitdauer	Tätigkeit	Thema	Bewertung

Analysieren Sie nach einiger Zeit Ihr eigenes Lernprotokoll. Wann und warum waren Sie mit bestimmten Lernleistungen zufrieden? Was waren die Gründe für Unzufriedenheit? Was können Sie verbessern?

5.9 Zusammenfassung

- Mit einem schriftlichen und kontrollierten Zeitmanagement gehen Sie automatisch sorgsam mit Ihrer Ressource Zeit um.
- Sie bekommen einen Blick für Ihre eigenen Schwächen und Vorlieben.
- Noch nicht erledigte Dinge vergessen Sie nicht einfach.
- Sie lernen effektiver, das heißt gründlicher in kürzerer Zeit.
- Sie vermeiden oder verkürzen unnötige Gespräche und Ausgänge, über die Sie sich früher geärgert haben.
- Sie vermeiden unnötigen Stress vor den Prüfungen.
- Sie arbeiten strukturiert und können sich dadurch gezielter auf Prüfungen vorbereiten.
- Sie können Ihre Freizeit und Ihre Hobbys wirklich genießen und brauchen nicht ein ständig schlechtes Gewissen zu haben.
- Durch die Abwechslung der Tätigkeiten wird Ihnen das Lernen nicht so schnell überdrüssig.
- Sie können überprüfen, ob Sie Ihre Etappenziele erreicht haben, und wissen somit immer genau, an welcher Stelle Sie stehen.
- Sie haben mehr Spaß am Lernen.
- Ihre Planung lässt sich für eine eventuelle Folgeprüfung weiterverwenden.
- Ihre Mitschrift dient Ihnen auch zu einem erheblich späteren Zeitpunkt noch.
- Nachdem Sie geistig gearbeitet haben, sehen Sie das Ergebnis Ihrer Arbeit auf Ihrem Plan. Dadurch sind Sie zufriedener mit sich.
- Sie können Ihre Stärken nun besser ausbauen.
- Lassen Sie sich durch nichts und niemanden entmutigen.

6 Motivation zum Lernen

> *Wenn das Leben keine Vision hat,*
> *nach der man sich sehnt,*
> *die man verwirklichen möchte,*
> *dann gibt es auch kein Motiv, sich anzustrengen.*
>
> Erich Fromm

Lernmotivation ist ein Sammelbegriff für kognitive und emotionale Prozesse, die eine Steuerung des eigenen Verhaltens auf ein Ziel zu ermöglichen. Die Stärke der Lernmotivation hängt von Persönlichkeitsmerkmalen (z. B. Fähigkeiten, Temperament, Durchhaltevermögen …) und dem Anreiz der Situation ab.

Hinter jedem Lernziel stehen die Beweggründe des Lernenden, dieses Ziel auch wirklich erreichen zu wollen. Deshalb ist es lohnenswert sich mit seiner eigenen Motivation zu beschäftigen. Das Lernen muss sich für den Lernenden in einer bestimmten Weise bezahlt machen. In diesem Kapitel erforschen Sie Ihre eigene Lerngeschichte, gehen gedanklich in Ihre Vergangenheit zurück, analysieren Ihre Ziele und arbeiten einige Tage lang mit einem gründlichen Selbsttest. Am Ende des Kapitels werden Ihnen Methoden zur Festigung Ihrer Motivation vorgestellt. Damit festigen Sie den Weg zu Ihrem Ziel.

6.1 Diverse Motive für Lernen

Für Menschen, die sich auf irgendeine Art weiterbilden, ist ihre Motivation zum Lernen von besonderem Interesse. Die meisten ihrer Kolleginnen und Kollegen verbringen ihre Freizeit mit der Familie oder mit ihren Hobbys. Was bringt also einen Menschen dazu, seine Freizeit zu opfern und sich der Mühe des Lernens zu unterziehen?

Häufig wurde der Lernweg in der Jugend unterbrochen. Als Gründe werden die verschiedensten Erlebnisse und Erfahrungen genannt. Manchmal gab es Zoff mit den Eltern, man hatte Schwierigkeiten in der Schule mit dem Stoff oder mit einem Lehrer oder mit den Mitschülern und außerdem hatte man in der pubertären Entwicklungszeit den Kopf voller anderer Probleme, fühlte sich oft von allen unverstanden. Beim Tieferschürfen gelangt man dann meistens zur Aussage: „Ich hatte null Bock auf Lernen". Was ist das anderes als fehlende Motivation zum Lernen? Man sah Lernen als eine lästige Pflicht an, unnütz, langweilig und anstrengend.

Im erwachsenen Alter sieht der Betroffene häufig, dass ihm ein Schulabschluss oder Kenntnisse auf einem bestimmten Gebiet fehlen oder dass die wissenschaftliche oder technische Entwicklung ihn überrollt hat. Jetzt kommt die Einsicht, dass man etwas lernen sollte.

Motivation basiert also auf der Einsicht, dass sich Lernen in irgendeiner individuell verschiedenen Art lohnt. Diesen Lohn kann man sich als bares Geld vorstellen, in Form einer Lohnerhöhung, eines Stellenwechsels oder eines beruflichen Aufstiegs. Es kann aber auch einfach die Lust am Wissen sein, die Freude am gegenseitigen Gedankenaustausch, ein ursprüngliches Interesse an einem Fachgebiet oder eine in Kindheit oder Jugend zurückreichende Sehnsucht, eine angelegte Begabung endlich zur Entfaltung zu bringen. Möglicherweise möchte man sich in einer Fremdsprache vervollkommnen, für den Urlaub, für die Familie oder für den Beruf. Aber machen Sie nicht den Fehler, Verpflichtung und Interesse zu verwechseln. Welches Gefühl löst das Denken an Ihr Ziel bei Ihnen aus? Fühlen Sie sich wohl dabei oder haben Sie ein ungutes Gefühl dabei? Je älter man wird, umso leichter ist es, sich für etwas wirklich zu interessieren. Sie haben sich inzwischen eine Wissensgrundlage geschaffen, auf der Sie aufbauen können. Es ist Ihnen klarer als früher, was Ihnen wirklich wichtig ist, und es gibt keine Ihnen aufgezwungene Schulpflicht und Prüfungen, deren Sinn Sie nicht einsehen, Ihre Weiterbildung besteht mehr aus Freiwilligkeit.

Vielen Menschen ist es wichtig, bei ihrer beruflichen Tätigkeit ein möglichst großes Spektrum ihrer Begabungen und Interessen einbringen zu können. Wenn Sie dazu aufgefordert werden, viele Ihrer Fähigkeiten im Beruf einzusetzen, und Sie diese über ihre momentanen Möglichkeiten hinaus noch erweitern können, dann wird Ihre Freude an der Arbeit größer. Je mehr sie daran gehindert werden, umso tiefer ist die Frustration.

Da fehlende Motivation eine der Hauptursachen beim Scheitern eines Lernvorhabens ist, müssen wir beim Bewältigen von Lernaufgaben der Motivation einen besonderen Stellenwert zuweisen.

6.2 Motivationsanalyse

Ihr Durchhaltevermögen beim Lernen und beim Erreichen Ihrer Ziele hängt sehr stark von Ihrer Motivation ab. Es lohnt sich daher, sich im Voraus gründlich mit der eigenen Motivation zu beschäftigen.

Dazu ein Beispiel:

Ziel	Motivation	mögliches Hindernis
Englisch-Zertifikat	Beruflicher Aufstieg	Störung durch Nachbarn

Bei einem größeren Vorhaben, etwa einem Studium von mehreren Jahren und mit eventuell hohen Kosten, ist es unbedingt notwendig, sich noch gründlichere Gedanken über die Motivation und das Vorhaben zu machen. Damit können Sie sich schon im Vorfeld schlimme Erfahrungen und unnötige Kosten sparen.

> **Praktischer Tipp:**
>
> Prüfen Sie mindestens eine Woche lang jeden Tag oder jeden zweiten Tag ihre Ziele. Seien Sie ganz ehrlich zu sich selbst. Damit Sie von niemandem in der Familie ungewollt oder unbewusst beeinflusst werden, ist es am besten, wenn Sie mit niemandem darüber sprechen.
>
> Kopieren Sie den folgenden „Selbsttest Motivation" mindestens 7-mal. Nach jedem Beschriften eines Blattes legen Sie das bearbeitete Blatt so ab, dass Sie nicht in Versuchung kommen nachzulesen, was Sie geschrieben haben. Wenn Sie dann nach Abschluss Ihrer Selbsttestserie die Blätter wieder durchlesen, werden Ihnen Beweggrund, Ziel und Zielerreichung viel klarer vor Augen stehen.

6.3 Selbsttest Motivation

Welches Ziel möchte ich erreichen?

_____

_____

_____

Aus welchen Gründen möchte ich dieses Ziel erreichen?

_____

_____

_____

Welche Eigenschaften brauche ich, um mein Ziel zu erreichen?

_____

_____

_____

Kenne ich jemanden, der dieses Ziel erreicht hat?
_____
_____

Welche Informationen habe ich über den Weg dorthin?
_____
_____

In welcher Zeit möchte ich dieses Ziel erreichen?
_____
_____

Was könnte mich auf dem Weg zu diesem Ziel aufhalten?
_____
_____

Mit welchen Gegenmaßnahmen werde ich auf diese Hindernisse reagieren?
_____
_____

6.4 Entscheidungsfindung und Motivation

Es gibt viele Gründe, warum man sich als Erwachsener weiterbilden möchte. Die Arbeitssituation hat sich geändert, neue Umweltprobleme sind aufgetreten, der Gesundheitszustand hat sich geändert, man muss mit der Modernisierung im Betrieb mithalten oder man muss sich auf neue berufliche Herausforderungen vorbereiten.

Als Ergebnis aus dem letzten Kapitel steht nun fest, dass Sie eine Bildungsmaßnahme ergreifen werden. Sie fühlen sich motiviert, kennen Ihr Ziel, Ihre Voraussetzungen und die Rahmenbedingungen. Bevor Sie einen Vertrag mit einer Bildungsinstitution abschließen, sollten Sie sich allerdings gründlich über die vielen verschiedenen Möglichkeiten informieren, wie Sie zu Ihrem Ziel gelangen können. Mit Hilfe der Checkliste können Sie sich einen Überblick über Ihren Kenntnisstand und eine gute Entscheidungsgrundlage schaffen. Je mehr Sie im Vorfeld wissen und abgeklärt haben, umso mehr sparen Sie sich spätere bittere Erkenntnisse. Sie ebnen sich den Weg zum Ziel!

A, B und C stehen für die drei Bildungseinrichtungen, die Sie in die engere Wahl gezogen haben.

Checkliste			
Frage:	A	B	C
Wie lange dauert die gesamte Ausbildung?			
Wie viele Unterrichtsstunden werden erteilt?			
Wie lange dauert eine Unterrichtsstunde: 45 oder 60 Minuten?			
Wie teuer ist die Ausbildung?			
Welche Kosten entstehen zusätzlich (Bücher, Skripten, Fahrten, Anmelde- und Prüfungsgebühren …)?			
Wie groß ist die Lerngruppe? Je kleiner, umso intensiver kann gearbeitet werden.			
Gibt es während der Ausbildungszeit eine große Fluktuation? (Gründe erfragen)			
Sind die Lehrkräfte fachlich und pädagogisch qualifiziert?			
Wie viel Zeit muss man zu Hause für das Lernen aufwenden?			
Wie sind die Unterrichtsräume ausgestattet?			
Wie empfinden Sie die Atmosphäre im Gebäude?			
Können Sie einmal an einem Probeunterricht teilnehmen?			
Werden abwechslungsreiche Lehr- und Unterrichtsmethoden angewendet?			
Gibt es aktuelle Lehr- und Lernmaterialien und Medien? z. B. Bücher, Zeitschriften, CD-ROM, Online-Angebote			
Gibt es eine Anwesenheitspflicht?			
Wird die Anwesenheit überprüft?			
Werden Lernfortschritte regelmäßig durch Tests überprüft?			
Welches Gewicht haben die Tests bei der Endnote?			
Wird eine Prüfung vor einer Kammer oder von einer staatlichen Stelle abgenommen?			
Wie hoch ist die Durchfallquote? (Begründung)			

Bekommen Sie ein Zeugnis oder Zertifikat, das am Arbeitsmarkt anerkannt ist?			
Ist diese Ausbildung auch in anderen Bundesländern, im europäischen Ausland oder international anerkannt?			
Enthält der Vertrag sämtliche Rechte und Pflichten der Vertragsparteien?			
Können Sie den Vertrag vorzeitig kündigen, wegen unvorhersehbarer Ereignisse? Welche Kosten kommen dabei auf Sie zu?			

6.5 Elemente zur Motivationsfestigung

Anerkennung eigener Leistungen

Erfolgreiche Menschen erkennen ihre gelungenen Leistungen an. Sie sind stolz auf das Geschaffte. Sie schöpfen aus dem Gelungenen die Kraft für die weiteren Projekte. Sie lernen daraus, dass sie es richtig gemacht haben. Diese richtigen Strategien werden als Grundlage für die Zukunft benutzt. In der Schule wird leider oft die Defizit-Orientierung eingeübt, bei der man immer auf die Fehler achtet. Die meisten Lernenden haben große Schwierigkeiten spontan ihre Stärken zu benennen. Defizite können Sie jedoch sofort und in großer Zahl angeben. Für das eigene Selbstbild und die Motivationsfestigung ist es jedoch nützlicher, seine Sicht auf die eigenen Ressourcen zu richten und über die eigenen Stärken einmal gründlich nachzudenken. Dadurch werten Sie Ihre eigenen Beobachtungen und Erfahrungen auf, und es entsteht ein neues Vertrauen in Ihre persönlichen Möglichkeiten. Sie werden frei für ein prüfendes und kritisches Herangehen an den Lernstoff und übernehmen nicht einfach ohne nachzudenken die Erkenntnisse von anderen. Misserfolgserwartungen haben keinen Platz in diesem Denken. Ungute und behindernde Konkurrenzgefühle können bei einem mit sich selbst zufriedenen Menschen gar nicht erst entstehen. Die Kooperationsbereitschaft wächst, was Ihnen selbst und den anderen zugute kommt (siehe Kapitel Lerntypbestimmung).

Das Vorbild

Einen besonderen Vorteil haben Sie, wenn Sie ein Vorbild haben, dem Sie nachstreben können. Sie sagen sich immer wieder: Dieser Mensch hat es auch geschafft. Es gibt keinen Grund für mich, es nicht auch zu schaffen. Zur weiteren Motivationsverstärkung können Sie ein Bild von Ihrem Vorbild auf Ihren Schreibtisch stellen oder in der obersten Schublade so hinlegen, dass Sie es sehr oft sehen.

Visualisieren des Ziels

Entspannen Sie sich nun und stellen Sie sich ein Bild vor Ihrem inneren Auge vor, das Sie selbst an Ihrem Etappenziel zeigt. Sie können auch eine kleine Filmszene daraus machen. Vielleicht sehen Sie eine Ihnen nahestehende Person, die Ihnen zu Ihrem Erfolg gratuliert. Möglicherweise sehen Sie sich in einer Handlung, die Sie mit Ihrem Erfolg anstreben. Denken Sie sich einfach eine für Sie motivierende Szene aus. Prägen Sie sich diese gut ein und geben Sie ihr einen passenden Titel, wie z. B. „Hurra, Ziel erreicht!" Spüren Sie das schöne Gefühl das Ziel erreicht zu haben?

Versuchen Sie einen Tag später wieder dasselbe Bild oder dieselbe Szene vor Ihrem inneren Auge zu sehen. Reden Sie möglichst nur mit Ihrer besten Vertrauensperson darüber. Wenn es Ihnen gelingt, bei der inneren Vorstellung von Ihrer Zielerreichung ein gutes Gefühl zu erzeugen, ist dies eine sehr gute Methode, Ihr Ziel auch wirklich zu erreichen. Das Lernen wird Ihnen leichter fallen und Ihnen mehr Spaß machen.

Sie haben bei dieser Methode Ihre Vorstellungs-, Gedanken- und Konzentrationskraft dafür eingesetzt, ein noch in der Zukunft liegendes Ziel zu erreichen. Sie können diese geistige Vorstellungsfähigkeit täglich trainieren und weiterentwickeln. Damit beeinflussen Sie Ihr Unterbewusstsein nachhaltig, was sich auf die Verwirklichung Ihrer Ziele sehr positiv auswirkt. Viele Spitzensportler bereiten sich heute mit einem derartigen Mentaltraining auf ihre Wettkämpfe vor.

Die sich selbst erfüllende Prophezeiung

Paul Watzlawick hat in seinem Buch „Die erfundene Wirklichkeit" bereits 1978 über sich selbst erfüllende Prophezeiungen berichtet. Es geht dabei um eine Annahme oder Voraussage, die nur dadurch, dass sie gemacht wurde, das angenommene, erwartete, vorhergesagte, erwünschte oder nicht erwünschte Ereignis zur Wirklichkeit werden lässt. Somit hat sich die Richtigkeit der Voraussage erwiesen. Da dieser Effekt nachweisbar ist und häufig auftritt, ist es durchaus legitim, den Effekt für seine eigene Zielerreichung im positiven Sinne zu nützen. Prophezeien Sie sich immer wieder Ihren Erfolg beim Lernen und bei Ihren Prüfungen. Sie erhöhen damit die Wahrscheinlichkeit Ihres Erfolges deutlich. Glauben Sie nicht den Menschen, die dauernd bekräftigen, Sie hätten nie an einen Sieg geglaubt, oder sie seien völlig vom Erfolg Ihres Tuns überrascht worden. Es mag ja immer wieder solch eine Überraschung geben, aber die tiefere Wahrheit ist, dass sich Menschen sehr anstrengen oder dafür einsetzen ein bestimmtes Ziel zu erreichen. In unserer Gesellschaft wird es allerdings lieber gesehen, wenn der Erfolg ganz zufällig und unerwartet kommt, als wenn man ihn zielstrebig ansteuert.

7 Techniken der Kurzentspannung

Im folgenden Kapitel werden einige Kurz-Entspannungstechniken vorgestellt. Die Bedeutung der Entspannung für das Lernen wurde bereits im Kapitel 1.2.3 beschrieben. In diesem Kapitel werden zunächst noch einige zusätzliche Funktionen der Entspannung für das Lernen erläutert. Im zweiten Abschnitt werden dann fünf leicht zu erlernende Methoden der Kurzentspannung für die unmittelbare praktische Anwendung in der Lernsituation vorgestellt.

7.1 Warum ist Entspannung für das Lernen förderlich?

Die vielfältigen Einflussfaktoren der Entspannung auf das Lernen und die Abspeicherung des Gelernten wird in diesem Abschnitt diskutiert. Einige dieser Punkte wurden bereits an anderer Stelle angesprochen, andere werden in diesem Abschnitt zusätzlich beschrieben. Ganz allgemein gesagt, ist die Entspannung eine Art Türöffner zum Langzeitgedächtnis.

7.1.1 Vermeidung von Interferenz

Aus den im Kapitel 1.2.3 beschriebenen Überlegungen heraus kann man Entspannung sehr gut dazu einsetzen, vor und nach einer Lernphase Interferenz zu vermeiden.

7.1.2 Konzentration auf die innere Wahrnehmung

Beim Lernen spricht man von Konzentration, wenn der Lernende seine gesamte Aufmerksamkeit bewusst auf eine vor ihm liegende Aufgabe lenkt, seine geistigen Kräfte auf diese Aufgabe fokussiert und sich von allen Umwelteinflüssen weitgehend abgrenzt. Bei Gesprächen über Schwierigkeiten beim Lernen wird meistens sehr schnell die mangelnde Konzentrationsfähigkeit als größtes Problem genannt. Der Wille zum Lernen ist vorhanden, leider ist aber die Konzentrationsfähigkeit zu gering.

Die wichtigste Grundvoraussetzung für eine gute Konzentration ist immer die Motivation. Haben Sie schon einmal junge Leute beim Computerspielen beobachtet? Sie sind hochkonzentriert und man darf sie ja nicht stören, sonst hat man möglicherweise die „Arbeit" von Stunden ruiniert. Andererseits dürfen sie einen lustlos über seinem Aufsatz sitzenden Schüler sogar zum Einkaufen schicken. Er macht es, ohne zu murren.

Viele Menschen haben schon einen Zustand erlebt, bei dem sie voll und ganz mit ihrer Arbeit verschmolzen waren und die Zeit einfach vergessen haben. Der amerikanische Psychologe Mihaly Csikszentmihalyi (2010) nennt dies den Flow-Zustand. Charakteristisch für diesen Zustand sind eine hohe Motivation und eine Aufgabenstellung, die unsere volle Aufmerksamkeit fordert, uns stark herausfordert, aber nicht überfordert.

Das Ergebnis der Lernanstrengung hängt entscheidend von der Fähigkeit ab, sich für eine gewisse Zeit ganz in eine Sache vertiefen zu können, sich also voll zu konzentrieren. Wer zum Beispiel neben dem Lernen noch den Wetterbericht im Fernsehen verfolgt, aus dem Fenster sieht etc., verdoppelt damit seinen Konzentrationsaufwand für das Lernen.

Mit folgenden Fragen können Sie herausfinden, wie es um Ihre Konzentrationsfähigkeit steht:

– Welche Rahmenbedingungen benötigen Sie, um sich vollkommen konzentrieren zu können? (Raum, Schreibtisch, Umgebung, Tageszeit ...)
– Wie lange können Sie sich auf eine Aufgabe oder einen Artikel oder eine andere geistige Beschäftigung konzentrieren, ohne sich von äußeren Faktoren ablenken zu lassen?
– Vergessen Sie während einer Konzentrationsphase alles um sich herum?
– Vergessen Sie auch Ihre persönliche Befindlichkeit?
– Sind Sie in der Lage sich immer tiefer in einen Gedanken, eine Aufgabe oder einen Artikel hineinzuarbeiten?

Die Konzentration kann man durch verschiedene Maßnahmen beeinflussen:

– Die eigene innere Uhr beachten
– Zu Zeiten des Leistungshochs lernen
– Für genügend Schlaf sorgen
– Ein Mittagschlaf kann Wunder wirken.
– Angemessene sportliche Betätigung hilft
– Ablenkungen weitgehend ausschließen
– Je mehr Lernwege, desto besser
– Genügend Pausen einlegen
– Für ausreichend Sauerstoff sorgen
– Ähnliche Fächer nicht nacheinander lernen
– Für Abwechslung beim Lernen sorgen

Unsere Wahrnehmung ist im täglichen Leben eher nach außen gerichtet. Bei der Anwendung von Entspannungsverfahren zentriert sich die Aufmerksamkeit eher nach innen. Man wendet sich dabei von der störenden Außenwelt ein Stück weit ab und dem inneren Erleben eher zu, was für das Lernen sehr förderlich ist.

Nachfolgend sind zwei Übungen beschrieben, mit deren Hilfe man die Wahrnehmung, die normalerweise eher nach außen gerichtet ist, schnell nach innen lenken kann. Diese Übungen können sehr gut zur Konzentration am Anfang einer Lerneinheit eingesetzt werden. Der Übungsablauf ist dabei prinzipiell immer gleich: Zuerst nimmt man einen realen Gegenstand mit geöffneten Augen möglichst intensiv wahr, danach schließt man die Augen und versucht, die vorangegangenen Wahrnehmungen in der Vorstellung zu reproduzieren, daran anschließend werden dann noch Veränderungen in der Vorstellung vorgenommen.

Übungen: Konzentrationslenkung

1. Übung: „Gegenstand"

Für diese Übung benötigen Sie irgendeinen kleinen, handlichen Gegenstand, z. B. eine Kastanie, einen Bleistiftspitzer, eine Orange, einen Kugelschreiber oder Ähnliches. Die Übung erfolgt in drei Schritten.

1. Schritt:

Nehmen Sie den Gegenstand in die Hand und sehen Sie ihn sich sehr genau an, versuchen Sie dabei, möglichst viele Details genau wahrzunehmen. Sie können sich dabei an den nachfolgenden Punkten orientieren, aber natürlich auch die sonst noch relevanten und markanten Details des von Ihnen gewählten Gegenstandes wahrnehmen. Nehmen Sie sich dazu etwa zwei Minuten Zeit. Sie können z. B. betrachten:
- Farbe (eine oder mehrere)
- Form (symmetrisch oder unsymmetrisch)
- Kontrast
- Oberfläche (glatt oder rau, glänzend oder matt)
- Geruch
- Gewicht
- Temperatur
- ...

des Gegenstandes

2. Schritt:

Schließen Sie dann die Augen und versuchen Sie, sich in der Vorstellung an möglichst viele Details des vorher betrachteten Gegenstandes zu erinnern. Versuchen Sie dabei, möglichst viele der vorherigen Wahrnehmungen zu diesem Gegenstand zu reproduzieren. Sie können sich in der Vorstellung dabei z. B. wieder konzentrieren auf:
- Farbe (eine oder mehrere)
- Form symmetrisch oder unsymmetrisch)
- Kontraste
- Oberfläche (glatt oder rau, glänzend oder matt)

- Geruch
- Gewicht
- Temperatur
- ...

des Gegenstandes

3. Schritt:

Öffnen Sie nun wieder die Augen und vergleichen Sie die Vorstellung mit dem realen Gegenstand. Gibt es Unterschiede? Wenn ja: Worin bestehen die Unterschiede?

Sie können sich dann den Gegenstand noch einmal vorstellen.

2. Übung: „Kerze"

Für diese Übung benötigen Sie eine ganz normale Kerze. Diese Übung erfolgt in drei Schritten. Stellen Sie dazu die Kerze vor sich auf den Tisch und zünden Sie sie an.

1. Schritt:

Sehen Sie sich die Kerze ca. zwei Minuten genau an und versuchen Sie, möglichst viele Details der Kerze wahrzunehmen. Sie können sich z. B. konzentrieren auf:
- Farbe der Kerze
- Hellere und dunklere Zonen des Kerzenkörpers
- Farbe der Flamme
- Hellere und dunklere Zonen der Flamme
- Form der Flamme
- Bewegungen der Flamme
- Farbe des Dochtes
- Form des Dochtes
- Geräusch beim Anbrennen
- Gefühl beim Berühren des Wachses
- Knistern der Flamme, wenn Wasser darauf tropft
- Geruch beim Löschen der Flamme
- ...

2. Schritt:

Schließen Sie nun die Augen und versuchen Sie, in der Erinnerung möglichst viele Details der Kerze wahrzunehmen. Sie können sich dabei in der Vorstellung z. B. wieder konzentrieren auf:
- Farbe der Kerze
- Hellere und dunklere Zonen des Kerzenkörpers
- Farbe der Flamme

- Hellere und dunklere Zonen der Flamme
- Form der Flamme
- Bewegungen der Flamme
- Farbe des Dochtes
- Form des Dochtes
- Geräusch beim Anbrennen
- Gefühl beim berühren des Wachses
- Knistern der Flamme, wenn Wasser darauf tropft
- Geruch beim Löschen der Flamme
- ...

3. Schritt:

Versuchen Sie nun im dritten Schritt, sich vorzustellen, dass sich gewisse Dinge an der Kerze ändern. Sie können z. B. in der Vorstellung ändern:
- Farbe
- Form
- Helligkeit
- ...

7.1.3 Gehirnphysiologische Veränderungen bei Entspannung

Bei Entspannung verändern sich viele physiologische Parameter, so wird z. B. die Muskelspannung geringer, der elektrische Hautwiderstand größer, die Herzfrequenz und der Blutdruck sinken usw. Eine weitere zentrale Veränderung ist die Veränderung der elektrischen Gehirnwellen.

Jede Hirnwellenaktivität ist das Resultat der synchronen Aktivität vieler Nervenzellen. Wenn lediglich einzelne Nervenzellen aktiv sind, so geht ihre Aktivität im „Rauschen" der Gesamtaktivitäten unter. Die jeweiligen Gehirnwellen hängen sehr eng mit verschiedenen Bewusstseinszuständen zusammen. Man unterscheidet sie nach den dabei auftretenden Frequenzen. Im Wachzustand herrschen die sogenannten Beta-Wellen vor. Dies sind Wellen mit ca. 14 bis 30 Hertz Frequenz. Das Auftreten von Beta-Wellen ist mit einer Lenkung der Wahrnehmung nach außen verbunden. Im Entspannungszustand treten dagegen verstärkt die sogenannten Alpha-Wellen mit einer Frequenz von ca. 8 bis 13 Schwingungen auf. Diese Wellen sind für das Lernen, insbesondere für das Abspeichern von Information von besonderer Bedeutung. Manchmal wird der Zustand, in dem viele Alpha-Wellen auftreten, auch als relativ langweilig bezeichnet. Das Gehirn befindet sich dann in einem sehr aufnahmebereiten Zustand. Der Bewusstheitszustand, in dem Alpha-Wellen auftreten, ist gekennzeichnet durch synchrone Aktivität ausgedehnter Areale der Großhirnrinde. Anders als im Schlaf ist das Gehirn dabei jedoch auf spontane Zustandsänderungen eingestellt. Die synchrone Aktivität bedeutet also nicht Inaktivität, sondern eine Art Erwartungshaltung im Hinblick auf informationshaltige Stimulation. Mit einer neuronalen Erregung allein kommt es jedoch noch nicht zu einem Lernen. Um Lernen zu bewirken, muss es zu einer konsistenten Veränderung des Übertragungsmusters, der Leitfähigkeit von Synapsen (der Verbindung zwischen Nervenzellen), kommen. Dadurch kommt es zu Wachstums- und Veränderungsprozessen an den Synapsen oder zu Veränderungen in den Stoffwechselprozessen, wodurch sich bei erneuter Erregung die Wirkung der erregenden Nervenzellen verstärkt. Diese Erregungsverstärkung entspricht dann dem Lernprozess. Bei komplexeren Lernvorgängen müssen sehr viele Neuronen synchronisiert werden. Dazu bedarf es eines Rhythmusgebers. Ganz analog der Taktfrequenz eines Computers. Der Alpha-Rhythmus ist nun nicht genau die Frequenz, in der die einzelnen Nervenzellen aktiv sind, er gibt vielmehr den Rahmenrhythmus vor, bei dem immer ein neuer Erregungsbeginn in den beteiligten Neuronenensembles stattfindet. Der übergeordnete Alpha-Rhythmus ist wie der Einsatzbefehl für ein synchrones Einsetzen der Aktivität der Nervenzellen. Das bedeutet nicht, dass die Aktivität der Neuronen im jeweiligen Takt des Alpha-Rhythmus stattfindet, die Erregungsfrequenz der einzelnen Nervenzellen ist ja viel höher, sie spielt sich im Millisekundenbereich ab. Jeder Taktschlag im Alpha-Rhythmus ist jedoch ein Sicherstellen, dass die Synchronisation aufrechterhalten wird, indem er die synchrone Aktivität einreguliert. Die Wirkung des Rhythmusgebers ist gleich der eines sparsam agierenden Dirigenten, der nur an bestimmten Stellen einsatz- und temporegulierend eingreift, oder eines Kommandeurs, der nur ab und zu den Marschschritt einer marschierenden Kolonne rekoordiniert. Oder der einer Schaukel, die nur ab und zu wieder angeschubst werden muss.

Alpha-Wellen zu Beginn des Lernens bedeuten, dass das wache Gehirn zu diesem Zeitpunkt nicht mit der Verarbeitung anderer Information beschäftigt ist. Große Gehirnareale stehen dann prinzipiell zur Schaltkreisbildung (also zum Lernen) zur Verfügung. Die Gedächtnisspeicherung kann dann nicht mehr durch proaktive oder retroaktive Hemmung beeinträchtigt werden. Das Gehirn ist daher optimal vorbereitet für den Lernprozess.

Für die Lernleistung sind folgende Zustände optimal:

a) *Speicherung:*
   Emotion: angenehm-behaglich. ruhig-entspannt (Alpha-Zustand)
   Physiologisch: Alphawellen im Frontalhirn, erhöhter Hautwiderstand, niedriger Muskeltonus, niedere Herzfrequenz
b) *Informationsaufnahme und Codierung:*
   Emotion: angenehm-behaglich, angeregt-interessiert
   Physiologisch: niederfrequente Beta im Occipitalbereich, hoher Hautwiderstand

7.1.4 Lernen im Schlaf/Superlearning und andere Wunderdinge

In den letzten Jahren wurden immer wieder wunderartige Dinge zum Thema Lernen berichtet. Die wissenschaftliche Überprüfung, sofern sie überhaupt erfolgte, konnte solche Wunderdinge jedoch nicht bestätigen. Einige der dabei oft zitierten „Sachverhalte" sollen nachfolgend kurz diskutiert werden. Es handelt sich dabei eher um Mythen, die dem Verkauf von Geräten oder Seminaren dienen. Die Lernfähigkeit im Schlaf scheint keineswegs erhöht zu sein, sie ist im Gegenteil eher eingeschränkt als verbessert. Dies umso mehr, je tiefer der Schlaf ist. Sehr gut zur Speicherung ist dagegen der entspannte Wachzustand geeignet. Das Lernen unmittelbar vor dem Einschlafen ist sehr sinnvoll, da beim Einschlafen die Phase des entspannten Wachzustandes ganz automatisch durchlaufen wird. Für eine Steigerung der Lernleistung im Schlaf könnte höchstens die rein quantitative Betrachtung von Bedeutung sein. Auch wenn die Lernfähigkeit im Schlaf eingeschränkt ist, so könnte es trotzdem sinnvoll sein, die sonst für das Lernen ungenutzte Zeit während des Schlafens wenigstens in einer wenn auch etwas ineffizienteren Art und Weise zu nutzen. Dieser „Nutzen" muss jedoch mit den Nachteilen aufgewogen werden, die damit verbunden sind. Der Schlaf kann durch die Lernaktivitäten gestört werden, besonders das Einschlafen kann verzögert werden und so die Gesamterholung reduzieren.

Man kann das Lernen im Schlaf (mit der Ausnahme der interferenzfreien Verarbeitung) nicht wesentlich befördern, man kann es jedoch durch ungünstige Verhaltensweisen stark behindern.

Im Zusammenhang mit dem Thema „Schlaf" gibt es viele Mythen, die meist nur sehr wenig mit der Realität zu tun haben. Daher soll nachfolgend der Stand der wissenschaftlichen Schlafforschung kurz zusammengefasst werden. Eine ausführliche Darstellung findet sich z. B. bei Müller und Paterok (2010).

Mythen zum Schlaf
Mythos: Der Schlaf verläuft nach dem Einschlafen geradlinig abfallend bis zu seinem tiefsten Punkt, um dann langsam bis zum Erwachen am Morgen wieder anzusteigen.   **Realität:** Der Schlaf ist ein Prozess, der in Zyklen von ca. 90 Minuten abläuft und innerhalb der Zyklen flacher und tiefer wird.
Mythos: Die ganze Nacht muss Tiefschlaf bestehen.   **Realität:** Tiefschlaf gibt es nur in der ersten Hälfte des Schlafes, insgesamt beträgt der Tiefschlaf nur 15 bis 20 % der Gesamtschlafzeit.

Mythos:
Nach einer „schlechten" Nacht muss der Schlaf in der darauf folgenden Nacht nachgeholt werden, d. h., man muss dann länger schlafen.
Realität:
Der Körper reguliert das Schlafdefizit durch Schlaftiefe, nicht durch Schlaflänge.

Mythos:
Der Schlaf vor Mitternacht ist der beste.
Realität:
Das erste Drittel des Schlafes, in dem es besonders viele Tiefschlafanteile gibt, tritt unabhängig von der Zeit auf, zu der man zu Bett geht.

Mythos:
Acht Stunden Schlaf sind nötig, um erholt zu sein.
Realität:
Die Schlafdauer ist individuell sehr verschieden. Die Zeit bewegt sich dabei von ca. vier bis ca. zehn Stunden.

Mythos:
Schlafunterbrechungen zeugen von schlechtem Schlaf.
Realität:
Mehrmaliges Aufwachen gehört zu einem gesunden Schlaf und ist physiologisch sinnvoll.

Mythos:
Die optimale Schlafdauer ist immer gleich.
Realität:
Mit dem Alter nimmt die Schlafdauer ab.

7.1.5 Hypnose

Gelegentlich wird auf die besondere Gedächtnisleistung von Versuchspersonen unter Hypnose verwiesen. Diese tatsächlich festzustellenden Gedächtnisleistungen beziehen sich jedoch ausschließlich auf die Reproduktion bereits gespeicherter Gedächtnisinhalte, nicht auf die Speicherung neuer Inhalte. Es besteht unter Hypnose keine Speicherungserleichterung, sondern höchstens eine Verringerung von Abrufblockaden.

7.1.6 Fazit

Nürnberger Trichter jeglicher Art gab und gibt es nicht, es wird sie wohl auch niemals geben. Lernen ist und bleibt mit Aufwand verbunden, da genau in diesem Aufwand der Effekt des Lernens liegt. Dass Bücher, Geräte und Seminare gekauft werden, die die oben beschriebenen Effekte versprechen, zeigt jedoch, dass ein starkes Bedürfnis besteht, effizienter zu lernen.

> **Entspannungsverfahren haben folgende positiven Effekte auf das Lernen:**
>
> 1. Durch die Anwendung eines Kurzentspannungsverfahrens zu Beginn einer Lerneinheit richtet man die Aufmerksamkeit, die normalerweise eher nach außen gerichtet ist, nach innen und erleichtert so das Lernen.
> 2. Wenn man im Anschluss an eine Lerneinheit eine Kurzentspannung anwendet, verhindert man Interferenz und erleichtert so das Abspeichern der Lerninhalte.
> 3. In einer Prüfung kann man die Entspannungstechniken dann schnell und effizient einsetzen, wenn man sie vorher gut eingeübt hat und kann so sicherstellen, dass man sich in einem Zustand befindet, in dem die Reproduktion und Anwendung des Gelernten optimal funktioniert (vgl. Teil 4).

7.2 Kurzentspannungstechniken

Im folgenden Abschnitt werden einige Methoden der Kurzentspannung vorgestellt. Wenn Sie ein anderes Entspannungsverfahren beherrschen, ist es natürlich günstig, dieses Verfahren zur Unterstützung des Lernprozesses anzuwenden. Auch die Methoden aus den Kapiteln 14 und 15 sind als Entspannungstechniken geeignet. Alle vorgestellten Methoden basieren auf dem Grundprinzip der muskulären Entspannung, wie sie im Kapitel 15 beschrieben wird. Dabei wird der Mechanismus ausgenutzt, dass sich die Muskulatur nach vorherigem Anspannen reflexhaft entspannt. Die beschriebenen Techniken beinhalten teilweise auch Kombinationen der muskulären Entspannung mit Techniken der Atementspannung, die im Kapitel 14 beschrieben sind.

Wie können Sie die unten stehenden Texte zur Erzeugung von Entspannungszuständen verwenden? Bevor Sie die jeweilige Kurzentspannungstechnik durchführen, sollten Sie sich den ganzen Text durchlesen, um sich mit der jeweiligen Vorgehensweise vertraut zu machen. Um sich ganz auf die Wirkungsweise der jeweiligen Technik konzentrieren zu können, ist es auch z.B. sehr gut, sich die Texte auf einen Tonträger zu sprechen. Dies hat auch den Vorteil, dass man sich dabei schon im „Trockentraining" mit der Technik vertraut gemacht hat. Man kann sich die jeweiligen Instruktionen natürlich auch von jemandem vorlesen lassen. Nachdem man einige Male geübt hat, wird man jedoch den Übungsablauf auch ohne Unterstützung durchführen können. Die jeweiligen Reihenfolgen der Übungen können dabei auch verändert werden, ohne den Übungserfolg zu gefährden.

Vorbereitung

Einige der Übungen sind speziell auf das Üben im Liegen, andere speziell für das Üben im Sitzen ausgerichtet. Einige Übungen kann man sowohl im Sitzen als auch im Liegen durchführen. Richten Sie sich dazu Ihren Übungsplatz so ein, dass Sie ca. 10 bis 15 Minuten bequem üben können. Hilfreich ist es dabei, an einem ruhigen Ort zu üben, um sich ganz auf die körperliche Entspannungsreaktion konzentrieren zu können. Am besten tragen Sie bequeme Kleidung und legen alles ab, was bei der Durchführung der Übungen stören könnte, wie z. B. Brille, Uhr, Schmuck etc. Spannen Sie die beschriebenen Muskelgruppen ca. 15 bis 20 Sekunden an und konzentrieren Sie sich danach ca. 45 bis 60 Sekunden auf die Entspannung der jeweiligen Muskulatur.

Rücknahme

Um die Entspannung zu beenden, erfolgt zum Ende jeder Übung folgender Ablauf:

> Bewegen Sie jetzt die Hände.
> Bewegen Sie jetzt Hände und Arme.
> Bewegen Sie jetzt den ganzen Körper.
> Und jetzt öffnen Sie die Augen.

Probieren Sie die einzelnen Techniken aus und verwenden Sie dann diejenige, bei der Sie rein subjektiv den deutlichsten Entspannungseffekt verspüren.

7.2.1 Erste Kurzentspannungstechnik

Die erste Kurzentspannungstechnik wird im Liegen geübt. Verschiedene Muskelgruppen werden bei dieser Technik im Verlauf der Übung systematisch angespannt und danach wieder entspannt.

Durchführung der Übung:

Legen Sie sich locker und bequem auf eine Unterlage, die Füße und Knie können auseinander kippen. Winkeln Sie die Ellenbogen leicht an. Die Finger können locker und leicht gekrümmt auf der Unterlage liegen.

Wir beginnen mit der rechten Hand, spannen Sie die rechte Hand jetzt fest an, nun wieder entspannen. Atmen Sie ruhig und tief. Und jetzt die linke Hand anspannen und nun wieder entspannen. Spannen Sie jetzt beide Hände an und nun wieder entspannen. Die beiden Hände können immer entspannter werden, bis sie ganz locker sind. Entspannen Sie den Kiefer. Die Zähne nicht aufeinanderbeißen.

Jetzt gehen wir zu den Ellenbogen. Ballen Sie die Fäuste, beugen Sie die Ellenbogen auf, so dass Sie die Spannung in den Oberarmen spüren, nun wieder entspannen. Ruhig und tief atmen. Ballen Sie jetzt nochmals die Fäuste, beugen Sie die Ellenbogen auf und spannen Sie die Oberarmmuskeln.

Jetzt die Hände fest auf die Unterlage drücken, ganz fest, so dass die Oberarme hinten angespannt werden, nun wieder entspannen.

Atmen Sie ruhig und tief. Lassen Sie den Kiefer locker. Die Augenlider sind locker geschlossen. Entspannen Sie die Stirnhaut. Jetzt nochmals nur die Arme und Hände anspannen und fest auf die Unterlage drücken. Der übrige Körper bleibt davon ganz unbeteiligt, nun wieder entspannen. Lassen Sie die Hände und Arme wieder locker und spüren Sie dabei, wie sie entspannter werden. Entspannen Sie die Stirn- und die Kiefermuskeln, bis sie völlig entspannt sind.

Jetzt gehen wir zu den Schultern. Pressen Sie die Schultern ganz fest nach hinten gegen die Unterlage, nun wieder entspannen. Jetzt die Schultern nach vorne zusammenziehen, nun wieder entspannen. Jetzt die Schultern einmal kräftig hochziehen, bis an die Ohren. Der übrige Körper ist ganz unbeteiligt, nun wieder entspannen.

Jetzt gehen wir zu den Beinen. Ziehen Sie jetzt die Füße zum Körper hin, nun wieder entspannen.

Das Gesicht kann ganz entspannt werden. Jetzt die Zehen nach unten einkrallen, als wollten Sie einen Bleistift festhalten, nun wieder entspannen. Lassen Sie den Körper ganz locker liegen. Entspannen Sie Füße und Beine, bis sie ganz entspannt sind.

Jetzt ein Hohlkreuz machen, auf Unterschenkel und Arme gestützt das Gesäß abheben, nun wieder entspannen.

Drücken Sie den Kopf jetzt auf die linke Schulter, ganz fest anspannen. Jetzt den Kopf auf die rechte Schulter drücken, nun wieder entspannen. Lockern Sie die Muskeln im Kiefer und in der Stirn, sie können dabei mit jedem Ausatmen entspannter werden. Drücken Sie jetzt den Kopf nach vorn fest auf die Brust und nun wieder entspannen.

Gehen Sie nun durch die Arme, und lassen Sie alles locker, die Schultern, die Arme, die Hände und die Finger, sie können mit jedem Ausatmen lockerer werden. Gehen Sie nun auch in Gedanken durch die Beine und lockern Sie die Beine und Füße, bis sie ganz entspannt sind.

Jetzt kommen wir zum Gesicht. Beißen Sie die Zähne kurz aufeinander, und nun lassen Sie wieder los. Jetzt die Lippen spitzen, jetzt die Mundwinkel ganz breit auseinanderziehen, einen ganz breiten Mund machen, nun wieder entspannen. Jetzt die Augenbrauen nach oben ziehen und die Stirn anspannen, jetzt die Augenbrauen über der Nase zusammenziehen. Zusätzlich bei geschlossenen Augen die Augäpfel kurz nach links rollen und loslassen. Die Augäpfel nach rechts rollen und loslassen. Die Zunge gegen den Gaumen drücken, und nun wieder entspannen. Achten Sie wieder auf den Übergang von der Anspannung zur Entspannung.

> Um die Entspannung zu beenden, gehen wir in vier Schritten vor:
> Bewegen Sie jetzt im ersten Schritt die Hände.
> Bewegen Sie jetzt im zweiten Schritt Hände und Arme.
> Bewegen Sie jetzt im dritten Schritt den ganzen Körper.
> Und jetzt öffnen Sie jetzt im vierten Schritt die Augen.
>
> Richten Sie sich langsam zum Sitzen auf.

7.2.2 Zweite Kurzentspannungstechnik

Die zweite Form der Kurzentspannung wird im Sitzen *durchgeführt*. Auch bei der zweiten Kurzentspannungstechnik werden verschiedene Muskelgruppen nacheinander angespannt und dann wieder entspannt. Im Anschluss an die muskuläre Entspannung folgen dann noch Atemübungen.

> **Durchführung der Übung:**
>
> Nehmen Sie eine möglichst bequeme Haltung ein, legen Sie die Hände auf die Oberschenkel, behalten Sie die Füße am Boden, Schließen Sie die Augen und stellen Sie sich darauf ein, dass Sie sich entspannen wollen.
>
> Gehen Sie in Gedanken einzelne Muskelgruppen in ihrem Körper durch und versuchen Sie aufzuspüren, welche Muskeln noch angespannt sind, und welche bereits ziemlich locker und entspannt sind.
>
> Wir beginnen mit den Händen. Spannen Sie jetzt beide Hände und Unterarme fest an, achten Sie auf die Anspannung, die dabei entsteht, und lassen Sie wieder locker. Achten Sie auf den Übergang von der Anspannung zur Entspannung.
>
> Spannen Sie jetzt in beiden Armen die Oberarme, die Unterarme und die Hände fest an und achten Sie auf die Anspannung. Lassen Sie wieder locker. Versuchen Sie, die Muskeln ganz locker werden zu lassen.
>
> Jetzt kommen wir zum Gesicht.
>
> Spannen Sie ihr ganzes Gesicht an, die Stirn, die Augenbrauen, die Lippen und den Unterkiefer, drücken Sie jetzt die Zunge gegen den Gaumen und nun wieder entspannen. Achten Sie darauf, dass die Muskeln, die Sie soeben angespannt haben, nun ganz entspannt sind, Sie können dabei immer entspannter werden.
>
> Als Nächstes gehen wir zu den Nackenmuskeln. Drücken Sie jetzt Ihren Kopf nach vorn auf die Brust, halten Sie die Spannung. Lassen Sie nun wieder locker. Achten Sie auf den Übergang von der Anspannung zur angenehmen Entspannung.
>
> Jetzt kommen wir zu den Schultern. Ziehen Sie jetzt die Schultern nach oben und achten Sie auf die Spannung, die dabei entsteht. Und nun wieder lockerlassen. Achten Sie auf das angenehme Gefühl der Entspannung.

Jetzt kommen wir zu der Bauchpartie. Spannen Sie Ihre Bauchmuskeln an und beobachten Sie dabei die Spannung. Und nun wieder locker lassen. Lassen Sie die Bauchmuskeln ganz locker werden, bis sie ganz entspannt werden.

Jetzt kommen wir zu den Beinen. Pressen Sie Ihre Fersen fest gegen den Boden, die Zehenspitzen sind dabei gegen das Gesicht gerichtet, spannen Sie Oberschenkel und Unterschenkel fest an und entspannen Sie nun wieder.

Achten Sie wieder auf den Unterschied zwischen der Anspannung und der angenehmen Entspannung. Lassen Sie Ihre Muskeln immer lockerer werden und versuchen Sie, sich immer weiter zu entspannen.

Spüren Sie die Entspannung von den Füßen, durch die Beine, über die Schultern bis in den Nacken und in den Kopf.

Lassen Sie den Körper mit seinem ganzen Gewicht auf dem Stuhl ruhen.

Beobachten Sie nun Ihre Atmung. Die Bauchdecke wölbt sich beim Einatmen nach außen, beim Ausatmen fällt sie nach innen. Die Atemzüge können immer langsamer werden, mit jedem Ausatmen kann die Entspannung noch etwas größer werden. Beobachten Sie, wie sich die Bauchdecke beim Einatmen nach außen wölbt und beim Ausatmen nach innen fällt. Immer wenn Sie so atmen, können Sie sich entspannen. Atmen Sie nun so, dass Sie sehr tief ausatmen und sich dabei versichern, dass die ganze Luft im Bauchraum ausgeatmet wird.

Achten Sie darauf, dass bei jedem tiefen Ausatmen die ganze Luft im Bauchraum ausgeatmet wird. Bei jedem Ausatmen kann die Entspannung deutlicher spürbar werden.

Nun können Sie die Entspannung noch weiter vertiefen, indem Sie nach jedem Ausatmen drei bis vier Sekunden warten – und erst dann wieder einatmen.

Tief ausatmen und nach jedem Ausatmen drei bis vier Sekunden warten, bis Sie wieder einatmen. Die Atmung kann dabei noch tiefer und langsamer worden. Während die Atmung langsamer wird, kann sich die Entspannung immer weiter vertiefen. Lenken Sie Ihre Aufmerksamkeit auf die Ruhe nach dem Ausatmen.

Atmen Sie weiter über den Bauch und beobachten Sie, wie sich die Bauchdecke beim Einatmen nach außen wölbt und beim Ausatmen nach innen einfällt. Achten Sie auf die Entspannung beim Ausatmen. Der übrige Körper kann sich dabei ruhig und locker anfühlen.

Lassen Sie sich nun eine Minute Zeit, um diese Ruhe zu genießen.

Um die Übung zu beenden, werden wir in vier Schritten vorgehen:
Bewegen Sie jetzt die Hände.
Bewegen Sie jetzt Hände und Arme.
Bewegen Sie jetzt den ganzen Körper.
Und jetzt öffnen Sie die Augen.

7.2.3 Dritte Kurzentspannungstechnik

Bei der nachfolgend dargestellten Übung gibt es zwei Phasen. In der ersten Phase wird die Muskulatur real angespannt und wieder entspannt. In der zweiten Phase stellt man sich dann die An- und Entspannung aus der ersten Phase nur noch vor. Diese Übung stellt somit einen guten Übergang zu der rein konzentrativen Entspannung dar. Eine weitere Besonderheit bei dieser Übung besteht darin, dass man die An- und Entspannung mit der Atmung synchronisiert. Die Synchronisation erfolgt dabei so, dass beim Anspannen eingeatmet und jeweils beim Entspannen ausgeatmet wird. Die Durchführung dieser Übung erfolgt im Sitzen.

Durchführung der Übung:

Setzen Sie sich bequem auf Ihren Stuhl, schaffen Sie sich eine möglichst große Kontaktfläche mit dem Stuhl. Legen Sie die Arme auf die Oberschenkel, beide Füße stehen fest auf dem Boden. Die Finger können leicht gekrümmt sein. Atmen Sie ruhig und gleichmäßig, beim Einatmen wölbt sich die Bauchdecke nach außen, beim Ausatmen fällt sie nach innen. Lassen Sie das Gesicht ganz entspannt werden. Die Augen sind locker geschlossen. Die Zähne nicht aufeinanderbeißen.

Atmen Sie jeweils beim Anspannen ein und atmen Sie beim Loslassen wieder aus.

Wir beginnen mit den Händen. Ballen Sie die Hände zur Faust und spannen Sie jetzt beide Fäuste fest an, atmen Sie dabei tief ein. Lassen Sie nun wieder los und atmen Sie dabei tief aus.

Wir gehen jetzt zu den Oberarmen. Spannen Sie jetzt die Oberarme fest an, atmen Sie dabei wieder tief ein. Lassen Sie nun wieder los und atmen Sie dabei tief aus.

Jetzt gehen wir zu den Füßen über. Ziehen Sie jetzt die Fersen hoch, lassen Sie dabei die Fußspitzen am Boden und atmen Sie dabei wieder tief ein.

Lassen Sie nun wieder los und atmen Sie dabei tief aus.

Jetzt die Zehen hochziehen, die Fersen bleiben am Boden und wieder tief einatmen. Lassen Sie nun wieder los und atmen Sie dabei tief aus.

Drücken Sie jetzt die Bauchdecke ganz weit nach außen und atmen Sie dabei tief ein. Lassen Sie nun wieder los und atmen Sie dabei tief aus.

Jetzt gehen wir zum Gesicht über. Kneifen Sie jetzt die Augen zu als würden Sie geblendet und atmen Sie dabei tief ein. Lassen Sie nun wieder los und atmen Sie dabei tief aus.

Machen Sie jetzt einen ganz breiten Mund, so als würden Sie angestrengt lächeln und atmen Sie tief ein. Lassen Sie nun wieder los und atmen Sie dabei tief aus.

Drücken Sie jetzt die Zunge an den Gaumen, ganz fest und atmen Sie tief ein. Lassen Sie nun wieder los und atmen Sie dabei tief aus.

Nun werden wir uns die Anspannung nur noch vorstellen, die Muskeln selber dabei nicht mehr anspannen.

Erinnern Sie sich jetzt an die Anspannung in den Fäusten, spüren Sie in der Erinnerung die Anspannung der Fäuste, ohne sie dabei wirklich anzuspannen – jetzt tief einatmen, die Spannung in den Fäusten in der Erinnerung spüren – nun in der Erinnerung loslassen und dabei wieder tief ausatmen, erinnern Sie sich an das Gefühl beim Entspannen der Hände, Sie können sich immer mehr entspannen.

Stellen Sie sich die Anspannung nur vor, ohne die Muskeln wirklich anzuspannen.

Erinnern Sie sich jetzt an die Anspannung beim Spannen der Oberarme, spüren Sie in der Erinnerung die Spannung im Bizeps, ohne tatsächlich anzuspannen – die Spannung in den Oberarmen in der Erinnerung spüren – jetzt tief einatmen, in der Erinnerung nun loslassen und dabei tief ausatmen, erinnern Sie sich an das Gefühl beim Entspannen der Oberarme.

Erinnern Sie sich jetzt an die Anspannung beim Hochziehen der Fersen – jetzt tief einatmen, die Spannung beim Hochziehen der Fersen in der Erinnerung spüren – in der Erinnerung nun loslassen und dabei tief ausatmen, erinnern Sie sich an das Gefühl beim Entspannen der Beinmuskulatur.

Erinnern Sie sich jetzt an das Gefühl beim Hochziehen der Zehen – tief einatmen, die Spannung beim Hochziehen der Zehen in der Erinnerung spüren – in der Erinnerung nun loslassen und dabei tief ausatmen, erinnern Sie sich an das Gefühl beim Entspannen der Beinmuskulatur.

Konzentrieren Sie sich jetzt auf die Erinnerung an die Anspannung beim Herausdrücken des Bauches – tief einatmen, die Spannung beim Herausdrücken des Bauches in der Erinnerung spüren – in der Erinnerung nun loslassen und dabei tief ausatmen, erinnern Sie sich an das Gefühl beim Entspannen der Bauchmuskulatur.

Vergegenwärtigen Sie sich jetzt die Anspannung beim Zukneifen der Augen – tief einatmen, die Spannung beim Zukneifen der Augen in der Erinnerung spüren – in der Erinnerung nun loslassen und dabei tief ausatmen, erinnern Sie sich an das Gefühl beim Entspannen der Augenmuskulatur.

Erinnern Sie sich als Nächstes an die Anspannung beim Breitmachen des Mundes – tief einatmen, die Spannung beim Breitmachen des Mundes in der Erinnerung spüren – in der Erinnerung nun loslassen und dabei tief ausatmen, erinnern Sie sich an das Gefühl beim Entspannen der Mundmuskulatur.

Erinnern Sie sich zum Schluss an das Gefühl, als Sie die Zunge gegen den Gaumen gedrückt haben – jetzt tief einatmen, die Spannung als Sie die Zunge gegen den Gaumen gedrückt haben in der Erinnerung spüren – nun in der Erinnerung loslassen und dabei tief ausatmen, erinnern Sie sich an das Gefühl beim Entspannen der Zunge.

Um die Übung zu beenden, werden wir wieder in vier Schritten vorgehen:
Bewegen Sie jetzt im ersten Schritt die Hände.
Bewegen Sie jetzt im zweiten Schritt Hände und Arme.
Bewegen Sie jetzt im dritten Schritt den ganzen Körper.
Und jetzt öffnen Sie jetzt im vierten Schritt die Augen.

7.2.4 Vierte Kurzentspannungstechnik

Bei dieser Entspannungsübung erfolgt keine reale An- und Entspannung der Muskelgruppen. Man stellt sich die Muskelgruppen nur noch vor und versucht, durch reine Konzentration die jeweiligen Muskelgruppen zu entspannen. Da dies etwas schwieriger ist, als die Entspannung bei der vorhergehenden realen Anspannung wahrzunehmen, sollte diese Übung erst durchgeführt werden, wenn man etwas Erfahrung mit der realen An- und Entspannung hat. Die Übung kann im Sitzen und im Liegen durchgeführt werden.

Durchführung der Übung:

Legen oder setzen Sie sich locker hin und schließen Sie die Augen. Sie können sich darauf einstellen, sich zu entspannen.

Konzentrieren Sie nun Ihre Aufmerksamkeit auf die Muskeln Ihres Körpers. Wir werden nun alle für die Entspannung wichtigen Muskelgruppen nacheinander durchgehen und versuchen, sie durch reine Konzentration zu lockern und zu entspannen, ohne sie vorher anzuspannen.

Lenken Sie Ihre Wahrnehmung nun zunächst auf Ihre rechte Hand. Lassen Sie dabei die Fingerspitzen ganz entspannt und locker werden. Lassen Sie den Daumen ganz locker werden, den Zeigefinger ganz locker werden, den Mittelfinger ganz locker werden, den Ringfinger und den kleinen Finger ganz locker werden. Lassen Sie auch das Handinnere ganz locker und entspannt werden.

Lenken Sie nun die Aufmerksamkeit auf die linke Hand. Lassen Sie die Fingerspitzen der linken Hand ganz locker werden. Lassen Sie den Daumen ganz locker werden, den Zeigefinger ganz locker werden, den Mittelfinger ganz locker werden, den Ringfinger und den kleinen Finger ganz locker werden. Lassen Sie dann die Handinnenfläche durch die Konzentration darauf ganz locker und entspannt werden.

Konzentrieren Sie sich nun auf die beiden Unterarme: Lassen Sie auch die Unterarme ganz locker und entspannt werden, sie können dabei zunehmend entspannter werden. Gehen Sie nun weiter zu den Oberarmen. Lassen Sie auch die Oberarme ganz locker und entspannt werden.

Gehen Sie nun mit Ihrer Konzentration weiter in den Schulterbereich. Lassen Sie die Schultern ganz locker und entspannt werden.

Gehen Sie nun mit Ihrer Konzentration in die Nackenmuskulatur. Lassen Sie die Muskelgruppen im Nacken ganz locker, bis sie ganz entspannt sind.

Lenken Sie nun die Gedanken auf die Rückenmuskulatur. Lassen Sie auch die Rückenmuskeln ganz entspannt werden, bis sie ganz locker und entspannt sind.

Konzentrieren Sie dann Ihre Gedanken auf die Gesichtsmuskulatur. Lassen Sie die Gesichtsmuskeln ganz locker werden, bis sie weiter und weiter entspannt werden. Entspannen Sie die Stirn, entspannen Sie die Wangen und den Kiefer, entspannen Sie die Mundpartie, die Zähne nicht aufeinanderbeißen.

> Konzentrieren Sie sich nun auf die Oberschenkelmuskulatur. Lassen Sie die Oberschenkelmuskeln ganz locker werden. Gehen Sie dann weiter zu der Unterschenkelmuskulatur. Lassen Sie auch die Unterschenkelmuskeln ganz locker, bis Sie sich ganz entspannt fühlen.
>
> Konzentrieren Sie sich nun zuletzt auf die Füße. Lassen Sie die Füße bis hin zu den Zehen ganz entspannt und locker werden und nehmen Sie wahr, wie entspannt Sie sind.
>
> Um die Übung zu beenden, gehen wir in vier Schritten vor:
> Bewegen Sie jetzt im ersten Schritt die Hände.
> Bewegen Sie jetzt im zweiten Schritt Hände und Arme.
> Bewegen Sie jetzt im dritten Schritt den ganzen Körper.
> Und jetzt öffnen Sie jetzt im vierten Schritt die Augen.

7.2.5 Fünfte Kurzentspannungstechnik

Die folgende Technik ist eine rein mentale Entspannungstechnik. Es geht dabei darum, sich eine angenehme Situation möglichst plastisch vorzustellen. Diese Übung kann im Sitzen oder im Liegen durchgeführt werden.

Vorbereitung

Für die folgende Übung benötigen Sie ein Bild oder eine Szene, die für Sie subjektiv mit Entspannung verbunden ist. Dies kann eine Erinnerung an den Urlaub sein, das Bild eines Sees oder sonst irgendeine für Sie positive Erinnerung. Bei der folgenden Entspannungstechnik geht es darum, sich diese Erinnerung so plastisch wie möglich vorzustellen. Dies geschieht dadurch, dass Sie sich das Bild vor Ihrem geistigen Auge betrachten und dabei einfach innerlich die Fragen zu diesem Bild beantworten. Das „Bild" kann dabei natürlich auch ein Stück Film sein. Lassen Sie sich jeweils genügend Zeit, um für sich innerlich die jeweiligen Fragen zu beantworten.

Durchführung der Übung:

> Setzen oder legen Sie sich bequem hin. Konzentrieren Sie sich einige Atemzüge lang auf Ihre Atmung.
>
> Sie können sich dann in Gedanken an einen anderen Ort begeben. An einen Ort, an dem Sie sich wohl fühlen. Rufen Sie sich Ihre Entspannungsszene in Erinnerung und betrachten Sie dieses Bild. Beantworten Sie dann innerlich die Fragen zu diesem Bild:
> Ist das Bild farbig oder schwarz – weiß?
> Welche Tageszeit ist gerade?

> Ist es eher hell oder eher dunkel?
> Aus welcher Richtung kommt das Licht?
> Welche Details befinden sich im Vordergrund?
> Welche Details befinden sich im Hintergrund?
>
> Gibt es andere Personen in der Szene?
> Wie groß ist das Bild?
> Ist die Oberfläche glatt oder rau?
> Ist das Bild flach oder dreidimensional?
> Sind die Kontraste scharf oder weniger scharf?
> Sind die Farben intensiv oder pastellartig?
> Welches ist die vorherrschende Farbe?
>
> Woher kommen die Geräusche in der Szene?
> Sind die Töne eher hoch oder eher tief?
> Sind sie monoton oder melodisch?
> Sind sie dumpf oder hell?
> Gibt es Stimmen in der Szene?
>
> Fühlt sich der Körper in der Szene warm oder kalt an?
> Ist der Körper entspannt oder angespannt?
> Gibt es Bewegungen?
> Wenn ja: Sind die Bewegungen eher gleichförmig oder eher abrupt?
>
> Wie fühlt sich der Kopf an?
> Wie fühlt sich der Bauch an?
> Wie fühlt sich die Kleidung auf dem Körper an?
>
> Falls es Gerüche gibt:
> Sind die Gerüche in der Szene eher stark?
> Sind die Gerüche eher angenehm oder eher unangenehm?
>
> Um die Übung zu beenden, werden wir in vier Schritten vorgehen:
> Bewegen Sie jetzt im ersten Schritt die Hände.
> Bewegen Sie jetzt im zweiten Schritt Hände und Arme.
> Bewegen Sie jetzt im dritten Schritt den ganzen Körper.
> Und jetzt öffnen Sie jetzt im vierten Schritt die Augen.

7.2.6 Andere Arten der Entspannung

Zum Lern-Ausgleich ist eine sinnvolle Freizeitgestaltung wichtig, z. B. Sport, Musik, Spiele. Das Gehirn hat bei gesteigerter Aktivität einen höheren Sauerstoffbedarf. Dieser wird durch die Lunge und den Kreislauf bereitgestellt. Ein untrainierter Lernender neigt dazu, schnell zu ermüden und kann in längeren Lernphasen oft das Aufmerksamkeitsniveau nicht aufrecht erhalten. Sportarten, die bei regelmäßigem Training zu einer Erhöhung der Herzfrequenz und der Sauerstoffaufnahme führen, sind besonders empfehlenswert. Zu solchen Sportarten zählen zum Beispiel: Joggen, Rad fahren, Schwimmen usw.

Auch die Beschäftigung mit Musik fördert die Konzentrationsfähigkeit. Menschen, die selbst aktiv musizieren können, profitieren von dieser Tätigkeit auch in anderen Lernbereichen. Sie haben ihre Konzentrationsfähigkeit beim Musizieren trainiert und können diese Fähigkeit auch für das Lösen von Mathematikaufgaben, das Vokabellernen oder Ähnliches einsetzen. Aber auch das Musikhören fördert die Konzentration. So haben Untersuchungen gezeigt, dass Sätze von Bach die Konzentrationsfähigkeit steigern. Der Grund dafür ist die Geschwindigkeit der Musik, die dem menschlichen Ruhepuls entspricht.

8 Lernplanung

In diesem Kapitel werden einige weitere Überlegungen zur Lernplanung dargelegt. Im Einzelnen geht es dabei um die Abwägung von Vor- und Nachteilen von Gruppenarbeit, das erfolgreiche Üben der Reproduktion und eine beispielhafte Verlaufsplanung. Am Ende des Kapitels befindet sich eine Checkliste für die wichtigsten Punkte der Lernplanung.

8.1 Allein oder in der Gruppe lernen?

Heutzutage wird viel über Teams und Teamfähigkeit geredet. Eine kritische Bestandsaufnahme der Vorteile und Nachteile der Gruppenarbeit erfolgt selten. Es scheint oft ein fast naiver Glaube an die positiven Effekte der Gruppe zu bestehen. In vielen Gruppen zur Prüfungsvorbereitung scheint der Glaube vorzuherrschen, dass, wenn mehrere nichtwissende Individuen zusammensitzen, plötzlich auf metaphysische Weise Wissen entsteht.

In vielen Bewerberratgebern wird vorgeschlagen, man solle sich stets als teamorientiert darstellen. Unternehmen legen Wert auf die sogenannten Soft Skills. Hinter diesem Begriff verbergen sich die sozialen Fähigkeiten einer Person. Von Bewerbern wird heute erwartet, dass sie sich ihrer eigenen emotionalen Fähigkeiten bewusst sind und über ihre Stärken und Schwächen Auskunft geben können (Peters-Kühlinger & John, 2012). Viele Studien konnten inzwischen nachweisen, dass uns Menschen die Kooperation einprogrammiert ist. US-Hirnforscher fanden heraus, dass bei guter Zusammenarbeit gleich mehrere Glückszentren im Gehirn aktiv waren. Für eine gute Teamfähigkeit ist es entscheidend, sich in andere hineinversetzen zu können, um deren Gefühle und Pläne zu verstehen. Es gibt allerdings auch Teams, die nicht funktionieren, weil Egoisten dominieren. In diesem Falle hilft es, sich von der schlechten hinderlichen Gruppe zu lösen. Je früher, desto besser. Der Stellenwert und die Effizenz der Gruppenarbeit hat fast schon den Charakter eines unhinterfragten Stereotyps. Das Lernen in der Gruppe hat jedoch spezifische Vor- und Nachteile. Es gilt hier die spezifischen Vorteile zu nutzen, ohne die Nachteile in Kauf nehmen zu müssen. Eine Warnung am Anfang:

Die Gruppe kann die eigentliche Lernarbeit für niemanden übernehmen! Für den Erwerb des Wissens ist die Gruppe eher weniger geeignet, dafür umso mehr für das Üben der Reproduktion des Wissens.

Vorteile der Gruppenarbeit:

- Verschiedene Mitglieder haben verschiedene Stärken.
- Allein kann man sich schnell in einen Text oder eine Textpassage „verbeißen", ohne weiter zu kommen, in der Gruppe kann man andere fragen.
- Man übt die Reproduktion von Wissen, was sehr wichtig ist für die Prüfung.
- Das Darstellen von Information ist eine der effektivsten Arten der Informationsverarbeitung.
- Man hat in einem gewissen Rahmen Rückmeldung über den eigenen Wissensstand und den der Anderen.
- Lernen in der Gruppe ist abwechslungsreicher.
- Durch intelligente Arbeitsteilung lässt sich Zeit sparen.
- Schwerpunktwissen einzelner Teilnehmer kann genutzt werden.
- Unterschiedliche Sichtweisen können zu einer Elaboration des Lernstoffes führen.

Nachteile von Gruppenarbeit:

- Gruppenarbeit erfordert Koordination, die Gruppenleistung ist geringer als die Summe der Einzelleistungen. Es entstehen immer Prozessverluste. Die Prozessverluste steigen dabei mit der Zahl der Mitglieder. Daher sollte eine Lerngruppe maximal fünf Mitglieder haben, besser jedoch weniger.
- Die Synchronisation mit dem eigenen Tagesrhythmus wird schwieriger.
- Die Illusion wird genährt, man tue etwas, auch wenn es ineffektiv ist.
- Man delegiert die Verantwortung für das Ergebnis an die Gruppe. Nicht: „Ich habe mich falsch vorbereitet", sondern: „Wir haben uns falsch vorbereitet"
- Man ist zeitlich eingeschränkter.
- Gruppen brauchen längere Anlaufzeiten.
- Entscheidungen können verzögert werden.
- Einzelne Gruppenmitglieder können die Gruppe dominieren.
- Einzelne Mitglieder nutzen die Gruppe als Bühne zur Selbstdarstellung.

Eine Gruppenarbeit ist immer nur dann sinnvoll, wenn zuvor von JEDEM Mitglied Einzelarbeit erfolgte:

Merke:
Das Erarbeiten in der Gruppe ist wenig effektiv, das VERarbeiten dagegen sehr effektiv.

Der Prozessverlust in Arbeitsgruppen kann vermindert werden, indem man Regeln für die Rahmenbedingungen der Gruppenarbeit aufstellt, diese sollten beinhalten:
- feste Zeiten,
- feste Dauer,
- Pausen,
- Umgang mit fehlenden Mitgliedern,
- inhaltliche Festlegung jedes Treffens.

Zusätzlich zu den Rahmenbedingungen sollten einige Grundregeln von allen Gruppenmitgliedern akzeptiert werden:

Regeln für die Gruppenarbeit

- Gruppenarbeit ist ein ZUsatz, kein ERsatz für Einzelarbeit.
- Vor jeder Gruppenarbeit muss Einzelarbeit stattgefunden haben, sonst muss die Gruppenarbeit verschoben werden (vgl. Abbildung 17).
- Die Gruppengröße sollte max. fünf Personen betragen, besser jedoch weniger. Je größer die Gruppe ist, desto größer ist die Gefahr, dass das Lernen in der Gruppe zu einer Fortführung des Unterrichts mit anderen Mitteln wird, und der Einzelne dabei eher passiv sein kann. Die Gruppenmitglieder sollten möglichst unterschiedliche Stärken haben. Nur so ist es gewährleistet, dass unterschiedliches Wissen vorhanden ist, von dem die anderen Gruppenmitglieder dann auch profitieren können.
- Jede Gruppensitzung muss ein klar definiertes Ziel haben. Ob man das hat oder nicht, kann man dadurch überprüfen, ob man formulieren kann, wenn das Ziel der Gruppensitzung erreicht ist. Dieses Ziel muss natürlich auch allen Gruppenmitgliedern bekannt sein und von allen akzeptiert werden.

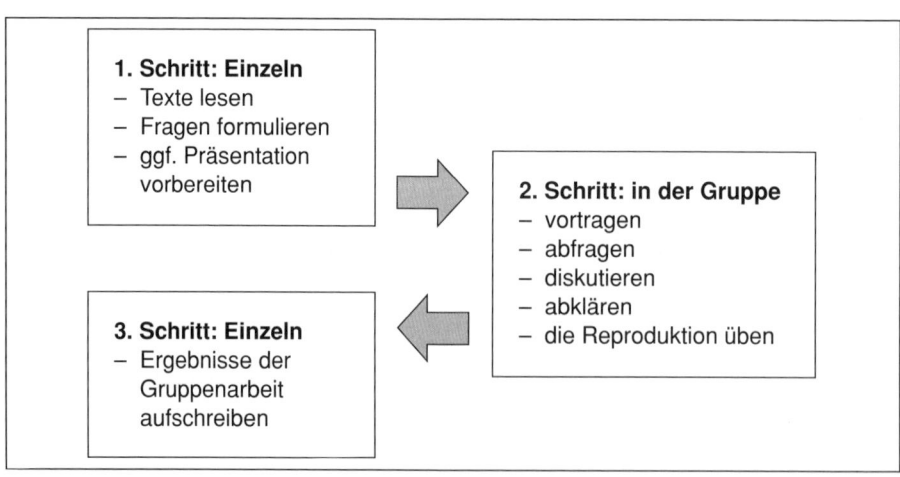

Abbildung 17: Zusammenspiel von Einzel- und Gruppenarbeit

Natürlich hat die Gruppenarbeit auch nicht zu vernachlässigende soziale Aspekte. Diese sind jedoch deutlich von den Effekten auf das Lernen abzugrenzen. Die Hoffnung, dass der soziale Aspekt auch einen Effekt auf das Lernen hat, ist völlig unbegründet. Die Gruppenarbeit fällt Erwachsenen oft leichter als Jugendlichen. Im Jugendalter funktioniert das Lernen in der Gruppe oft nicht so gut, weil man sich unter dem Vorwand des Lernens praktisch immer treffen darf, sich in Wirklichkeit dann aber oft lieber über sehr schulferne Themen unterhält.

8.2 Die Reproduktion üben

Bei einer Prüfung kann niemand feststellen, was im Gedächtnis des Prüflings vorhanden ist. Man kann nur indirekt darauf schließen, indem man dessen Reproduktionsleistung in der Prüfung begutachtet. Diese Unterscheidung ist sehr wichtig. Man muss das Reproduzieren der gelernten Information üben. Nur freies Reproduzieren ist aktives Wissen. Das Wiedererkennen täuscht. Wenn man Informationen nur wiederholt, kann man sehr leicht der (irrigen) Meinung sein, es käme einem alles bekannt vor. Hierbei handelt es sich jedoch nur um eine Wiedererkennung von Informationen. In Prüfungen geht es darum zu zeigen, dass man etwas weiß. Es kommt also auf zwei Dinge an: (1) etwas zu wissen; (2) dieses Wissen zu reproduzieren. Oft besteht das Lernen zum allergrößten Teil im Wissenserwerb und weniger im Training zur Wissensreproduktion. Ohne diese Reproduktion ist jedoch das Wissen für das Bestehen der Prüfung wenig wert. Die Reproduktion des Wissens sollte daher genauso intensiv geübt werden wie der Wissenserwerb. Hierin liegt auch eine der Stärken von Arbeitsgruppen.

Das Gedächtnis entwickelt sich auf folgenden Stufen:
1. Wiedererkennen
2. Reproduktion
3. Anwenden

Die Erarbeitung von Lernstoff kann nicht in der Gruppe erfolgen. Zum Üben der aktiven Reproduktion dagegen ist die Gruppe sehr sinnvoll. Diesen Effekt hat schon Heinrich von Kleist erkannt und in seinem Aufsatz: „Über die allmähliche Verfertigung der Gedanken beim Reden" beschrieben.

8.3 Verlaufsplanung am Beispiel einer Hausarbeit

Folgendes Schema lässt sich beliebig an Ihre Aufgabe anpassen. Einzelne Arbeitsschritte lassen sich noch verfeinern und in Untereinheiten zusammenfassen. Sie können sowohl zeitlich als auch inhaltlich vorgehen.

Zeit	Etappenziel	Tätigkeit	Notizen	erledigt
	Thema besorgen	Absprache mit dem Dozenten	Termin Raum Kontakt	
	Konkrete Planung	Gliederung	evtl. als Mind-Map	
	Literatur/ Medien	Bibliothek, Bücherei aufsuchen, Internet-recherche		
	Stoffsammlung	lesen, hören, befragen, Beispiele, auf Fragestellung achten	evtl. als Mind-Map	
	Vor-Entwurf	Konzept erstellen		
	Überarbeiten	Verbesserung anbringen, eventuell Reihenfolge ändern		
	Haupt-Entwurf	weitgehend abgabereif gestalten		
	Weitergabe	Probelesen lassen, Verständlichkeit und Logik überprüfen lassen		
	Reinschrift	Verbesserungen einarbeiten		
Abgabetermin		abgeben, bestätigen lassen!	Termin für das Ergebnis erfragen	

Bei der Abfassung Ihrer Hausarbeit müssen Sie bestimmte Regeln einhalten.
– *Meinungen und Hypothesen* müssen klar von Forschungsergebnissen unterschieden werden. Schreiben Sie deutlich, was Ihre persönliche Meinung ist, und achten Sie auf *eine schlüssige Begründung derselben.*
– *Die Herkunft von Forschungsergebnissen* muss aus dem Text eindeutig hervorgehen.
– *Zitate* müssen als solche gekennzeichnet werden und den Autor enthalten.
– *Definitionen* müssen umfassend verständlich erklärt werden und logisch zum Thema passen.

- *Fremdwörter*, die nicht allgemein bekannt sind, müssen verständlich erklärt werden.
- *Quellen* müssen nachprüfbar angegeben werden.
- Das *Thema* muss so umfassend wie möglich behandelt werden.
- Die *Gliederung* des Textes muss am Anfang stehen und logisch nachvollziehbar sein.
- Falls aus Zeit-, Platz- oder anderen Gründen Aspekte unberücksichtigt bleiben mussten, sollte das erwähnt und begründet werden.
- Die *Darstellung* muss ordentlich und übersichtlich sein.
- *Diagramme*, welche den Text ergänzen, müssen das Erfassungsdatum tragen, möglichst aktuell sein und dem Thema und Umfang der Arbeit angemessen sein.

Um die eigenen metakognitiven Fähigkeiten beurteilen zu können und zu sehen, wo Sie einzelne Fähigkeiten noch optimieren können, können Sie zu verschiedenen Zeitpunkten die nachfolgende Checkliste durchgehen:

8.4 Checkliste „Lernplanung"

1 = geht gut/mache ich oft
2 = geht häufig gut/mache ich öfters aber nicht immer
3 = kann ich nicht so gut/mache ich selten
4 = geht gar nicht/mache ich nie

Einschätzung:	1	2	3	4
Trennung von Arbeits- und Freizeitplatz				
Berücksichtigung des Tagesrhythmus				
Vorherige inhaltliche Planung der Lernphasen				
Einplanen von Pausen (mind. 20% der Lernzeit)				
Einsatz von Visualisierung				
Am Anfang Umschalten auf die innere Wahrnehmung				
Zeit zum Abspeichern lassen (Kurzentspannung am Schluss)				
Kurzwiederholung am Anfang				
Kurzzusammenfassung am Schluss				
Verbannung von störenden Handys, Smartphones, Tablets etc.				

Teil 3:
Individuelles Lernen

Die Analogie des Lernens mit einer Reise war für Teil 2 – Komponenten für erfolgreiches Lernen – sinnvoll und ist es auch wieder bei Teil 3 – Individuelles Lernen. Wenn Ihre Reise gelingen soll, müssen Sie sich, nachdem Sie Zeit, Dauer, Reisegefährten und Ziel festgelegt haben, Gedanken über Fortbewegungsmittel, Unterkunft und Gepäck machen. Im folgenden Teil möchten wir Sie mit verschiedenen Teilaspekten individuellen Lernens vertraut machen.

Kapitel 9 befasst sich mit der Lerntypbestimmung. Wenn Sie Ihren Lerntyp genau kennen, werden Sie gezielter, zeitsparender und ökonomischer lernen. Dadurch steigt Ihre Motivation und Ihr Spaß am Lernen, und Sie kommen so Ihrem Ziel immer näher. Erstaunlicherweise halten sich viele Menschen für einen anderen Lerntyp, als sie tatsächlich sind. Erst durch genaue Selbstanalyse kommt man sich selbst auf die Spur und merkt plötzlich, weshalb man früher immer wieder weniger Erfolg hatte als erwartet.

Die Grundlage jeden zwischenmenschlichen Austausches und damit allen Lernens von oder mit anderen Menschen ist die Kommunikation. „Die Sprache ist die Quelle aller Missverständnisse", sagt Saint-Exupéry. Aber ohne die Sprache können wir uns gar nicht verständigen. Es geht uns also um die Vermeidung von Missverständnissen und um die Optimierung unserer Kommunikation. Je mehr Sie über die Grundlagen unseres Sprechens wissen und nachdenken, umso mehr können Sie mit Freude und Erfolg lernen.

Im zehnten Kapitel beschäftigen wir uns mit den kommunikativen Aspekten im Zusammenhang mit Lernen und Prüfungen. Zuerst wird die Theorie der verschiedenen Wahrnehmungsebenen vorgestellt. Danach bieten wir Übungen zum Erkennen und Unterscheiden von verschiedenen Kommunikationsebenen an. Auch bei Unterhaltungen über Lernen und Prüfungen sind Regeln zu beachten, die uns vor Fehleinschätzungen schützen können.

Um Präsentationen und Referate geht es in Kapitel 11. Es wird ein Weg von der Themenstellung über die Informationsbeschaffung und die Gliederung bis zur schriftlichen Ausarbeitung und dem aktiven Vortrag vorgestellt. Im Einzelnen wurden dabei viele spezifische Besonderheiten berücksichtigt. Mit den vorgestellten Regeln und Übungen können Sie Ihr Auftreten und damit Ihre Wirkung verbessern. Es gibt in der heutigen Zeit kaum mehr ein Berufsfeld, wo diese Qualifikation nicht verlangt wird. Deshalb wird bei vielen Ausbildungsgängen genau darauf so großer Wert gelegt.

Lernen ist ein Sammelbegriff für sehr verschiedene Sparten von Dingen, die wir uns aneignen oder einprägen. Dieser Begriff vermittelt den Eindruck, als ob es dasselbe wäre, ob man sich zum Beispiel eine fremde Sprache einprägt oder ob man mathematische Sachverhalte lernt. Tatsächlich benötigen wir für verschiedene Fachgebiete aber total unterschiedliche Lernstrategien. Diese spezifischen

Strategien werden in Kapitel 12 erläutert. Bei Beachtung dieser Seiten werden Sie in der Lage sein, viele gängige Fehler zu vermeiden.

Kapitel 13 befasst sich mit dem emotionalen Immunsystem. Als lernende Person sind Sie mit Ihren Gefühlen bei jedem Lernschritt beteiligt. Ihre Selbstachtung spiegelt sich in vielen Handlungen und Ergebnissen wider. Vieles ist uns nicht bewusst. Manche Niederlage könnte mit einer gründlichen Selbstanalyse vermieden werden. Es lohnt sich deshalb, die eigene Selbstachtung einmal gründlich unter die Lupe zu nehmen. Lernen bedeutet immer auch Veränderung. Veränderung schürt bei vielen Menschen Ängste. Wir dürfen dabei auch nicht unsere Umgebung außer Acht lassen. Am besten lassen sich Hindernisse bewältigen, indem man Vorsorge trifft. Ein gutes emotionales Immunsystem schützt Sie vor Misserfolg genau so gut, wie Ihr physisches Immunsystem Sie vor Krankheiten bewahrt.

9 Lerntypbestimmung

Dieses Kapitel befasst sich mit der Lerntypbestimmung. Grundlage dazu ist die Analyse unserer Selbstwahrnehmung und unseres Verhaltens. Mit dem anschließenden Wissen über die differenzierte Ausprägung der verschiedenen Wahrnehmungskanäle ist es möglich, die eigenen Stärken besser zu nutzen. Gleichzeitig vermeidet man es, die eigenen Schwächen unnütz fürs Lernen einzusetzen und damit sich selbst zu demotivieren.

9.1 Selbstwahrnehmung und Verhalten

Unsere Meinung über uns selbst wird sehr früh in unserer Kindheit festgelegt. Was andere über uns denken und sagen, formt unsere Selbstwahrnehmung. Selten hat jemand die Chance, diese Wahrnehmungen auf ihre Gültigkeit zu überprüfen. So stapeln sie sich im Speicher unserer Vergangenheit und prägen unser Denken und Handeln. Viele wichtige Entscheidungen in unserem Leben fällen wir mit den unbewusst aus der Kindheit übernommenen Begründungsmustern, die unsere unreflektierte und zum Teil falsche Selbstwahrnehmung verursachte. Wir merken nicht, wie viele Entscheidungen aufgrund von finanziellem Druck, Gruppendruck, Erwartungsdruck oder anderen Arten von Druck entstehen. Wir haben oft nicht gelernt, den Anforderungen, die von außen an uns herangetragen werden, angemessen zu begegnen. Häufig reagieren wir, anstatt das Heft selbst in die Hand zu nehmen. Unsere Selbstwahrnehmung ist einerseits unsere Realität, andererseits gibt es keine Möglichkeit, die Genauigkeit dieser Wahrnehmung zu messen. Falls Sie oder ein anderer Mensch immer noch glauben, dass es absolute Wahrheiten gibt, machen Sie einfach folgenden Test mit sich selbst oder mit dem anderen:

Welche Linie, A-B oder C-D liegt näher beim Betrachter?

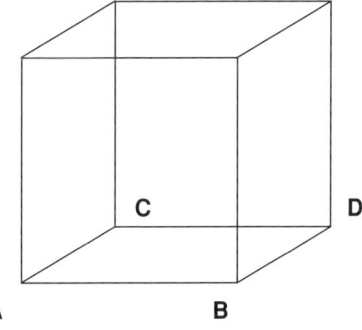

Wenn man den Würfel lang genug betrachtet, kann man erkennen, dass es keine eindeutige Antwort gibt, weil man den Würfel auf zwei verschiedene Weisen wahrnehmen kann: Einmal liegt A-B vorne und ein anderes Mal C-D. In übertragenem Sinne könnte die Linie A-B eine Meinung über eine bestimmte Präsentation darstellen, C-D eine konträre Auffassung über die selbe Präsentation. Welche von beiden Meinungen ist nun die richtige?

Es geht also im Folgenden nicht um ein nachprüfbar richtiges Beurteilen Ihrer Verhaltensmerkmale, sondern um eine Verbesserung und kritische Hinterfragung Ihrer bisherigen Selbsteinschätzung:

Schreiben Sie zehn Eigenschaftswörter auf, mit denen Sie sich am genauesten charakterisieren würden. In der ersten Zeile der Tabelle steht ein Beispiel.

So bin ich:	So bewerten andere diese Eigenschaft:
Pünktlich	Zuverlässig und vertrauenswürdig

Schreiben Sie nun hinter jede Eigenschaft, die Sie als positiv betrachten, ein Plus und hinter die negativen Eigenschaften ein Minus. Versuchen Sie die Charaktereigenschaften so zu sehen, dass sie Ihnen nützen. Man kann jede Eigenschaft auf verschiedene Arten sehen. Nehmen wir zum Beispiel den Begriff „unordentlich".

Sind Sie wirklich in jedem Bereich unordentlich? Sicherlich gibt es Bereiche, in denen Sie Ordnung schaffen. Vielleicht resultieren aus Ihrem Verhältnis zur Ordnung positive Eigenschaften, an die Sie noch nicht gedacht haben. Sie sind vielleicht vielseitig und kreativ, vielleicht weniger engstirnig und eher flexibel. Vielleicht bringt Sie nichts aus der Ruhe. Gehen Sie auf diese Weise Ihren Eigenschaften-Katalog durch, und suchen Sie dabei stetig nach den Vorteilen, die Ihr negatives Verhalten Ihnen und Ihren Mitmenschen bringt. Es sollten letztendlich mindestens sieben positive Eigenschaften in Ihrer Liste stehen.

In der Psychologie gibt es den Begriff „Self-fulfilling prophecy". Es handelt sich dabei um eine Selbstverstärkung von Aussagen. Dabei spielt es keine Rolle, ob das Eintreten der Aussage erwünscht ist oder nicht. Es können sich also ebenso Erfolgserwartungen wie Befürchtungen einstellen. Die sich selbsterfüllende Prophezeiung hat eine wirklichkeitsstiftende Macht. Zahlreiche Untersuchungen belegen den Einfluss, den Vorurteile bzw. Vorwissen auf die Ergebnisse haben. Versuchen Sie deshalb, Ihre vorher beschriebenen Charaktereigenschaften daraufhin zu untersuchen, welchen Einfluss sie auf Ihre Zielerreichung haben.

9.2 Test zur Bestimmung des Lerntyps

Lernforscher wie Frederic Vester (1998), Dawna Markova (1993) und Nobelpreisträger Howard Gardner (2013) und andere moderne Verhaltensforscher haben sich intensiv mit den spezifischen Unterschieden beim Lernverhalten beschäftigt und herausgefunden, wie diese vorteilhaft individuell eingesetzt werden können.

Wer über seine persönlichen Lernbedürfnisse Bescheid weiß, kann sich selbst das geeignete Lernumfeld schaffen und damit seine Lerngeschwindigkeit und Lernintensität verbessern. Der jeweils beste Lernkanal hängt z. B. davon ab, welches Sinnesorgan bevorzugt benutzt wird. Für das Lernen und Behalten sind vor allem das Sehen, das Hören, das Schreiben und das Fühlen maßgebend.

Was versteht man unter Lerntypen? Einige Menschen lernen am besten beim Lesen oder Schreiben, andere erinnern sich am besten an Bilder, andere behalten am meisten beim Hören und eine andere Gruppe Menschen lernt bevorzugt durch praktisches Tun. Meistens lernen Menschen durch eine Kombination der genannten Wahrnehmungsmöglichkeiten. Ein guter moderner Unterricht berücksichtigt diese Erkenntnisse der Wissenschaft und setzt deshalb viele verschiedene Methoden ein, um den verschiedenen Lerntypen gerecht zu werden. Dabei kann es selbstverständlich nie gelingen, für jeden Teilnehmer individuell den optimalen Lernzugang herzustellen. Dazu lernen die Menschen einfach zu verschieden. Es stellte sich aber durch zahlreiche Tests heraus, dass manche Menschen durchaus besondere Behaltensmechanismen entwickelt haben und sich selbst über ihre persönliche Art des Lernens nicht im Klaren sind. Es kommt deshalb häufig vor, dass Menschen mit der falschen Methode versuchen, sich etwas zu merken. Zum Beispiel bemüht sich jemand, einen Text durch Abschreiben zu lernen und trotzdem kann er ihn nicht behalten. Hätte er sich den Text auf einen Tonträger gesprochen, hätte er ihn schneller und müheloser lernen können. Für effizienteres Lernen ist also das Wissen, zu welchem Lerntyp man gehört, sehr wichtig.

Praktische Durchführung des Tests zur Bestimmung des Lerntyps

Der/die Teilnehmer/in benötigt dazu eine/en Partner/in. Legen Sie ein paar weiße Schreibblätter und Schreibzeug bereit.

Test: Bestimmung des Lerntyps

Teil 1: Lernen durch Hören

Der Partner liest nun folgende Worte langsam vor (pro Wort ca. drei Sekunden).

Auto – Telefon – Katze – Tasse – Regen – Buch – Fenster – Brot – Puppe – Sonne

Sofort anschließend lässt er folgende Rechenaufgaben rechnen. Der Teilnehmer erhält für jede einzelne Aufgabe ca. zwei Sekunden Zeit, und er soll möglichst jedes einzelne Ergebnis notieren.

23 + 5; 17 – 9; 33 · 4; 124 : 4; 134 – 45.

Nun erhält der Teilnehmer 30 Sekunden Zeit, um alle Begriffe aufzuschreiben, die er noch weiß.

Teil 2: Lernen durch Sehen

Als Nächstes lässt der Partner den Teilnehmer jedes einzelne der folgenden Bilder je ca. zwei Sekunden lang anschauen.

Sofort anschließend gibt der Partner folgende Rechenaufgaben zum Rechnen. Der Teilnehmer erhält für jede einzelne Aufgabe ca. zwei Sekunden Zeit, und er soll möglichst jedes einzelne Ergebnis notieren.

25+8; 38−16; 29·5; 320:5; 64−55.

Nun erhält der Teilnehmer 30 Sekunden Zeit, um alle Begriffe aufzuschreiben, die er noch weiß.

Teil 3: Lernen durch Lesen

Nun werden folgende Worte gezeigt. Jedes Wort steht auf einem einzelnen Blatt groß und deutlich geschrieben.

Teller, Mantel, Meer, Stuhl, Ball, Telefon, Stern, Sand, Zeitung, Bleistift

Sofort anschließend gibt der Partner folgende Rechenaufgaben zum Rechnen. Der Teilnehmer erhält für jede einzelne Aufgabe ca. zwei Sekunden Zeit und er soll möglichst jedes einzelne Ergebnis notieren.

28+18; 57−19; 43·5; 609:3; 255−65.

Nun erhält der Teilnehmer 30 Sekunden Zeit, um alle Begriffe aufzuschreiben, die er noch weiß.

Teil 4: Lernen durch Schreiben

Folgende Worte werden diktiert:

Schere, Topf, Tresor, Rolltreppe, Bus, Messer, Klingel, Fenster, Farbe, Maus

Sofort anschließend gibt der Partner folgende Rechenaufgaben zum Rechnen. Der Teilnehmer erhält für jede einzelne Aufgabe ca. zwei Sekunden Zeit, und er soll möglichst jedes einzelne Ergebnis notieren.

16+27; 83−21; 54·5, 123:3; 108−75.

Nun erhält der Teilnehmer 30 Sekunden Zeit, um alle Begriffe aufzuschreiben, die er noch weiß.

Auswertung:

Die Ergebnisse der Rechenaufgaben interessieren nicht. Das darf dem Teilnehmer aber anfangs nicht mitgeteilt werden, denn dann macht er womöglich die Aufgaben nicht. Die Rechenaufgaben dienen zur Ablenkung von den auswendig gelernten Begriffen, damit diese nicht nur aus dem Kurzzeitgedächtnis abgerufen werden und somit die Aussagekraft über den Lernmodus verfälschen.

Bestimmen Sie nun bei jedem Testteil die Anzahl der gewussten Wörter. Schreiben Sie in das Kästchen bei jeder zugehörigen Achse Ihre erreichte Anzahl der gewussten Wörter.

Beispiel:

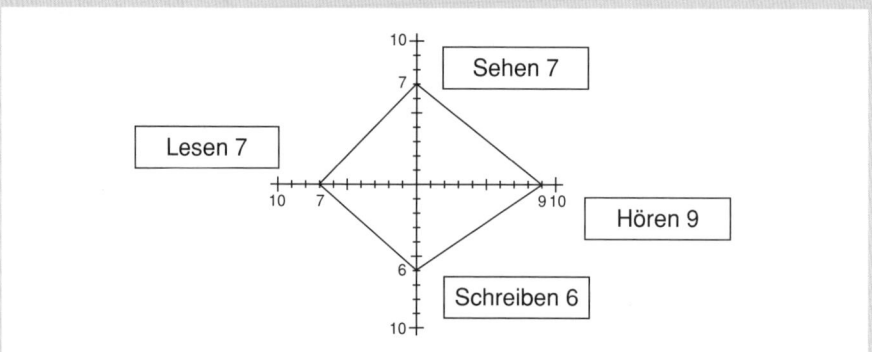

Dieses Testergebnis zeigt deutlich, dass die betreffende Person ein auditiver Lerntyp ist, das heißt, dass sie am besten durch Hören lernt.

Ihr Testergebnis:

9.3 Die verschiedenen Lerntypen

Der auditive Lerntyp

Sie haben aufgrund der durchgeführten Tests herausgefunden, über welche Wahrnehmungskanäle Sie am besten Informationen aufnehmen und behalten (Zahl der genannten Wörter in Test I bis IV).

Der auditive Typ lernt am besten, wenn er den Lernstoff hören kann. Auditive Lernende führen auch oft Selbstgespräche und fühlen sich durch Geräusche in der Lernumgebung schnell gestört. Bei Erinnerungen an frühere Begegnungen werden oft die Gespräche besser erinnert als die Gesichter. Für diesen Lerntyp sind Vorlesungen, Reden oder Vorträge starke Erinnerungsstützen.

Lesen Sie sich den Lernstoff laut vor oder lassen Sie ihn sich vorlesen. Verwenden Sie möglichst häufig Audio-Medien zum Lernen. Dazu eignen sich CDs und DVDs oder ein MP3-Player, ein Smartphone, ein Tablet oder ein ähnliches Gerät, bei dem Sie die Möglichkeit haben, ihre Texte selbst aufzunehmen. Das gilt für die unterschiedlichsten Fächer wie zum Beispiel Biologie, Geschichte, Psychologie und viele andere. Ein auditiver Lerner sollte sich seine Audio-Module selbst erstellen. Sie können zum Beispiel einen vollständigen Text aufnehmen. Zum Lernen hören Sie einen Textabschnitt an, stoppen dann das Vorlesen, stellen sich Fragen zum gehörten Abschnitt, beantworten diese und gehen erst danach zum nächsten Abschnitt weiter. Aus vielen Lernberatungen wissen wir, dass sich der auditive Lerntyp auf diese Weise seinem Naturell entsprechend, eventuell auf dem Sofa liegend oder bei einem Spaziergang, effektiv und seinem Lerntyp gemäß auf Prüfungen vorbereiten kann.

Die Audio-Medien eignen sich auch zum Sprachen lernen. Übersetzen Sie zum Beispiel einen Text aus ihrem Lehrbuch ins Deutsche, sprechen Sie diesen deutsch auf Ihr Speichermedium. Einige Zeit später übersetzen Sie die deutschen Sätze in die Fremdsprache zurück. Schreiben Sie nun die Sätze in der Fremdsprache auf. Wichtig ist der Vergleich mit den richtigen Sätzen aus dem Lehrbuch. Achten Sie auf Ihre persönlichen Fehler. Sie können auch Wörter lernen, indem Sie nacheinander ein Wort zuerst auf Deutsch und dann in der Fremdsprache aufsprechen. Beim Abhören stoppen sie nach dem Hören des deutschen Wortes, sagen oder schreiben das Wort in der Fremdsprache, kontrollieren dann, ob Sie das Wort richtig gewusst haben. Sie werden schnell merken, ob Ihnen diese Methode liegt und ob Sie damit rasch vorankommen.

Eine Warnung allerdings vorab: Geben Sie nicht zu schnell auf. Ihre Stimme kommt Ihnen womöglich ungewohnt vor. Lassen Sie sich davon nicht abschrecken, nach ein paar Tagen haben Sie sich an Ihre Stimme gewöhnt und können von dieser Methode sehr profitieren.

Der visuelle Lerntyp

Der visuelle Lerntyp erinnert sich gut an Bilder und kann sich diese leicht wieder ins Gedächtnis zurückrufen. Am vorteilhaftesten ist es für Sie, wenn Sie sich Skizzen einprägen. Das mögen vorgefertigte Skizzen aus Büchern und Skripten sein oder auch selbstangefertigte Skizzen aus Vorlesungen oder Vorträgen. Achten Sie bei allen Lerntexten auf die Illustrationen. Versuchen Sie sich diese einzuprägen. Es lohnt sich auch für Sie, sich möglichst viel selbst bildhaft darzustellen. Sie können auch Gehörtes und Gelesenes „verbildern", das heißt daraus einprägsame Schaubilder herstellen. Es ist durch Untersuchungen bewiesen worden, dass das Gedächtnis einfache Bilder, die aus möglichst wenigen Linien bestehen, wesentlich besser behalten kann als komplizierte, detailgenaue Bilder oder gar Fotografien. Scheuen Sie sich also nicht, sich sehr einfache, nur für Sie selbst bestimmte Skizzen herzustellen. Benutzen Sie für Ihre Aufschriebe möglichst viele optische Zeichen, ordnen Sie Ihren Lernstoff optisch und aktivieren Sie Ihre bildhafte Vorstellung so oft wie möglich. Illustrieren Sie Ihre Materialien, benutzen Sie verschiedenfarbene Markierstifte, verwenden Sie farbige Schnellhefter und optimieren Sie Ihre Fähigkeit, Skizzen herzustellen. Für einen visuellen Typ sind Mind-Maps und Lernposter gut geeignet. Beim Kauf von Büchern achten Sie am besten immer auf die grafische Darstellung. Sorgen Sie auch für eine ansprechende Lernumgebung.

Der kinästhetische Lerntyp/der Schreibtyp

Das Schreiben ist eine Form des praktischen Tuns und gehört somit zum kinästhetischen Lernen. Der kinästhetische Lerntyp ist ein Mensch, der am besten durch Ausprobieren, manuelle Arbeiten, Gruppenaktivitäten, Rollenspiele, Referate, Übungspräsentationen lernt.

Typisch für den kinästhetisch orientierten Lernenden sind viele Gesten und der Drang, sich zu bewegen.

Falls Sie diesem Typ angehören, lernen Sie schon beim Schreiben. Sie schreiben eine Einkaufsliste, und Sie schauen sie hinterher nicht mehr an. Das brauchen Sie auch gar nicht, denn Sie haben sich schon alles auswendig gemerkt. Sie schreiben gerne und ausführlich bei allen sich bietenden Gelegenheiten mit. Allerdings brauchen Sie ihre Mitschriften kaum noch durchzulesen, denn, was Sie geschrieben haben, ist in Ihrem Gedächtnis fest verankert. Ein kinästhetischer Lerntyp lernt auch gut, während er spazieren geht. Das kann zu Hause sein, indem er im Zimmer hin und her geht. Er kann aber auch auf einem Spaziergang im Freien lernen. Hinterher weiß er nicht nur das Gelernte, sondern weiß auch noch den Ort, an dem er es gelernt hat. Günstig für diesen Lerntyp sind auch eigene Experimente.

Fazit: Je mehr Sie darüber herausfinden, wie Sie am besten Betriebswirtschaft, Sprachen oder Mathematik lernen, desto mehr werden Sie einschätzen können, ob Sie etwa während des Vortrags besser Notizen machen oder sich hinterher mit einem Partner oder einer Partnerin über den Stoff unterhalten sollen. Beteiligen Sie an allen Lernvorgängen möglichst viele Sinnesorgane und damit Eingangskanäle. Kombinieren Sie Bilder und Töne, und versuchen Sie soviel wie möglich, selbst auszuprobieren. Nutzen Sie Ihren individuell erfolgreichsten Lernstil am intensivsten.

Sie können Ihren Lernstoff entsprechend Ihres bevorzugten Lernstils aufbereiten und sich so das Lernen wesentlich vereinfachen. Trotzdem gilt: Wählen Sie verschiedene Lernformen. Unabhängig davon, welcher Lerntyp Sie sind, profitieren Sie davon, wenn Sie Ihren Lernstoff auf vielfältige Arten aufbereiten und lernen. Je unterschiedlicher wir uns selbst unseren Lernstoff aufbereiten, desto vielfältiger sind die Möglichkeiten des Erinnerns und Behaltens.

10 Kommunikative Aspekte im Zusammenhang mit Lernen und Prüfungen

Lernen hat viel mit Kommunikation zu tun. Sie hören eine Vorlesung oder folgen einem Unterricht, Sie melden sich und geben eine Antwort oder Sie hören anderen Beiträgen zu. Wenn Sie das Gesagte verstehen, neue Einsichten gewinnen, wenn der Lerngegenstand spannend dargeboten wird, die Lernatmosphäre motivierend ist, die Lernschritte angemessen groß sind usw., dann bewerten Sie den Unterricht positiv. Bereits Ihr Nachbar kann ganz anders darüber denken, weil er zum Beispiel andere Voraussetzungen, andere Kenntnisse oder eine andere Auffassungsgabe hat. Um von der Vorlesung, vom Unterricht oder von der Übungsstunde möglichst viel mitzubekommen, ist es sehr hilfreich, die verschiedenen Kommunikationsebenen zu kennen.

10.1 Das Vier-Ohren-Modell von Schulz von Thun

Für Schulz von Thun (2010) schälten sich im Laufe seiner Analysen vier Kommunikationsebenen heraus, die den Vorgang der zwischenmenschlichen Kommunikation gleichsam von vier Seiten aus erklären, das heißt jeder Empfänger hat die Möglichkeit, eine Nachricht mit einem von vier Ohren zu hören. Die Nachricht enthält also vier Botschaften gleichzeitig (vgl. Abbildung 18).

Die einzelnen Kommunikationsebenen werden nachfolgend beschrieben.

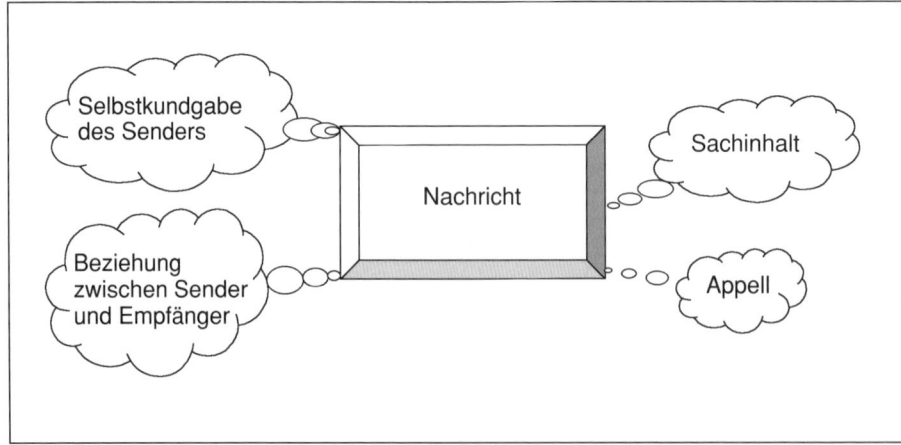

Abbildung 18: Die vier Botschaften einer Nachricht

10.1.1 Die Sachebene

Die Sachebene ist die für das Lernen wichtigste und entscheidendste Kommunikationsebene.

Häufig geht es beim Sprechen um die reine Mitteilung eines klaren Sachverhaltes. Dies scheint nicht problematisch zu sein, doch Gespräche, Diskussionen und Auseinandersetzungen werden häufig unsachlich geführt. Oft fällt es den Beteiligten schwer, bei der Sache zu bleiben. Manchmal liegt dies an der Schwerverständlichkeit des Stoffes oder der Ausdrucksfähigkeit des Redners. Sachlichkeit wird dadurch erreicht, dass die Beschreibung von Sachverhalten Vorrang vor den anderen Kommunikationsebenen hat. Um Verständlichkeit zu erreichen, sollte man sich an einige Grundregeln halten. Der Beitrag sollte in möglichst einfachen Sätzen gefasst sein, er sollte gut strukturiert sein und eine angemessene Länge haben, das heißt, der Beitrag sollte nicht zu lang und nicht zu kurz sein. Besonders verständlich werden Sachverhalte, wenn es gelingt, sie anschaulich zu erklären. Nachrichten, die nur Sachinformationen beinhalten sollen, lassen sich am besten in schriftlicher Form übermitteln, da Möglichkeiten der persönlichen Kommunikation, wie zum Beispiel Tonfall, Mimik, Lautstärke, Körpersprache usw. wegfallen.

10.1.2 Selbstkundgabe

Jeder Mensch, der spricht, gibt etwas von sich preis. Eine Nachricht kann viel über den Sender offenbaren. Es werden Selbstdarstellungstechniken verwendet, die dem Sprecher bewusst oder unbewusst sein können. Es können Imponiertechniken eingesetzt werden, um sich möglichst gut zu präsentieren, es können Fassadentechniken mit ins Spiel kommen, um eigene Schwächen zu übertünchen.

In der Ausbildung oder in Diskussionen ist es zum Beispiel auch mutig, überhaupt etwas zu sagen, man könnte sich ja durch seine Unkenntnis blamieren oder auffallen. Deshalb werden diese Beiträge oft in der „Wir-Form" oder „Man-Form" geleistet und manchmal wird zu Beginn des Beitrages zuerst tiefgestapelt. Wer seinen eigenen Standpunkt total verbergen möchte, wählt sehr häufig die Frage-Form.

Oft wird mit Hilfe solcher Techniken geschickt die Selbstkundgabeebene mit der Sachebene verwoben.

Die Angst um die Selbstkundgabe birgt verschiedene Gefahrenquellen. Da ist die Sachmitteilung gefährdet, weil sich die Gesprächspartner nicht offen austauschen oder sich nicht richtig zuhören, weil sie nur mit ihrem eigenen Auftritt beschäftigt sind.

Wer mit sich selbst beschäftigt ist, kann andererseits sich nicht mit anderen solidarisieren oder Kommunikationshemmnisse abbauen. Da die Selbstkundgabeebene bei jeder Äußerung beteiligt ist, ist es wichtig, authentisch, das heißt sich selbst treu zu sein, sich über sein Denken und Fühlen bewusst zu sein und sich mit Interpretationen möglichst zurückzuhalten.

10.1.3 Die Beziehungsebene

Auf der Beziehungsebene geht es um die zwischenmenschliche Beziehung zwischen den Kommunikationspartnern. Als Ausdrucksmittel verwendet der Sprecher seine persönliche Formulierung, einen bestimmten Tonfall und seine Körpersprache. Durch eine hochgestochene Sprechweise kann er den Hörer in eine unterwürfige Position zu drücken versuchen, ein scharfer Tonfall kann den Gesprächspartner einschüchtern oder provozieren. Die Reaktionen hängen häufig von der sozialen Rolle der Partner ab. Die Art und Weise, wie der Sprecher sich ausdrückt, gibt Auskunft über seine Haltung zum und seine Meinung über seinen Gesprächspartner. Diese Auskunft kann bewusst oder unbewusst ablaufen. Der Sprecher kann mit seiner Art der Kommunikation sehr viel erreichen, aber andererseits auch sehr viel zerstören. Während auf der Sachebene der Verstand des Gegenübers angesprochen wird, geht es bei der Beziehungsebene um die Persönlichkeit und die Gefühle des anderen.

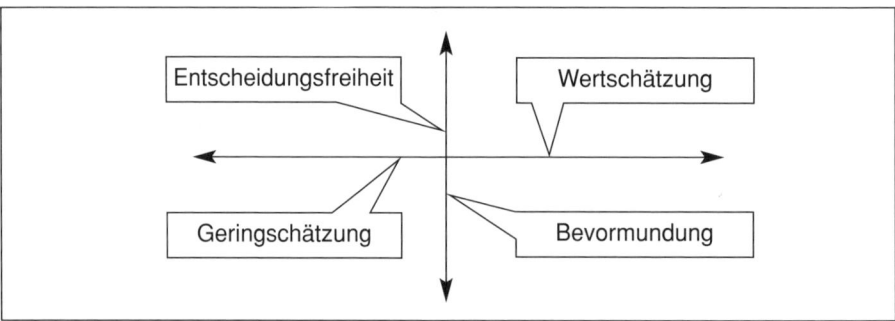

Abbildung 19: Verhaltens-Achsenkreuz der Beziehungsebene

Am Verhaltens-Achsenkreuz lässt sich die Beziehungsebene bildhaft darstellen. Die Wertschätzung des Gesprächspartners gelingt durch eine respektvolle, gleichberechtigte und einfühlsame Haltung. Bevormundung und Geringschätzung sind gegeben, wenn der Sender herabsetzende und demütigende Aussagen macht (vgl. Abbildung 19).

10.1.4 Die Appellebene

Beinahe jede Nachricht will etwas beim Hörer bewirken. Sie will sein Denken und Handeln beeinflussen. In unterschiedlichen Situationen und je nach persönlicher Befindlichkeit hören Menschen bevorzugt bestimmte Seiten einer Nachricht.

Manche Streitereien sind zwischen den Beteiligten sehr festgefahren, weil diese meinen, sie reden über dasselbe, aber tatsächlich möchte ein Gesprächspartner z. B. die Sachseite betonen, der andere „hört" jedoch den Appell heraus, das heißt die Aufforderung zum Handeln oder zur Meinungsänderung.

Offenkundig wird dieser Appellcharakter einer Information in der Werbung, die den Adressaten zum Kauf eines bestimmten Produktes anregen möchte.

> **Ein Beispiel:**
>
> Tanja sagt zu Ihrem Seminarleiter:
>
> „Für die Ausarbeitung des Reports habe ich gestern sechs Stunden gebraucht."
>
> Er hört die Sachaussage: Der Report wurde ausgearbeitet und hat sechs Stunden gedauert.
>
> Er hört die Beziehungsaussage: „Ihr Arbeitsauftrag ist viel zu groß. Das hat mich geärgert."
>
> Er hört den Appell: „Geben sie bloß nicht noch einmal so viel auf."
>
> Er hört die Selbstkundgabe: „Dieses Mal habe ich die Aufgabe erledigt, ich habe sechs Stunden dafür gebraucht, ich habe Ihre Aufgabe erledigt."

Dieses Beispiel zeigt, der Empfänger der Nachricht „macht" die Nachricht, d. h. er entscheidet, was gesagt wurde. Mit seiner Reaktion bestimmt er den Verlauf des weiteren Gesprächs entscheidend mit. Es kommt also für den Sender der Nachricht darauf an, beim Empfänger auf das „richtige" Ohr zu treffen. Dazu kann der Sprecher etwas beitragen, indem er sich bei der Wortwahl und beim Tonfall Gedanken darüber macht, wie sein Redebeitrag aufgefasst werden könnte. Eine leicht geänderte Formulierung, die inhaltlich dasselbe aussagt, kann helfen, ein Gespräch sachlich verlaufen zu lassen. Dabei geht es nicht um ein Gespräch, in dem Gefühle keinen Platz haben. Es geht darum, dass alle Beteiligten gleichberechtigt ihre Erfahrungen, Meinungen und Vorschläge vorbringen können und dabei angehört und respektiert werden. Solche Gespräche können durchaus in angeregter Atmosphäre stattfinden.

Wenn in einem Gespräch ein Teilnehmer heftig angreift, so sagt er zuerst etwas über sich selbst aus. Der Angegriffene kann mit Verständnis reagieren und auf der Sachebene antworten. Damit bleibt er im Gespräch souverän, bleibt selbst unverletzt und verletzt auch den Angreifer nicht. Das Wichtigste dabei ist, dass sich der Streit nicht aufschaukelt. Ein indianisches Sprichwort sagt: „Worte sind schlimmer als Waffen, sie zielen immer aufs Herz." Ob das Herz aber getroffen wird, kann der Empfänger entscheidend mitbestimmen. Es liegt an ihm, mit welchem Ohr er hinhört, und welche Bedeutung er der Nachricht beimisst.

Vorschlag für ein Gespräch, zum Beispiel mit einem Ausbilder:		
Wenn Sie sagen wollen ...	*und nicht wollen, dass Ihr Gesprächspartner etwas Falsches heraushört ...*	*... dann sagen Sie besser:*
„Werden Sie wieder sachlich"	„Sie haben unangemessen reagiert"	„Ich glaube die Sache ist ausdiskutiert, wir können jetzt weiterarbeiten"
„Die Lösung ist doch ganz einfach"	„Wieso sind Sie so begriffsstutzig"	„Mein Lösungsvorschlag sieht so aus ..."
„Sprechen Sie doch endlich ein Machtwort!"	„Sie sind unfähig für Ruhe zu sorgen"	„Es ist sehr laut hier. Man kann Sie nur schwer verstehen."
„Kommen wir wieder auf unser Thema zurück."	„Sie schweifen dauernd ab und verfehlen dabei das Thema."	„Ich knüpfe an die Aussage von ... an."
„Nennen Sie doch deutlich Ross und Reiter."	„Sie sagen uns nicht ehrlich Ihre Meinung"	„Ich verstehe Ihren Standpunkt noch nicht ganz."

Es ist für alle Menschen ein nutzbringender Lernprozess, möglichst viel auf der Sachebene zu hören. Das heißt, Sie sollten, wann immer es möglich ist, sich als der Empfänger einer Nachricht bewusst für die Sachebene entscheiden. Oft eilt einer Lehrperson ein bestimmter Ruf voraus, zum Beispiel ihre Vorlesung sei zu streng, zu anspruchsvoll, zu oberflächlich, sie habe die oder jene Macke usw. und doch gibt es erfahrungsgemäß immer Teilnehmer, die enorm von dem genannten Unterricht profitieren, weil sie sich auf die Sachinformationen konzentrieren konnten, während die Masse der vom Vorurteil beeinflussten Studenten leider gar nichts mitbekommen hat. Sie hat sich lediglich damit beschäftigt, alle Merkmale herauszuhören, welche das Vorurteil unterstützen.

10.2 Übung zum Erkennen von verschiedenen Kommunikationsebenen

Schreiben Sie vor die Antwort ein „B" für Beziehungsebene, ein „O" für Selbstkundgabeebene, ein „A" für Appellebene und ein „S" für Sachebene. Falls Sie sich nicht entscheiden können, so ist das in Ordnung. Auch bei wirklichen Gesprächen geht es manchmal so. Schreiben Sie dann einfach zwei Buchstaben vor die Antwort. Die vier Kommunikationsebenen sind nur ein Modell zur Bewusst-

Kommunikative Aspekte im Zusammenhang mit Lernen und Prüfungen 141

machung der Vielschichtigkeit der menschlichen Kommunikation. Ein Modell vereinfacht immer und schränkt ein. Die Wirklichkeit ist vielfältiger.

> **Übung:**
>
> **Hier zunächst ein Beispiel:**
>
> | Äußerung | Antwort |
> |---|---|
> | Du, da vorne ist die Ausfahrt. | … S … Ja, ich sehe das Schild. |
> | | … A … Runter vom Gas! |
> | | … B … Gut, dass du mir das sagst. |
> | | … O … Hätte ich glatt übersehen. |
>
> | Äußerung | Antwort |
> |---|---|
> | Hast du den Bericht selbst geschrieben? | … Wieso? Niemand traut mir etwas zu. |
> | | … Ja, letzte Woche. |
> | Darüber müssen Sie aber noch länger nachdenken. | … Erklären Sie doch einfach besser. |
> | | … Ja, das stimmt. |
> | Wo ist denn schon wieder mein Terminplaner? | … Woher soll ich das wissen? |
> | | … Er liegt auf Ihrem Schreibtisch. |
> | Sagen Sie ihm das persönlich. | … Das kann ich nicht. |
> | | … Sie trauen mir aber wirklich viel zu. |
> | Das habe ich aber immer noch nicht verstanden. | … Passen Sie einfach besser auf. |
> | | … Ich habe noch nicht fertig erklärt. |

10.3 Übung zur Unterscheidung von verschiedenen Kommunikationsebenen

Formulieren Sie zu folgenden Äußerungen Antworten. Benutzen Sie dazu jeweils die Beziehungsebene (B), die Selbstkundgabeebene (O), die Appellebene (A) und die Sachebene (S)

> **Übung:**
>
> **Hier zunächst ein Beispiel:**
>
> | Äußerung | Antwort |
> |---|---|
> | Du, da vorne ist die Ausfahrt. | B: Sie können gerne mitkommen. |
> | | O: Ja, ich habe Angst vor dem Fliegen. |
> | | A: Das sollte jeder für die Umwelt tun. |
> | | S: Ja, ich fahre damit am günstigsten. |

Äußerung	Antwort
Wollen Sie wirklich die 20 Seiten im Buch lernen?	B: _____
	O: _____
	A: _____
	S: _____
Wieso kommen Sie eigentlich immer zu spät?	B: _____
	O: _____
	A: _____
	S: _____
Sie als fortschrittlich denkender Mensch sollten das nicht machen.	B: _____
	O: _____
	A: _____
	S: _____
Sie sind immer so auffallend freundlich.	B: _____
	O: _____
	A: _____
	S: _____
Wollen Sie etwa ohne Schirm wegfahren?	B: _____
	O: _____
	A: _____
	S: _____
Vergessen Sie aber nicht bei Herrn Kuhl anzurufen.	B: _____
	O: _____
	A: _____
	S: _____

Kommunikative Aspekte im Zusammenhang mit Lernen und Prüfungen 143

Drücken Sie sich doch bitte allgemeinverständlich aus.	B: _____
	O: _____
	A: _____
	S: _____
Ihre Mitarbeit ist einzigartig.	B: _____
	O: _____
	A: _____
	S: _____

Übung: Umformulieren, um eine Eskalation zu vermeiden

Emotionale Aussage	Sachliche Aussage
Es ist unfair, dass Sie immer Nina drannehmen.	
Es ist deprimierend, wie wenig Rücksicht Sie auf die Neuankömmlinge nehmen.	
Es ist eine Gemeinheit, wie man hier mit Andersdenkenden umgeht.	
Unglaublich, was man sich alles gefallen lassen muss, nur um nicht rausgeschmissen zu werden.	
Glauben Sie bloß nicht, dass Sie hier noch einer unterstützt.	
Hört. Hört. Sie scheinen gerade aufgewacht zu sein.	
Ganz schön fahrlässig, so jemand wie Sie als einzige Begleitperson mitzuschicken.	
Waren Sie eigentlich nie jung in ihrem Leben, dass Sie so rückschrittlich denken?	

> Kommen Sie mir bloß nicht mit diesen
> ollen Kamellen, die haben wir schon vor
> zehn Jahren abgelegt.
>
> Klar, dass man als junger Grünschnabel
> auf alle neumodischen Ideen abfährt.
> Aber Ihnen fehlt es offensichtlich an
> Lebenserfahrung.

10.4 Interpretationsvarianten von Aussagen und deren Wirkung

Wenn man mit anderen Personen über das Lernen und speziell über die dabei eingesetzte bzw. benötigte Zeit und Energie spricht, so muss man deren Aussagen mit besonderer Vorsicht genießen. Warum dies so ist, kann mit dem Modell von Schulz von Thun gut erklärt werden.

Jeder kennt wahrscheinlich folgende Geschichte: Ein Prüfling gibt im Vorfeld der Prüfung stets kund, dass er so gut wie nichts gelernt hat, Angst vor der Prüfung hat usw., und genau dieser Prüfling besteht dann die Prüfung glänzend. Man fragt sich dann natürlich, wie solche „Wunder" zu Stande kommen. Natürlich handelt es sich dabei (von einigen Glücksfällen abgesehen) nicht um ein Wunder, sondern eher um einen Effekt der Kommunikation, der sehr stark mit dem Selbstwert und mit sozialen Stereotypen zu tun hat und somit besonders anfällig für Verzerrungen ist. Es handelt sich um den Mechanismus, der im Kommunikationsmodell von Schulz von Thun beschrieben ist. Mit jeder anscheinend sachlichen Aussage sagt man immer auch gleichzeitig etwas über sich selber aus. Wenn man jedem erzählt, man habe so gut wie nichts gelernt, so kann dies natürlich eine glatte Lüge sein. Die selbe Aussage kann aber auch eine wesentlich subtilere Suggestion beinhalten. Man habe praktisch nichts gelernt und trotzdem bestanden bzw. gut abgeschnitten, man muss also intelligent sein. Wie oft bei Suggestionen wird nur der erste Teil des Satzes auch tatsächlich gesagt, den Rest denkt sich dann der Zuhörer dazu. Diese Art der Formulierung hat zudem den Vorteil, dass man ja „offiziell" gar kein Eigenlob verwendet, sondern (scheinbar) nur über die Art der Vorbereitung spricht. Die Sachebene und die Selbstkundgabe- bzw. Selbstdarstellungsebene werden dabei sehr oft stark vermischt.

Im Falle des Schlecht- oder Nichtbestehens einer Prüfung kann das Herumerzählen, dass man sich wenig vorbereitet hat, auch selbstwertstützende Funktion haben. Ist man nämlich in einer Prüfung durchgefallen, so kann dies mindestens zwei Gründe haben. Es kann auf mangelnde Intelligenz hinweisen oder auf die (falsche oder ungenügende) Vorbereitung. Gibt man nun im Vorfeld einer Prüfung kund, dass man sich (angeblich) nicht gut vorbereitet hat, so hat man damit präventiv schon mal eine Erklärung für einen möglichen Misserfolg gegeben. Die Erklärung eines Misserfolgs mit der unzureichenden Vorbereitung ist weitaus weniger bedrohlich für das Selbst- und auch das erwünschte Fremdbild als die Erklärung des Misserfolgs mit mangelnder Intelligenz. Verläuft die Prüfung dagegen gut, so hat man sich als positiven Nebeneffekt noch das Image gegeben, eine Prüfung einfach „mit links", ohne große Vorbereitung, zu machen.

> **Wenn jemand also behauptet, sich nicht oder schlecht vorbereitet zu haben, so kann dies in Wirklichkeit Folgendes bedeuten:**
> – Er hat sich tatsächlich schlecht vorbereitet
> – Er möchte niemanden an seinem Wissen teilhaben lassen
> – Er hat sich gut vorbereitet und hat Angst, bei Misserfolg im Selbstwert bedroht zu sein.
> – Er hat sich gut vorbereitet und möchte im Erfolgsfall als kleines Genie gelten.

Daher empfehlen wir Ihnen, Angaben über die Art und den Umfang der von anderen preisgegebenen Prüfungsvorbereitung prinzipiell skeptisch zu hinterfragen. Diese Angaben sagen oft wesentlich mehr über die für die jeweilige Person selbstwertrelevanten Mechanismen als über tatsächliche Aktivitäten der Vorbereitung aus. Die Falschdarstellung des Prüfungsaufwandes kann absichtlich als bewusste Täuschung erfolgen, sie kann aber auch bei selbstwertrelevanten Themen eher unbewusst erfolgen oder sie kann ein Effekt der Vermischung kommunikativer Ebenen sein. Ein weiteres delikates, oft verschleiertes Thema ist die Hilfe durch Experten im Hintergrund. Möglicherweise gibt es in der Familie oder im Bekanntenkreis Insiderwissen durch Experten, das nur zu gerne zur Prüfungsvorbereitung angezapft wird. Klar, dass das kaum jemand gerne erzählt. Doch ist heute durch das Internet der Zugang zu Wissen und Information sehr viel leichter und rascher möglich als früher. Es lohnt sich, Sprechstunden von Assistenten und Prüfungsvorbereitungskurse zu besuchen. Oft sind gezielte Informationen zur Prüfung hilfreicher als eine ausufernde Prüfungsvorbereitung.

Informationen über den Prüfer

Häufig ist man auf Informationen über die Person des Prüfers generell oder über dessen Verhalten in mündlichen Prüfungen auf die Aussagen anderer Personen angewiesen. Diese Informationsquelle ist jedoch oft nicht sehr valide. Die gleichen Überlegungen wie bei den Informationen über den Lernaufwand treffen auch auf dieses Thema zu. Die betreffenden Informationen sind natürlich den beschriebenen kommunikativen Verzerrungen unterworfen und haben sehr oft auch eher selbstwertstützende Funktion als informativen Charakter.

Es ist dabei wiederum von generellem Vorteil, den Prüfer als möglichst streng und böswillig zu beschreiben. Hat man nämlich die Prüfung bestanden, so spricht das neben der überragenden Intelligenz auch noch für die eigene Souveränität im Umgang mit solch schwierigen Prüfern. Hat man dagegen die Prüfung nicht bestanden, so kann wiederum der bösartige Prüfer für das schlechte Ergebnis verantwortlich gemacht werden, und man braucht nicht die eigenen Fähigkeiten zur Erklärung heranzuziehen. Die Beschreibung des Prüfers hat daher sehr oft die Tendenz, diesen als zu negativ darzustellen. Aus der psychohygienischen Sicht des Befragten ist dies immer sinnvoll, stellt allerdings keine valide Information über den Prüfer dar.

11 Präsentation und Referat

Irgendwann wird wahrscheinlich jeder einmal zu irgendeiner Art von Präsentation aufgefordert. Dies kann in der Schule sein, auf einer Hochschule oder im beruflichen Umfeld. Die technischen und gestalterischen Möglichkeiten in unserem Informationszeitalter haben die Anforderungen und die Erwartungen an uns immer höher geschraubt. Eine gelungene Präsentation oder ein interessant vorgetragenes Referat müssen folglich sehr gut vorbereitet und geplant sein.

11.1 Thema und Problemerfassung

Als erstes sollten Sie sich die Themenstellung genau ansehen und sich folgende Fragen stellen:
- Welche der drei Arten von Aufgabenstellung liegt vor?
  a) Ein Problem ist vorgegeben. Es wird also eine Darstellung des Problems mit Ursachen, Verflechtungen, Wirkungen, und Lösungsvorschlägen erwartet.
  b) Eine Frage ist vorgegeben. Hier werden Antworten erwartet. Oft gibt es nicht eine eindeutige Antwort, d. h. es sollten die möglichen Antworten gegeben und erläutert werden.
  c) Ein Sachverhalt ist vorgegeben. Hier geht es um Information und objektive Darstellung aller Sichtweisen.
- Ist das Thema eng genug gehalten oder muss es eingegrenzt werden?
- Welchen Zusammenhang gibt es zwischen dem Thema und dem bisherigen Unterrichtsinhalt?
- Ist cine bestimmte Literatur vorgegeben oder müssen Sie selbst recherchieren?
- Welche Personen sind Ihre Zuhörer?
- Welche Vorkenntnisse haben Ihre Zuhörer?
- Was erwartet der Dozent von Ihrer Präsentation oder Ihrem Referat?
- Was wollen Sie mit dem Referat oder der Präsentation bewirken?

Die konkrete Eingrenzung des Themas gelingt am besten nach Erstellung der Gliederung.

11.2 Informationsmaterial sammeln

Suchen Sie Material unter folgenden Gesichtspunkten: Welche Thesen, Argumente, Gegenargumente, Beispiele, Aspekte und Wirklichkeitsbezüge müssen im Referat vorkommen. Notieren Sie sich schon zu Beginn Ihrer Recherche Ihre diesbezüglichen Fragen auf einzelne Karten, auf die Sie später auch die Antworten schreiben. Wenn Sie noch relativ wenig über Ihr Thema wissen und sich zu Beginn eine Basis und einen Überblick verschaffen müssen, kann es sehr nützlich sein, zuerst einmal nach geeigneten Schulbüchern zu suchen. Sie enthalten meist die wichtigsten Aspekte eines Themas relativ komprimiert, sie sind bereits didaktisch aufbereitet, meist in verständlicher Sprache geschrieben und sie enthalten häufig klärende bildliche Darstellungen und Diagramme. Schulbücher finden Sie am besten in Schülerbüchereien, in Buchhandlungen und teilweise auch in Hochschulbibliotheken. Das Internet kann Ihnen behilflich sein bei der Suche nach geeigneten Büchern, Zeitungen und Fachzeitschriften. In Internet-Lexika können Sie sich einen raschen Überblick über die wichtigsten Grundbegriffe zu Ihrem Thema verschaffen.

11.3 Gliederung erstellen

Nachdem Sie nun genügend Material gesammelt haben, ist es an der Zeit, dieses Material zu ordnen und zu strukturieren. Hier kann Ihnen auch eine Mind-Map helfen (siehe Kapitel: Mind-Map). Überlegen Sie, welche Leitgedanken besonders wichtig sind. Bauen Sie Ihren Vortrag chronologisch auf, also in der richtigen zeitlichen Reihenfolge, oder gliedern Sie nach Themenschwerpunkten, die in einer gewissen inneren Logik miteinander verbunden sind. Für die Zuhörer ist es oft hilfreich, die Gliederung zu Beginn auf einer Folie zu sehen. Damit ist eine Struktur vorgegeben, die dem Zuhörer wie eine Straßenkarte zeigt, wo der Weg hingeht.

11.4 Vortrag ausarbeiten

11.4.1 *Der Anfang*

Von besonderer Wichtigkeit ist der Anfang. Der Beginn soll eine Brücke herstellen zwischen dem Redner und den Zuhörern. Besonders sorgen Anekdoten, Comics oder Karikaturen für einen humorvollen Beginn, wenn das Thema einen derartigen Einstieg zulässt. Bei ernsteren Themen eignet sich ein aktueller, kurzer Bericht aus der Zeitung oder eine persönliche Begebenheit, die zum Thema passt. Wichtig ist, das Interesse des Zuhörers zu wecken und eine Spannung aufzubauen. Unterschätzen Sie die Wirkung des Anfangs nicht. Man kann ihn als Türöffner bezeichnen. Mit einem gelungenen Anfang haben Sie ein aufmerksames Publikum, das Sie in Ihrem Vortrag dankbar unterstützt und Ihnen den notwendigen Rückhalt gibt. Mit der Sympathie des Publikums erhalten Sie das Klima im Raum, das Sie benötigen, um die Zuhörer in ihren Bann zu ziehen.

11.4.2 Der Hauptteil

Benutzen Sie bei der Ausarbeitung des Hauptteils die Reihenfolge Ihrer Gliederung und arbeiten Sie Punkt für Punkt ab. Schreiben Sie kurze, aber ganze Sätze und formulieren Sie Ihre Gedanken voll aus. Gefällt Ihnen eine Stelle besonders gut, so markieren Sie diese. Fremdwörter und Fachbegriffe, die unbekannt sind, müssen möglichst bildhaft erläutert werden. Die Anzahl dieser Fremdwörter und Fachbegriffe sollte stark begrenzt werden. Die Worterklärungen stören den Gedankenfluss und überfordern möglicherweise die Merkfähigkeit der Zuhörer. Verwenden Sie keinen einzigen Begriff oder Gedanken, den Sie nicht genau erklären und begründen können! Das ist für die nachfolgende Diskussion wichtig. Wie peinlich ist es, wenn der Referent gut klingende Beiträge eingeflochten hat und hinterher bekennen muss, dass er nicht weiß, wovon er geredet hat.

Machen Sie keine Gedankensprünge. Der Zuhörer muss nachvollziehen können, weshalb dieser oder jener Gesichtspunkt eingebunden wird. Sonst ist die Gefahr groß, dass der Zuhörer gedanklich bei einem etwas abwegigen Gesichtspunkt verharrt und nicht mehr zu Ihrer Gedankenführung zurückfindet. Besser ist es, einen Leitgedanken immer wieder zu wiederholen, damit er gut im Gedächtnis der Zuhörer verankert wird. Erklären Sie schwierige Sachverhalte anhand von verschiedenen Beispielen und mit variantenreichen Umschreibungen. Am besten verwenden Sie Anschauungsmaterial.

11.4.3 Der Schluss

Auch dem Schluss sollten Sie besondere Beachtung schenken, denn der letzte Eindruck ist derjenige, der besonders im Gedächtnis haften bleibt. Sie zerstören den guten Eindruck Ihres Vortrags geradezu, wenn Sie am Schluss weitschweifig werden und ins Faseln kommen, nur weil Sie diesen Teil nicht vorbereitet haben. Bringen Sie am Schluss eine kurze Zusammenfassung und einen Rückblick mit allen wesentlichen Schwerpunkten Ihrer Präsentation oder Ihres Referats. Je nach Thema können Sie auch einen Appell ans Publikum richten. Fordern Sie zum Handeln, zur Beteiligung, zum Umsetzen des Gesagten, auf, und weisen Sie kurz auf die Konsequenzen des Nichthandelns hin. Der Schluss soll die Komprimierung alles bisher Gesagten sein und die dargelegten Gedanken auf den Punkt bringen. Danach können Sie eine abschließende Anekdote oder ein passendes Zitat zur Abrundung vortragen, um die aufgebaute Spannung durch eine humorvolle Wendung aufzulösen.

11.4.4 Übung

Lesen Sie Ihren Vortrag nun zur Übung langsam, laut und deutlich ohne Zuhörer vor, und stoppen Sie dabei die Zeit. Halten Sie sich genau an die Zeitvorgabe, damit Sie nicht einen ärgerlichen Punkteabzug riskieren. Kürzen oder verlängern Sie also Ihren Vortrag gegebenenfalls.

11.5 Medieneinsatz

Heute sind Präsentationen mit Powerpoint oder ähnlichen Programmen Standard. Bereits in der Schule halten Schüler Ihre Referate mit Beamer-Präsentationen und haben in Methodenschulungen die Grundregeln für gute Folien gelernt.

Dennoch eignen sich zum Verdeutlichen schwieriger Sachverhalte weitere Medien, wie zum Beispiel Overhead-Projektor, Flipchart, Pinnwand und Tafel. Des Weiteren kann man Karten, Plakate, Modelle und Zeichnungen einsetzen. Die mediale Unterstützung kann den Vortrag auflockern und spannender machen, birgt aber auch die Gefahr der Überfrachtung und Ablenkung vom Wesentlichen. Deshalb sollten Sie Medien wohldosiert einsetzen, damit Sie selbst und Ihr Thema gebührend zum Tragen kommen.

Klären Sie schon zu Beginn Ihrer Arbeit, welche technischen Hilfsmittel von Ihrem Dozenten erwünscht, besonders geschätzt oder eventuell sogar abgelehnt werden und welche Ihnen zur Verfügung stehen oder von Ihnen besorgt werden sollten. Stellen Sie sicher, dass es in Ihrem Vortragsraum die von Ihnen benötigten Medien gibt und dass sie auch wirklich funktionieren. Probieren Sie sie in dem Vortragsraum aus, beachten Sie dabei die Bestuhlung, die Sitzordnung, die Lichtverhältnisse und die Tageszeit. Eine Projektion oder ein Monitor kann durch Lichteinfall flimmern oder spiegeln, die Overhead-Projektion ist in nicht verdunkelten Räumen oft kaum zu sehen, selbst ein gewöhnlicher Tafelanschrieb ist nicht bei jedem Licht sichtbar. Überprüfen Sie die Wirkung Ihres Mediums auch von der letzten Reihe aus. Ist alles gut zu lesen? Bestimmte Farben sind eventuell von hinteren Plätzen aus kaum identifizierbar, zum Beispiel gelb auf der Folie oder grün, blau und violett auf der Tafel. Es stört den Vortrag, wenn sich Zuschauer melden, die nichts lesen können. Falls Sie in einem für Sie ungewohnten Raum auftreten, sollten Sie unbedingt dort Ihre Präsentation oder Ihr Referat ausprobieren. Wo sind die Steckdosen? Sind die Kabel lang genug? Wie ist die Akustik?

Eine interessante Präsentation muss sorgfältig vorbereitet werden, damit sie ihren Zweck erfüllt. Vergegenwärtigen Sie sich immer wieder, dass Ihr Vortrag im Mittelpunkt steht und die Folien lediglich der visuellen Unterstützung dienen. Verzichten Sie möglichst auf Multimedia-Effekte, auf Animationen und auf überfrachtete Folien, weil sie zu viel Aufmerksamkeit von Ihnen abziehen. Der Zuschauer soll die Folie nur kurz anschauen, den Text erfassen und sich dann wieder voll auf den Redner konzentrieren. Deshalb sollten möglichst nur 5 knappe Zeilen Text erscheinen. Für gute Lesbarkeit empfiehlt sich die Schriftgröße 30 pt bis 40 pt. Wählen Sie eine dunkle Schrift auf hellem Hintergrund. Diagramme können vieles visuell erläutern und unterstreichen, sie müssen aber unbedingt einfach sein, damit der Zuschauer sie versteht. Seien Sie sparsam mit Diagrammen, zu viele führen rasch zur Ermüdung des Publikums.

Lassen Sie Ihre Folien von einer anderen Person auf Rechtschreibung und Verständlichkeit überprüfen. Nehmen Sie zur Vorsicht Ihren Vortrag auf einem zweiten USB-Stick mit, speichern Sie ihn in verschiedenen Formaten ab, damit Sie ihn gut vorbereitet und entspannt beginnen können.

11.6 Vor dem Vortrag

11.6.1 Karteikarten

Nun haben Sie die Planungsphase abgeschlossen, den Medieneinsatz überprüft und Ihr Referat zu Hause für sich allein mit dem Timer geprobt. Je weniger Sie beim Vortrag ablesen müssen, desto besser ist Ihre Wirkung auf das Publikum. Lernen Sie Ihren Vortrag auf keinen Fall wörtlich auswendig, das kostet zu viel Energie und birgt die große Gefahr, stecken zu bleiben und dabei sehr unsicher zu werden. Für einen professionellen Vortrag haben sich deshalb Karteikarten in der Größe DIN A5 und DIN A6 bewährt. Darauf notieren Sie sich die wichtigsten Stichpunkte Ihres Vortrags. Diese Karten, als Stoß in einer Hand gehalten, haben einige Vorteile für den Vortragenden. Sie können sich frei im Raum bewegen und sind nicht auf den Platz am Rednerpult angewiesen. Sie reden frei, weil es keine Sätze zum Ablesen gibt und Sie üben das Sprechdenken. Sie können dabei flexibel auf die Reaktionen aus den Zuhörerreihen eingehen und gelangen nicht in ein mechanisches Herunterleiern. Besonders bei Lampenfieber wissen Neulinge nicht, wo Sie mit ihren Händen hin sollen. Irgendwie sind diese immer im Weg. Mit einem Stoß Karteikarten in einer Hand haben Sie dieses Problem nicht und Sie wirken locker. Jede verwendete Karteikarte wird einfach von oben nach unten gesteckt, und es kann weiter gehen.

11.6.2 Den Vortrag proben

Der Vortragende sollte möglichst nicht zu oft an die Wand oder an die Decke schauen, er wirkt sonst unsicher und schafft keine Beziehung zum Publikum. Seine Stimme sollte er variantenreich einsetzen.

Er sollte sich auch nicht selbst herabsetzen. Zum Beispiel: „So viel Erfahrung und Sachwissen wie mein Vorredner habe ich leider nicht zu bieten" oder „Ich hoffe, Ihnen ein bisschen etwas über mein Thema berichten zu können" usw. Die Zuhörer könnten sich sonst fragen, wieso sie überhaupt zuhören sollen.

Jedem Menschen passieren Fehler. Das ist ganz normal. Wichtig ist dabei, locker zu bleiben und sich nicht zu lange und ausschweifend dafür zu entschuldigen. Dadurch bekommt der Fehler kein zu großes Gewicht und bleibt einfach Nebensache. Er kann auch geradezu auflockernd wirken, wenn Sie souverän darauf reagieren.

Weitschweifige Danksagungen an die Aufmerksamkeit des Publikums am Schluss Ihres Vortrags sind deplatziert, und Sie machen sich selbst klein damit. Zerreden Sie Ihren gut vorbereiteten Schluss auf keinen Fall mit fadenscheinigen Floskeln.

Falls von Ihrer Präsentation viel für Sie abhängt oder Präsentationen in Zukunft zu Ihrem Berufsbild gehören, ist eine weitere Probe im Originalraum mit einer Person Ihres Vertrauens dringend zu empfehlen. Sie können dadurch mehr Sicherheit gewinnen und Lampenfieber im Vorfeld abbauen. Ihr Gegenüber soll auch verschiedene Sitzpositionen im Raum ausprobieren und während des Vortrags Notizen machen. Er soll auf den Inhalt, den verbalen Ausdruck und auf die Körpersprache achten. Zunächst sollte er am besten nicht unterbrechen, sondern die Zeit abstoppen und seine Einwände und Bemerkungen am Schluss bringen. Danach so lange weiter proben bis alles klappt. Nehmen Sie folgende Checkliste zur Probe mit:

Checkliste für den „Probevortrag"	
Am Anfang stellt der/die Vortragende sich und sein Thema kurz vor.	
Der Beginn ist humorvoll oder spannend und weckt Interesse.	
Nun folgt ein kurzer inhaltlicher Überblick und die Abgrenzung des Themas.	
Er/sie ist laut genug. Man hört ihn/sie noch in der letzten Reihe gut.	
Er/sie redet deutlich und möglichst ohne Dialekt.	
Er/sie spricht eine auch für Laien verständliche Sprache.	
Er/sie vermeidet wiederkehrende Floskeln, Füllwörter und „ääh's".	
Er/sie vermeidet monotones Reden, das einschläfernd wirkt.	
Er/sie setzt zum Unterstreichen Körpersprache und Gesten ein.	
Er/sie steht nicht nur auf einem Fleck, sondern bewegt sich in einem begrenzten Raum vor den Zuhörern ohne Hektik vor und zurück.	
Zwischenfragen während des Vortrages werden kurz beantwortet. Wenn zu oft unterbrochen wird, wird diese Unterbrechung untersagt.	

Er/sie lässt sich aber nicht durch emotionale Einwürfe vom Kurs abbringen.	
Er/sie spricht nicht zu schnell.	
Er/sie macht Pausen, damit der Zuhörer Zeit zum Nachdenken hat.	
Er/sie spricht fast alles auswendig. Nur wenig wird abgelesen.	
Er/sie wechselt angemessen zwischen Vortrag und Medieneinsatz.	
Er/sie achtet auf Augenkontakt mit den Zuhörern.	
Es gelingt ihm/ihr die Spannung des Vortrags bis zum Ende zu erhalten.	
Am Ende folgt eine kurze Zusammenfassung des Vortrags.	
Er/sie ist gut und angemessen gekleidet.	

11.6.3 Die Zeit vor dem Vortrag

– Seien Sie früh genug am Veranstaltungsort. Damit vermeiden Sie Stress, und Sie haben Zeit für die letzten Vorbereitungen.
– Überprüfen Sie noch einmal alle Medien und Hilfsmittel.
– Alkohol und Aufputschmittel vor Ihrem Auftritt können Ihre Spontaneität stark negativ beeinflussen.
– Sie gehen ruhig, gefasst, selbstsicher und ohne Hektik zu Ihrem Vortragsplatz.
– Sie versuchen das gesamte Publikum mit einem Rundblick zu erfassen.
– Sie beginnen erst, wenn es ruhig geworden ist.

11.7 Handout

Die Zuhörer sollen aufmerksam zuhören können und sich nicht hauptsächlich auf das Mitschreiben konzentrieren müssen. Deshalb sollte jeder Zuhörer ein Tischblatt oder ein Handout im DIN A4-Format erhalten, auf dem in kurzer übersichtlicher Zusammenfassung die zentralen Theorien, Erkenntnisse, Thesen und Folgerungen des Referates in prägnanter Form stehen. Eine übersichtliche Gliederung mit allen wichtigen Inhalten und eventuell einem oder mehreren typischen Bildern oder Grafiken unterstützt die Nachhaltigkeit. Die wichtigsten Quellenangaben dürfen nicht fehlen.

11.8 Von Profis lernen

Der Profi lernt hauptsächlich aus dem, was ihm gut gelungen ist. Er ist in erster Linie mit sich zufrieden und achtet auf die positive Resonanz, die er auf seine Präsentation hin bekommt. Er achtet darauf, was gut angekommen ist, was besonders gelobt wird, welche Stimmung er erzeugen konnte, was er beim nächsten Mal wieder so machen kann. Er fragt auch gezielt nach den Dingen, die gefallen haben. Er versichert sich, dass er eine gute Ausstrahlung hat, kompetent wirkt, sich richtig gekleidet und aktuelle Beispiele gebracht hat, sein Thema interessant ist, er immer das Heft in der Hand behalten hat und dass er schlagfertig mit schwierigen Einwürfen umgehen kann usw. Er hat die weitverbreitete Defizit-Orientierung nicht bei sich verinnerlicht. Er hat seine inneren Scheinwerfer auf eine positive Sichtweise programmiert. Er ist sich seiner Fähigkeiten sehr bewusst, und er fühlt sich sichtlich wohl bei seiner Arbeit. Da er zuerst auf seinen Erfolg und seine Stärken schaut, hat er genügend Kraft später vorurteilslos an seinen Schwächen zu arbeiten.

Der Profi nimmt auch seine Fehler ernst. Er weiß, dass jeder Fehler macht. Er betrachtet jede Kritik als ein Geschenk. Er wünscht sich ein möglichst objektives Feedback und analysiert jeden einzelnen Kritikpunkt. Dinge, die er nicht ändern kann, ignoriert er. Veränderbare Details untersucht er darauf, ob er einen wichtigen Vorschlag daraus ableiten kann. Wenn jemand die Länge seines Vortrags kritisiert, muss er zuerst herausbringen, ob das die Mehrheit der Zuhörer so empfindet. Oder wenn jemand sich an seiner Gestik stört, muss er sich überlegen, was eine Änderung für ihn selbst bedeuten würde. Er wird sich auch filmen lassen und diese Kritikpunkte selbst überprüfen und eventuell verändern. Er überlegt sich im Nachhinein noch einmal, ob er gut genug informiert war und kompetent gewirkt hat, ob seine Informationen exakt, verständlich und sachlich gegliedert waren, und ob es ihm gelungen ist, Interesse und vielleicht sogar Begeisterung für das Thema beim Publikum zu wecken. Er versucht sich ständig zu verbessern.

Machen Sie es dem Profi nach!

12 Zentrale Lernfelder: Sprachen und Mathematik

Kapitel 12 befasst sich mit zwei grundlegend verschiedenen Fächern, deren zentrale Bedeutung für die verschiedensten Bildungsbereiche unbestritten ist. Lernen heißt Informationen in das Gedächtnis, speziell in das Langzeitgedächtnis, aufnehmen. Die moderne Gehirnforschung konnte zeigen, dass verschiedene Areale auf dem Neokortex verschiedenen Lerngegenständen zugeordnet werden können.

Da die Informationen für das Sprachenlernen gänzlich anders geartet sind als jene für das Mathematiklernen, benötigen wir unterschiedliche und spezifische Methoden beim Lernen dieser Objekte.

12.1 Wortschatz erwerben

Obwohl die hochentwickelten Sprachen aus mehreren hunderttausend verschiedenen Wörtern aufgebaut sind, enthält ein gutes Wörterbuch nur etwa 50 000. Mit 2 500 Wörtern versteht man schon 85 % einer Tageszeitung oder eines Alltagsgesprächs. Ein solider Grundwortschatz besteht aus dieser Anzahl von Wörtern. Zahlreiche Sprachwissenschaftler aller wichtigen Sprachen haben sich intensiv damit beschäftigt, um genau diese 85 % der meistgebrauchten Wörter herauszufiltern. Der sogenannte Aufbauwortschatz besteht aus weiteren 2 000 Wörtern. Mit Grund- und Aufbauwortschatz zusammen beherrscht man 95 % der Vokabeln aus der Alltagssprache. Die noch fehlenden 5 % Wörter kommen in speziellen wissenschaftlichen oder literarisch anspruchsvollen Texten vor. Nun bedarf es aber überproportional vieler Mühe, um immer näher an die Perfektion zu kommen. Für einen Ausländer wird es sehr schwierig, diese Perfektion zu erreichen. Zum Trost: Wahrscheinlich gibt es keinen Muttersprachler, der alle Wörter beherrscht. Er müsste nämlich in allen Spezialgebieten zu Hause sein.

Im Gymnasium brauchen Schüler mindestens fünf bis sechs Jahre zum Erlernen des Grund- und Aufbauwortschatzes, d. h. sie lernen ca. drei Wörter pro Tag. Aber das Sprachenlernen besteht nicht nur aus Wörterlernen. Es kommt die Grammatik hinzu, die Literatur und die Landeskunde. Erwachsene können in Intensivkursen in einem Drittel der Zeit auf denselben Stand kommen, und wenn Sie sehr motiviert sind, sogar in einem einzigen Jahr.

Voraussetzung dafür sind die richtigen Lerntechniken.

Die Vergessenskurve von Ebbinghaus[1] veranschaulicht die Geschwindigkeit des Vergessens. Am meisten vergisst man demnach in den ersten Stunden nach der

---

[1] Hermann Ebbinghaus (1850–1909) war Professor in Breslau und Halle und Mitbegründer der experimentellen Psychologie.

Einprägung. Daran anschließend nimmt der Vergessensprozess nur noch sehr langsam ab. Der Grund für dieses Vergessen liegt dann in der mangelnden Übung oder Wiederholung.

Leider werden Einzelwörter beinahe so schnell vergessen wie sinnlose Silben. Ein Grund dafür ist die vielfache Bedeutung von Wörtern. Ein Beispiel: Eine Seite in diesem Buch ist etwas anderes als eine Seite einer Straße oder eine Seite eines Menschen. Auch Verben können verschiedene Bedeutungen haben. Zum Beispiel bedeutet „auf der Straße gehen" etwas anderes als „in die Politik gehen" oder „mit der Mode gehen". Das heißt, Einzelwörter zu lernen, ist fast so sinnlos wie die ebbinghausschen Silben. Sie bleiben nicht im Langzeitgedächtnis haften. Erst im richtigen Kontext bekommen sie ihre korrekte Bedeutung.

Eignen Sie sich also von Anfang an einen Wortschatz an und nicht einzelne Wörter. Zum Beispiel: An apple a day keeps the doctor away. Ein Apfel pro Tag hält den Arzt fern.

Wenn Sie solch einen Ausdruck einmal gelernt haben, müssen Sie ihn nicht mehr mühsam aus Einzelvokabeln zusammen setzen. Sie holen ihn einfach als Ganzes aus Ihrem Gedächtnis.

12.2 Mehrkanaliges Lernen

Je mehr Lernkanäle Sie für das Lernen einsetzen, umso schneller und besser haften die Ausdrücke in ihrem Gedächtnis.

Gesprächssituationen unterstützen das Sprachenlernen sehr. Hören Sie den fremdsprachlichen Radio- und Fernsehsender so oft Sie können. Mit dem Hören und Sehen wird der Lernstoff über die Sinneskanäle Auge und Ohr aufgenommen und verarbeitet. Sprechen Sie einzelne Sätze nach. Versuchen Sie so viel wie möglich selbst zu sprechen. Lesen Sie sich Texte laut vor. Auch das private Lernen mit Audio-Medien unterstützt das Sprachengedächtnis.

Ein guter moderner Sprachkurs setzt heute möglichst viele Medien und Methoden ein: Videoclips, Bildschirm-Medien und CDs, genauso wie Grammatikbuch, Lehrtexte, vorbereitete und improvisierte Rollenspiele, Lieder und Rätsel, Entspannungs- und Konzentrationsübungen, Musik, Zeitungslektüre, Theaterstücke und Gespräche darüber, ein Roman, ein aktuelles Problem und immer häufiger gute Lernsoftware. Des Weiteren wird die Lernmotivation gesteigert durch gemeinsames Anschauen von Filmen in der Originalsprache, Einüben von landestypischen Tänzen und durch gemeinsames Kochen und Essen von Landesspezialitäten. Der Lernende soll sich über alle seine Sinne angesprochen fühlen, er soll die Sprache ganzheitlich erfassen.

Durch Schrift, Bilder, Musik und Sprechen wird sowohl die rechte als auch die linke Gehirnhälfte aktiviert, was die sprachliche Kreativität und das Langzeitgedächtnis unterstützt.

Die vielen raffinierten Lehrmethoden dürfen aber nicht zu der irrtümlichen Ansicht verleiten, dass Sprachenlernen ganz ohne das eigene Zutun geradezu passiv geschieht. Das Wichtigste ist weiterhin das stetige Vokabellernen und die beständige Ausdauer beim Üben von Grammatik und Aussprache mit der Bereitschaft, sich ständig zu verbessern. Es genügt nicht, das fremdsprachliche Wissen zu haben, man muss genügend üben. Das Sprechen in der fremden Sprache muss so selbstverständlich gelingen wie das Schwimmen oder Auto fahren.

In der Fremdsprache reden zu können führt zu neuen Perspektiven. Es erweitert den Horizont und die beruflichen und privaten Möglichkeiten. Oft entwickelt sich eine größere Toleranz anderen Ansichten gegenüber, manchmal wird der eigene Standpunkt kritisch überprüft.

12.3 Textverständnis verbessern

Lesen Sie zuerst Texte, die Ihnen in der Fremdsprache und in der deutschen Übersetzung vorliegen. Lesen Sie zuerst den deutschen Text. Besonders nützlich ist es, danach den fremdsprachigen Text mehrmals anzuhören. Versuchen Sie dann selbstständig, ohne nachzuschauen, diesen Text so wörtlich wie möglich zu übersetzen. Kontrollieren Sie zum Schluss Ihre Übersetzung mit Hilfe der Ihnen vorliegenden Übersetzung.

Ein weiteres Verfahren heißt „Aktiv Hören" und bedeutet, dass Sie den Text simultan mit Übersetzung lesen und hören. Sie hören sich also den Text an und lesen gleichzeitig die Übersetzung mit. Hören Sie diesen Text so lange an, bis Ihnen die Vokabeln geläufig sind und Sie Satzbestandteile auswendig wissen. So lernen Sie die Vokabeln am einprägsamsten im Wortzusammenhang. Sie verstehen Schritt für Schritt den Aufbau und die Struktur der fremden Sprache, und Sie nutzen dabei die Kenntnisse, die Sie schon haben, nämlich die Struktur der eigenen Sprache. Je öfter Sie diese Hörverstehensübung machen, umso leichter verstehen Sie Äußerungen in der fremden Sprache. Bei dieser Übung wiederholen Sie auch früher gelernte Vokabeln und verhindern dabei das Vergessen.

Hören Sie Texte auch einfach unbewusst mit. Zum Beispiel bei der Hausarbeit können Sie CDs in der fremden Sprache laufen lassen und brauchen gar nicht bewusst aufzupassen. So prägt sich die Melodie der fremden Sprache ein, die Aussprache wird unbewusst verbessert und später stellen Sie Wörter automatisch, ohne zu überlegen, gefühlsmäßig in die richtige Reihenfolge.

Kaufen Sie sich unbedingt die CDs oder MP3-Downloads, die es zu Ihren Lektionen gibt. Mit der Repeat-Funktion Ihres Abspielgerätes können Sie die Texte beliebig oft wiederholen. Sie können nun Texte auswendig lernen und auswendig aufschreiben, danach korrigieren, um die Schreibweise zu üben. Oder Sie können Fragen zum Text formulieren, die Sie dann mit Originalsätzen beantworten. Bleiben Sie so nahe wie möglich am Originaltext, um sich keine falschen Formulierungen anzugewöhnen. Sie können auch selbst Lückentexte herstellen und einige Zeit später die weggelassenen Satzbestandteile wieder einfügen.

Schauen Sie sich Filme an. Wählen Sie Szenen aus, die fünf bis zehn Minuten dauern. Sehen Sie sie zuerst auf Deutsch an, um zu verstehen, worum es geht, dann in der Fremdsprache mit fremdsprachigen Untertiteln, damit sie die gesprochene Sprache zusätzlich lesen können. Danach schauen Sie sich den Film bzw. den Filmausschnitt in der Fremdsprache ohne Untertitel an. So bekommen Sie die Sprachmelodie harmonisch ins Ohr und ins Gedächtnis. Auch Ihre Aussprache wird dadurch besser.

Sobald Ihr Wortschatz groß genug ist und Sie genügend Grammatikkenntnisse haben und die Zeiten kennen, sollten Sie mit größeren Texten weitermachen. Lassen Sie sich von Ihrem Dozenten eine an Ihren Kenntnisstand angepasste Lektüre empfehlen. Beginnen Sie mit einer kleinen leichten Lektüre und steigern Sie den Schwierigkeitsgrad und die Länge sukzessive.

Gehen Sie nun zu schwierigeren Texten, wie zum Beispiel Kriminalromanen oder Romanen über. Lesen Sie kapitelweise. Lesen Sie das Kapitel zuerst auf Deutsch und dann erst in der Fremdsprache. Sie wissen dann, um was es geht, haben den groben Überblick, und es fallen Ihnen auch wieder vergessene Vokabeln ein.

12.4 Aussprache üben

Hören Sie sich einen fremdsprachigen Text auf CD an. Beginnen Sie mit einem einzigen Satz. Drücken Sie danach die Pause-Taste und sprechen Sie den Satz sofort nach. Üben Sie auf diese Art und Weise. Sprechen Sie kleine Texte auch selbst auf Band und hören Sie, wie Sie klingen. Sobald die Übungseinheit mit den kleinen Sätzen gut gelingt, können Sie sich kleine Abschnitte zutrauen.

Die nächst schwierige Übung ist das umgekehrte Verfahren: Sie lesen zuerst den ersten Satz laut vor und hören sich danach die Originalversion an. Danach lesen Sie den zweiten Satz, hören dann die Originalversion und so weiter.

Einen besonderen Vorzug haben Sie, wenn ein Muttersprachler Sie korrigiert. Nehmen Sie zu Beginn Ihres Sprachkurses jede angebotene Korrekturmöglichkeit wahr. Alles, was Sie sich in dieser Phase des Lernens falsch einprägen, ist nur unter großen Schwierigkeiten wieder richtig zu stellen. Denken Sie an die vielen Ausländer, die man sofort am Akzent erkennt, obwohl Sie ein grammatikalisch richtiges Deutsch sprechen. Bitten Sie unbedingt um Korrektur. Oft scheuen sich die Muttersprachler, Ausländer zu verbessern, weil sie befürchten, sie würden jemanden beleidigen. Machen Sie deshalb unmissverständlich klar, dass Sie es sehr schätzen, wenn man Sie verbessert. Der Anfang ist die empfindlichste und entscheidende Phase des Lernens.

12.5 Lernprogramme

Ein guter Lehrer wird auch in absehbarer Zeit nicht durch einen Computer ersetzbar, besonders wenn die Lerngruppe klein und homogen ist. Trotzdem ist die Leistungsfähigkeit von guter Sprach-Lern-Software durchaus beachtenswert. Als Ergänzung zu ihrem Fremdsprachen-Kurs ist der Computereinsatz sehr zu empfehlen. Folgende Punkte sprechen für den Einsatz dieses Mediums zur weiteren Vertiefung:

Eine gute Sprach-Lern-Software:

– motiviert. Durch Videoclips, Musik, Rätsel und interessante Aufgaben regt die Software zur Beschäftigung mit der Fremdsprache an. Sie führt wie eine Brücke über die Unannehmlichkeiten des Lernens hinweg. Leistungssteigerung wird durch Punktesammlung festgehalten und verstärkt den Lerneffekt. Die Einstellung zum Lernen kann sich dadurch verbessern. Ein selbst nicht für möglich gehaltener Ehrgeiz kann geweckt werden.
– informiert. Der Benutzer wird sofort über seinen Leistungsstand informiert. Er muss nicht so lange warten, bis der Lehrer alle Tests einer Gruppe korrigiert hat. Es werden auch keine Fehler übersehen.
– ist interaktiv. Der Computer ist durch seine Sprechfunktion das einzige Medium mit dem sich der Benutzer interaktiv auseinander setzen kann. Er kann einen Dialog mit dem Programm führen.
– lobt und tadelt. Die Software lobt und bewertet. Sie bringt auch langsamen Schülern endlos Geduld entgegen. Der Lernfortschritt wird meist grafisch darstellt und motiviert zum Weitermachen. Eine richtige Antwort wird positiv verbucht. Fehler werden am Computer diskret behandelt. Niemand braucht Angst vor Blamage haben, denn Patzer werden nicht publik gemacht. Jeder wird gleich behandelt. Die langsamen Lerner profitieren ganz besonders von dieser Lernart.
– spart Zeit. Sie brauchen sich nicht an einen entfernten Lernort zu begeben. Fahrtzeit fällt weg. Wenn Sie eine Frage beantwortet haben, folgt unmittelbar die nächste Frage. Sie müssen nicht wie im Unterricht üblich, lange auf die Fortsetzung zu warten. Manche Programme setzen den Benutzer bei der

Beantwortung unter Zeitdruck. Dadurch wird ein noch größeres Arbeitspensum bearbeitet.
- bietet Wahlmöglichkeiten. Sie können den Umfang des Lernschrittes, den Schwierigkeitsgrad, die Dauer, die Anzahl der Versuche und den Inhalt flexibel wählen. Dadurch halten Sie Ihr Interesse wach.
- wirkt durch den Medieneffekt. Messungen haben ergeben, dass Schülerinnen und Schüler ohne es zu bemerken, 60 Minuten intensiv lernen, die verbrauchte Zeit aber auf 20 Minuten schätzen (Schmid-Schönbein, 1988). Manche Schüler erleben den Floweffekt, den Zustand höchster Konzentration, sie vergessen dabei Zeit und Umgebung.
- ist Lernpartner. Schüchterne, selbstunsichere Lernende können an ihrem Computer die Sprache ungehemmt üben, ohne Angst vor Spott. Sie können im Internet gleichgesinnte Menschen per Chat oder E-Mail kennen lernen und dabei die Fremdsprache vertiefen. Sie können einen lebendigen, interessanten Kontakt mit anderen Sprachinteressierten aufbauen, der früher so nicht möglich gewesen wäre.
- hat Suchfunktionen. Wörter suchen in einem digitalen Lexikon geht schneller als in einem Buch mit hunderten von Seiten, die zudem nur nach einem Kriterium, nämlich dem Alphabet, geordnet sind. Die Suchfunktionen sind mit einem Computer sehr viel flexibler einzusetzen. Mit einem Mausklick erhalten Sie den Lexikoneintrag auf dem Bildschirm. Sie können sich den Eintrag vorlesen lassen, in einen eigenen Ordner speichern oder ausdrucken lassen.
- ist kompetenter als ein Sprachlabor. Ein gutes Programm kann inzwischen mehr als ein Sprachlabor. Die Spracherkennungssoftware korrigiert Sie, spricht mit Ihnen und zeigt Ihnen grafisch Ihre Stimmintensität, Ihre Sprechpausen und Ihre Sprechgeschwindigkeit. So können Sie Ihr eigenes grafisches Bild mit dem des Muttersprachlers vergleichen. Diese Rückmeldung bietet Ihnen eine wichtige Orientierungshilfe.

12.6 Ursachen der vermeintlichen Mathematikunfähigkeit

Mathematik ist in der Schule ein Hauptfach, das jeder lernen muss. Auch an Universitäten und Hochschulen wird in vielen Grundstudiengängen der verschiedensten Fachrichtungen ein weitergehendes Verständnis von Mathematik verlangt. Leider gilt dieses Fach bei vielen Menschen als schwierig und unverständlich, zum Teil sogar als abschreckend ... Der Schwierigkeitsgrad der Mathematik ist aber keine allgemeingültige Größe.

Der Mensch lernt nicht nur Fertigkeiten und Wissen, auch seine Einstellungen sind oft erlernt. Häufig übernehmen Schüler unbewusst ihre Meinung über ihr

Mathematikverständnis von einem ihnen nahe stehenden Menschen aus ihrer häuslichen Umgebung oder aus der Schule. So kann ein Schüler mit der Zeit die stabile Überzeugung gewinnen, bei allen Prüfungssituationen in Mathematik hilflos zu sein und nur Misserfolge zu ernten. Falls diese fatale Einstellung wirklich erlernt ist und nicht auf einer tatsächlichen mangelnden Begabung in Mathematik beruht, lässt sie sich unter bestimmten Bedingungen auch wieder verlernen. Je länger allerdings die Festlegung der eigenen Überzeugung zurückliegt und je mehr Misserfolgserlebnisse erlebt wurden, umso schwieriger und aufwändiger ist es, sie auszumerzen.

Die anfängliche Beteiligung der kognitiven und der emotionalen Ebene bei der Festigung der verhängnisvollen Selbsteinschätzung führt schließlich in der Folge zur motivationalen Ebene und damit zu einer verwobenen Vielschichtigkeit des Problems. Eine Analyse der Ursachen kann hier einen ersten Beitrag zu deren Beseitigung leisten. Sollten Sie selbst einen Verdacht auf solch eine fehlgeleitete Verfestigung Ihrer Selbsteinschätzung haben, so kann die Beantwortung folgender Fragen Ihnen weiterhelfen.

Ursachenanalyse der Mathematikunlust	**Stimmt**	**Stimmt nicht**
Ich habe in Mathematik überwiegend Misserfolge erlebt. Der Grund dafür ist, dass – meine Mutter/mein Vater auch schon schlecht in Mathematik waren und ich das geerbt habe,		
– Misserfolge in Mathematik in meiner Umgebung wohlwollend aufgenommen wurden,		
– es mir einen Sympathievorsprung in der Klasse bzw. zu Hause brachte,		
– mein Lehrer/Mitschüler mich als unfähig hingestellt hat/haben,		
– mein Lehrer nicht gut erklären konnte,		
– ich im Unterricht nicht gut aufgepasst habe,		
– ich meine Hausaufgaben nicht gemacht habe,		
– ich zu faul war,		
– ich zu wenig Zeit zum Lernen hatte,		
– ich frühere Lücken nicht gefüllt habe,		
andere Gründe: _____ _____		

Ursachenanalyse der Mathematikunlust	Stimmt	Stimmt nicht
Ich habe keine Lust mehr, mich mit Mathematik zu beschäftigen.		
Ich habe riesige Defizite in meinem Mathematikwissen.		
Immer, wenn ich mich mit Mathematik beschäftige, fühle ich mich niedergeschlagen.		
Ich kann mich nicht genügend konzentrieren.		
Ich sehe nicht ein, wofür ich Mathematik brauche.		
Der Mathematikunterricht geht mir immer zu schnell.		
Ich traue es mir einfach nicht mehr zu, in Mathematik etwas zu verstehen.		
Algebra verstehe ich nicht.		
Geometrie verstehe ich nicht.		
Im Unterricht verstehe ich Mathematik ganz gut.		
Auf Lösungen komme ich nie selbstständig.		
In Tests reicht mir die Zeit nie.		
Ich kann mich in Tests nicht konzentrieren.		
Ich mache immer Leichtsinnsfehler.		
Ich verstehe die schriftliche Aufgabenstellung oft falsch.		

Schauen Sie sich nun das Ergebnis der Analyse für die Ursachenerforschung noch einmal genau an. Seit Ihren negativen Erfahrungen in der Schule ist inzwischen Zeit vergangen. Ihre Gründe für Mathematikunlust von damals haben heute nur noch die Bedeutung, die Sie zulassen. Wichtig ist, nicht mehr zu glauben, dass Ihr Misserfolg in Mathematik an Ihrer Begabung liegt. Geben Sie sich selbst noch einmal eine Chance. Sie können durch die richtige Lernmethode, die Sie jetzt anwenden, Ihre Fehlhaltungen und Ihre falschen Schlussfolgerungen aus der Vergangenheit wieder gut machen (Beutelspacher, 2009).

Sie sind nun hoffentlich von neuem motiviert, sich mit dem Fach Mathematik zu beschäftigen. Das Erste, was Sie sich dabei aneignen müssen, ist die spezifische mathematische Denkweise. Dabei geht es darum, ein Verständnis für abstrakte

Begriffsbildungen zu entwickeln. Diese neue Denkweise können Sie sich nur durch Üben und Trainieren aneignen, so wie man Trompetespielen nur durch Trompeteüben lernt, und nicht durch den Besuch von Trompetenkonzerten. Mit Auswendiglernen und Faktenlernen allein hat man aber noch kein mathematisches Verständnis erworben. Im Vergleich zu anderen Fächern brauchen Sie in Mathematik nicht so viele Fakten zu wissen. Das Lernen einer mathematischen Denkweise ist auch vergleichbar mit einer sportlichen Disziplin: Beim Training braucht man Durchhaltevermögen, Konzentration und Motivation. Als Belohnung erntet man Freude und Genugtuung. Je mehr Sie üben, umso mehr Fakten merken Sie sich. Automatisch und nebenbei wächst Ihr Verständnis für die inneren Zusammenhänge. Oft sind falsche Arbeitstechniken der Grund für Versagen. Kleine Änderungen in Ihrem Arbeitsverhalten können in diesem Fall eine große Wirkung hervorrufen.

12.7 Spezifische Tipps für das Lernen von Mathematik

Im Team lernen

Versuchen Sie speziell Mathematik immer wieder mit anderen zusammen zu lernen. Die Diskussionen über verschiedene Lösungswege helfen Ihnen die Aufbauprozesse mathematischer Denkstrukturen zu festigen und zu beschleunigen. In der Lerngruppe sollte sich auch jemand mit guten mathematischen Fähigkeiten befinden. Die Beteiligung eines sachkompetenten Lehrers, oder eines Studenten aus einem späteren Semester wäre optimal. Er könnte Schwerpunkte setzen und Hinweise geben.

Ein für Ihr Selbstwertgefühl nicht zu unterschätzender Nebeneffekt bietet die Lerngruppe zur Stabilisierung Ihrer Gefühlslage. Es beruhigt, oft mitzuerleben, dass auch die anderen Ihre Schwierigkeiten haben und trotzdem nicht aufgeben. Nutzen Sie diese Erkenntnis ganz bewusst für ihre persönliche Selbstmotivation. Was die anderen können, können Sie auch.

Anderen Mathematik erklären

Versuchen Sie, so oft wie möglich, einem anderen etwas zu erklären. Dieses Erklären ist das Geheimnis vieler Erfolge in Mathematik. Die Begründung dazu ist ganz einfach: Oft fällt Ihnen erst beim Erklären eines Sachverhaltes auf, an welcher Stelle Sie etwas noch nicht ganz verstanden haben. Nun müssen Sie von neuem darüber nachdenken. Damit schulen Sie erneut Ihr mathematisches Denken. Erst was Sie erklären können, haben Sie auch wirklich verstanden. Ein weiterer positiver Nebeneffekt ist die stärkere Verankerung im Langzeitgedächtnis.

Aufgaben mit ausführlichen Lösungen auswählen

Nehmen Sie sich zum Üben Aufgaben mit ausführlichen Lösungen vor. Es ist nicht notwendig, sich stundenlang mit falschen Lösungen zu beschäftigen. Das ist frustrierend und außerdem merken Sie sich womöglich den falschen Lösungsweg besser als den richtigen. Haben Sie Folgendes schon einmal erlebt in einem Test?

Es kommt eine Aufgabe dran, die Sie geübt haben. Beim Üben sind Sie aber lange an dem falschen Lösungsweg hängen geblieben, die Richtigstellung in der Gruppe war dann sehr schnell und logisch. Nun brüten Sie über genau dieser Aufgabe in der Prüfung. Es fällt Ihnen nur Ihre falsche Lösung ein, Sie kommen nicht mehr auf die danach erfolgte Richtigstellung! Um das Einprägen der falschen Lösung zu verhindern, ist es besser, in kleinen, kontrollierten Schritten zu üben.

Ähnliche Aufgaben bearbeiten

Wichtig ist, dass Sie zu Beginn Ihrer Übungsphase nur Aufgaben auswählen, die eng mit dem im Unterricht besprochenen Stoff zusammenhängen. Die neu gewählte Aufgabe sollte nur einen geringen Unterschied zu der im Unterricht oder in der letzten Übung besprochenen Aufgabe aufweisen, damit Sie nicht vor einem unüberwindbaren Hindernis stehen. Sie kommen so schrittweise auf einen abstrakten Lösungsweg, mit dem Sie auch leicht abgewandelte Aufgaben lösen können. Teilen Sie den Lösungsweg in kleine Schritte ein, und notieren Sie diese Schritte deutlich in Ihrem Heft, markieren Sie das Wichtige, und versehen Sie diesen Lösungsweg mit einer treffenden Überschrift. Achten Sie darauf, dass Sie Ihre erarbeiteten Merksätze jederzeit wiederfinden. Es kann hilfreich sein, diesen Merksatz in Form von Frage und Antwort auf eine Lernkarteikarte zu schreiben. Auf diese Art und Weise durchdringen Sie den Stoff am gründlichsten und am schnellsten. Am Erfolg werden Sie die Effektivität dieser Methode ablesen können.

Mit Skizzen arbeiten

Arbeiten Sie soviel wie möglich mit Skizzen und bildhaften Darstellungen. Diese verhelfen sehr häufig zu einer richtigen Lösung. Falls im Unterricht Skizzen an die Tafel gezeichnet werden, um irgendeinen Sachverhalt zu erklären, übernehmen Sie diese unbedingt in Ihre Aufschriebe, auch wenn sie für die richtige Lösung unwesentlich sind. Falls Ihnen bei der Beschäftigung mit einem mathematischen Stoff eine bildhafte Darstellung einfällt, halten Sie diese unbedingt auf Papier fest. Skizzen sind Führungsschienen, an denen entlang Sie sich zur richtigen Lösung durcharbeiten können. In der Wirtschaft ist das bildhafte Gedächtnis der Menschen längst erkannt worden. Jede bedeutende Firma hat ein Logo entwickelt, durch welches sie wiedererkannt und ins Gedächtnis gerufen werden möchte. Skizzen haben in der Mathematik eine ebenso große Bedeutung.

12.8 Den Mathematik-Test meistern

Ein Mathematik-Test ist etwas vollkommen anderes als ein Deutsch-Aufsatz. Wer einmal Aufsicht in einer schriftlichen Mathematikprüfung und in einem Deutsch-Aufsatz gehalten hat, kann einen Unterschied feststellen, ohne dass er sich in diesen Fächern auskennt. Die Anspannung im Fach Mathematik ist spürbar größer. Die Prüflinge reagieren nervöser auf jede Störung.

Sie können Ihr Ergebnis steigern, indem Sie die folgenden spezifischen Regeln beherzigen.

Mit der einfachsten Aufgabe beginnen

Bereits beim ersten Blick auf Ihr Testblatt sehen Sie, welche Aufgaben Ihnen voraussichtlich besonders leicht bzw. besonders schwer fallen werden. Beginnen Sie möglichst mit der Ihnen leicht erscheinenden Aufgabe. Es ist für Ihre Gefühlslage günstig, wenn Sie gleich zu Beginn Erfolgserlebnisse haben. Zu beachten ist auch, dass es in einem Mathematik-Test ähnlich ist wie bei einem 100-Meter-Lauf: Man muss sich zuerst warmrechnen, wie sich ein Läufer zuerst warmlaufen muss. Es lohnt sich daher, die Rechnungen, die man zu Beginn des Tests in der Warmrechenphase gemacht hat, noch einmal zu kontrollieren. Besonders wichtig ist diese anfängliche Kontrolle, wenn Sie mit den Ergebnissen vom Anfang weiterrechnen müssen. Kontrollieren Sie einmal Ihre früheren Tests, ob Sie etwa am Anfang besonders viele Fehler gemacht haben. Viele brauchen in dieser Phase länger, bis Sie auf die richtige Lösung kommen, weil Sie blockiert oder aufgeregt sind, Das ist ganz natürlich und sollte Sie nicht abschrecken.

Teilaufgaben früh genug aufhören

Zu beachten ist auch, dass Sie sich im Mathematik-Test anders verhalten müssen, als bei Ihren Übungsaufgaben zu Hause. Während es zu Hause nützlich ist, wenn man sich mit einer Aufgabe lange und gründlich beschäftigt und nicht zu früh vor der Lösung kapituliert, wird im Test genau das Gegenteil belohnt. Man muss mitten in einer Aufgabe aufhören können, wenn man bemerkt, dass die Zeit zur sachgerechten Lösung nicht reicht, und die Bearbeitung evtl. auf später verschieben. Es ist entscheidend wichtig, die Zeit gut einzuteilen.

Zeiteinteilung üben

Am besten üben Sie eine gute Zeiteinteilung zu Hause, indem Sie für sich allein eine Testsituation simulieren. Sie nehmen sich eine Testaufgabe vor, stellen Ihren Timer auf die im Test vorgegebene Zeit ein, und versuchen mit dieser Zeit auszukommen. Mit diesen Probetests können Sie auch Angst abbauen und Stress vorbeugen.

Punkte sammeln

Um Punkte zu sammeln, muss man möglichst viele Teilaufgaben richtig gelöst haben. Es kommt also eine bessere Note heraus, wenn Sie viele Aufgabenteile unvollständig haben, als wenn Sie einen Aufgabenteil vollständig, die anderen aber gar nicht haben. Besonders die wirklich guten Mathematiker unterliegen der Gefahr, sich in einen schwierigen Aufgabenteil zu verbeißen und nicht aufzugeben, bis er gelöst ist. Die Zeit reicht dann nicht mehr für die leichteren Aufgaben, was zu einer deprimierenden Note führen kann.

Trotzdem ist es nicht immer sinnvoll, einen anfänglichen Fehler während der Arbeit zu korrigieren. Beachten Sie immer die Punkteverteilung. Es ist gut möglich, dass Sie für Ihren anfänglichen Fehler, mit dem Sie richtig weitergerechnet haben, nur einen geringen Punktabzug bekommen, so dass es gewinnbringender ist, eine weitere Teilaufgabe in Angriff zu nehmen, als die wertvolle Zeit zum nochmaligen Durchrechnen einer schon bearbeiteten Teilaufgabe zu verschwenden. Sinnvoll ist die Verbesserung nur, wenn sich der Fehler vom Anfang auf die restlichen Teilaufgaben so auswirkt, dass man damit nicht mehr weiter rechnen kann.

Lösungswege auswendig wissen

Sehr vielen Menschen kommen die besten Lösungsideen erst gegen Schluss des Tests. Auch guten Mathematikern fallen manchmal die besten Lösungen erst nach dem Abgeben ein. Um das zu verhindern, hilft am besten das Üben und Trainieren. Damit versetzen Sie sich in die Lage, in der Prüfungssituation Ihr Wissen nur abzuspulen, ohne wirklich neu überlegen zu müssen.

Lösungen stehen lassen

Streichen Sie keine Lösung durch, bevor Sie eine neue erstellt haben. Sie können auch für fehlerhafte Lösungen Punkte bekommen, aber nicht für durchgestrichene! Wenn Sie jedoch zwei Lösungen erstellt haben, müssen Sie eine durchstreichen, damit der Korrektor weiß, welche von beiden nun gelten soll. Sonst bekommen Sie sogar für Ihre richtige Lösung keinen Punkt.

12.9 Rückgabe des Tests

Erfolge bewusst wahrnehmen

Achten Sie bei der Rückgabe Ihres Tests zuerst einmal auf alles, was Sie richtig gemacht haben. Überall, wo kein Korrekturzeichen steht, haben Sie etwas richtig gemacht. Meist hat man sehr viel mehr richtig als falsch gemacht. Die Note spiegelt dieses Faktum nicht wider. Mit dieser Sichtweise rücken Sie aber für sich persönlich Ihre Leistung ins richtige Licht. Es ist notwendig, die Erfolge bewusst wahrzunehmen und sich dafür zu loben und zu belohnen, auch dann, wenn andere es angeblich besser gemacht haben. Unter Ihren Bedingungen und Voraussetzungen haben Sie das Beste gegeben. Ihre Selbstmotivation ist der wichtigste Beweggrund zum Weitermachen. Machen Sie sich nicht innerlich für Ihre Leistung nieder.

Sobald Sie sich nun emotional in einer ausgeglichenen Balance befinden, können Sie an die Fehleranalyse gehen. Erkundigen Sie sich auch darüber, wie wichtig der behandelte Stoff für die Endprüfung ist. Es gibt immer wieder Stoffeinschübe, die in einem Test abgeprüft werden, danach aber nie wieder gefragt werden. Es wäre für Sie bei Ihrer knapp bemessenen Zeit sehr ineffektiv, sich mit einem nicht prüfungsrelevanten Stoff herumzuschlagen.

Warum Ihre persönlichen Fehler so wichtig sind, möchte ich am Beispiel des Schülers Robert erklären: Angenommen, in seinem Kurs wurde die Note 3 fünfmal erzielt, so sind die Fehler bei den betreffenden fünf Personen mit einer großen Wahrscheinlichkeit sehr verschieden, das heißt, jeder hat an anderen Stellen seine Schwierigkeiten. Um nun aus seinen eigenen Fehlern wirklich etwas zu lernen, muss Robert genau diese persönlichen Defizite in Angriff nehmen.

Roberts Fehleranalyse			
Art des Fehlers	**Beschreibung**	**Anzahl**	**Stoffgebiet**
Rechenfehler	ganz am Anfang	2	Rechnen mit binomischen Formeln
Denkfehler	falscher Rechenansatz	1	Prozentrechnung
Schreibfehler	Minuszeichen falsch übertragen; mangelnde Konzentration; Stress am Schluss	3	Terme zusammenfassen
Denkfehler	Gegebenes nicht beachtet	1	Textaufgabe über den Treffpunkt von 2 Radfahrern

Robert sollte in Zukunft besonders am Anfang, also die Rechnungen der ersten fünf bis zehn Minuten, nochmals kurz durchrechnen. Es sind Fehler vorgekommen, die er normalerweise nicht macht. Unter Stress und Anspannung können sie aber passieren. Die spezielle Aufgabe aus der Prozentrechnung muss noch einmal durchgerechnet werden. Danach sollte Robert die Zahlen leicht abwandeln und die Aufgabe damit nochmals rechnen. Schließlich kann er den Text leicht abwandeln und die Aufgabe nochmals rechnen. Die Schreibfehler am Schluss können durch Üben mit der Uhr verbessert werden. In unübersichtlichen Aufgaben ist es auch sinnvoll, bestimmte Zahlen oder Vorzeichen mit einer anderen Farbe hervorzuheben. Übertragungsfehler werden dadurch vermieden. Bei Textaufgaben Gegebenes sorgfältig herauszuschreiben, ist reine Übungssache und lässt sich rasch lernen.

Kopieren Sie für Ihre eigene Fehleranalyse folgende Tabelle, oder fertigen Sie sich eine Tabelle für Ihre Bedürfnisse an Ihrem Computer. Bewahren Sie die ausgefüllten Tabellen gut auf, und schauen Sie die selben noch einmal vor dem nächsten Test an.

Fehleranalyse			
Testdatum: _____	Note: _____	Rückgabedatum: _____	
Art des Fehlers	**Beschreibung**	**Anzahl**	**Stoffgebiet**
Folgerungen aus der Fehleranalyse:			

Leider gibt es keinen gesicherten Eignungstest, der Ihnen zuverlässig Auskunft über Ihren zu erwartenden Erfolg beim Mathematiklernen geben könnte. Schlechte Schulnoten sind, wie wir oben gesehen haben, kein sicheres Indiz für Ihre zukünftige Leistung. Gute Schulnoten sind leider ebenso wenig eine Garantie für den Erfolg im Studium. Die besten Voraussetzungen und Erfolgsaussichten haben Sie, wenn Sie sich mit Freude und Elan den geistigen Herausforderungen stellen, Fehler als Chance für Weiterentwicklung sehen und Ihre eigenen Leistungen anerkennen. Speziell in Mathematik sind Lerngruppen sehr empfehlenswert, weil Sie helfen, Frust abzubauen, Lösungswege schneller zu finden und Umwege und Sackgassen zu vermeiden. Ausschließlich in der Lerngruppe zu arbeiten, ist aber auch zu einseitig, weil man gerne dem Irrtum unterliegt, man hätte alles verstanden. Das wirkliche Können zeigt sich erst bei der selbstständigen Bearbeitung von Aufgaben, und auch dieses muss geübt und trainiert werden.

13 Emotionales Immunsystem beim Lernen

Die Entscheidung zum Lernen ist immer auch eine Entscheidung zu einer Veränderung. Der Lernende selbst bzw. seine Umgebung sträubt sich aber oft gegen eine Veränderung, die in eine unbekannte Zukunft weist. Da Lernen zusätzlich und erschwerend eine nicht zu unterschätzende Anstrengungskomponente enthält, darf der Lernende nicht in seine vergangene, bequemere Lebensweise zurückfallen. Um sich selbst zu stärken und gegen Angriffe aus der Umgebung immun zu sein, werden im Kapitel 13 vorbeugende Maßnahmen zur Stärkung des emotionalen Immunsystems gezeigt.

13.1 Die Rolle der Selbstachtung

Selbstachtung bedeutet nicht nur eine gute Meinung von sich selbst zu haben. Sie bedeutet stetig und unabdingbar, sich selbst zu schätzen und zu achten. Auch bei Problemen im Beruf und im Privatleben sollte der Mensch durch seine Selbstachtung unveränderlich wie durch eine unsichtbare Rüstung geschützt bleiben. Sie ist ein Anker, der einen stabilisierenden Einfluss auf die gesamte Persönlichkeit hat und hilft, jede Lebenskrise weitgehend unbeschadet zu bestehen. Sie hilft, die Selbstkontrolle zu bewahren und den Kontakt zu den eigenen Gefühlen zu regulieren. Es ist also wichtig, die eigene Selbstachtung zu stärken (Dweck, 2009). Selbst erfolgreiche Manager können unter einer geringen Selbstachtung leiden. Der ständige Leistungsdruck, unter den sie von äußeren Bedingungen gesetzt werden oder unter den sie sich selbst setzen, kann aus vielen Gründen entstehen. Möglich ist sogar ein tiefsitzendes, undefinierbares Minderwertigkeitsgefühl, das der Betreffende mit perfekter Leistung zu überspielen sucht. Eine geringe Selbstachtung findet man auch bei Menschen mit großen Selbstzweifeln und depressiven Stimmungslagen.

> **Empfehlungen zur Stärkung Ihrer Selbstachtung:**
>
> - Eine gute Einstellung hilft Ihnen bei Schwierigkeiten im Leben. Versuchen Sie, aus jeder misslichen Situation eine positive Lehre für die Zukunft zu ziehen. Orientieren Sie sich an positiven Vorbildern.
> - Akzeptieren Sie Ihre Schwächen und Fehler. Überbewerten Sie Tiefs und Niederlagen nicht, sie gehören zu jedem Leben. Gestehen Sie auch anderen Menschen Fehler zu.
> - Nehmen Sie sich genügend Freizeit. Lassen Sie es sich ab und zu ohne schlechtes Gewissen gut gehen.
> - Umgeben Sie sich nicht nur mit Menschen, die selbst eine geringe Selbstachtung besitzen. Versuchen Sie selbstbewusst aufzutreten und mit fester Stimme zu reden.

Selbstachtung kommt von innen und ist nicht zu verwechseln mit beruflichem Erfolg oder einem bestimmten Einkommen. Menschen mit guter Selbstachtung findet man in jeder sozialen Schicht und in jeder Nationalität. Man muss trotz äußerer Einflüsse mit sich zufrieden sein können.

So wie ein funktionierendes Immunsystem den Menschen vor vielen Krankheiten schützen kann, so schützt eine gute Selbstachtung Ihre gesamte Persönlichkeit vor Angriffen auf Ihre Vorhaben und Ziele. Eine gute Selbstachtung ist ein wichtiger Teil ihres emotionalen Immunsystems.

13.2 Vermeidung emotionaler Reibungsverluste

Die Tendenz vieler Menschen, jegliche Art von Veränderung als etwas Bedrohliches anzusehen, stellt ein wesentliches Hindernis für die Modifizierung von Verhalten dar. Um sich zu schützen, wird Veränderung verhindert. Wenn sich die Schnecke in ihr Schneckenhaus zurückzieht, so ist sie zwar geschützt, aber sie kann sich auch nirgendwohin bewegen. Veränderung ist oft mit einer inneren Überwindung verbunden, die schwerfällt. Schließlich ist das frühere Verhalten zu einer Gewohnheit geworden, die gewisse, zum Teil unbewusste, Vorteile bietet. Auch in der privaten und beruflichen Umgebung haben sich die Menschen an dieses Verhalten gewöhnt und befürchten bei einer Veränderung Nachteile für sich. Deshalb kommen zu der inneren Überwindung oft noch Schwierigkeiten von außen hinzu. Demotivierende Sätze wie z. B. „Das schaffst du nie" oder „du wirst das bereuen ..." und Ähnliches halten oft von der notwendigen Verhaltensänderung ab. Wenn zum Beispiel ein Partner eine Fortbildung anstrebt und der andere Partner befürchtet, dass er jetzt mehr im Haushalt arbeiten muss und weniger Zeit für gemeinsame Freizeit bleibt, kann es zu echten Konflikten kommen. Machen Sie sich deshalb selbst klar, was Sie wollen und wie wichtig Ihnen diese Entscheidung ist. Binden Sie auch diejenigen Menschen in Ihr Vorhaben mit ein, die unmittelbar von Ihrer Verhaltensänderung betroffen sind. Hören Sie sich deren Einwände und Befürchtungen genau an und nehmen Sie sie ernst. Mit einer entschiedenen Haltung, wohlüberlegten Argumenten und einem angemessenen Entgegenkommen wird es Ihnen sicherlich gelingen, die Sorgen zu minimieren. Versuchen Sie unbedingt, zu einem Konsens zu kommen. Sie sollten Ihr Vorankommen mit möglichst wenigen emotionalen Reibungsverlusten betreiben können. Sorgen Sie für die bestmöglichen Arbeitsbedingungen.

13.3 Lernhemmnisse und ihre Bewältigung

Jeder Schüler, Student oder Berufstätige, der schon einmal ernsthaft einen größeren Lernstoff bewältigen musste, kennt die Tücken von Lernhindernissen. Plötzlich häufen sich unaufschiebbare Einladungen, hartnäckige Erkältungen, unnötige Beziehungskrisen oder einfach ganz neue Unlustgefühle. Es ist merkwürdig, bis vor kurzem war man noch wild entschlossen, jeden Tag eine selbst festgelegte Zeit für ein bestimmtes Fach und Ziel zu investieren, und schon scheint sich die ganze Welt gegen einen verschworen zu haben. Glauben Sie, es geht vielen so! *Der Unterschied zwischen den Erfolgreichen und Erfolglosen liegt nicht in den Versuchungen und Hindernissen, sondern in der persönlichen Reaktion darauf.*

Schauen wir uns einmal mögliche Lernhemmnisse und deren Abhilfe im Einzelnen an:

Lernhemmnis	Selbstbeobachtung	Abhilfe
Unterbrechungen durch andere (z. B. Telefonate, unangekündigte Besuche u. Ä.)	Protokoll mit der Anzahl, der Dauer, dem Grund, und der Bereitschaft zur Unterbrechung	– andere Arbeitszeit – Blatt: „Bitte nicht stören" an die Tür – Arbeiten in der Bibliothek o. Ä. – Telefonate bzw. Besuche rigoros abkürzen, Lernen hat Vorrang – Anrufbeantworter einschalten
Zu wenig Lernzeit (z. B. durch familiäre Verpflichtungen)	Tätigkeiten und Lernzeiten protokollieren und auf Wichtigkeit hin analysieren	– Wochen- und Tagesplan erstellen – Prioritäten setzen – unwichtige Tätigkeiten streichen oder verschieben – Unterstützung in der Familie einfordern
Selbstverschuldete Lernunterbrechungen (z. B. Fernsehen, Internet ...)	Häufigkeit, Dauer und Gründe notieren	– Pausen ändern – persönliche Leistungskurve beachten
Viel gearbeitet, wenig gelernt	Lernverhalten protokollieren, Zeitanteile für Ablenkungen notieren, Lernmethode aufschreiben	– nicht an Einzelproblemen kleben bleiben – Lernmethode ändern, – z. B. mehr visuell arbeiten – sich selbst überprüfen durch Fragen bzw. freie Wiedergabe
Leistungstief z. B. nach einer Mahlzeit	Beachten und evtl. aufschreiben was, wann und wie viel gegessen wurde, evtl. andere Ursachen eruieren	– nur wenig und leicht Verdauliches essen – evtl. hilft ein kleines Nickerchen

Lernhemmnis	Selbstbeobachtung	Abhilfe
Erschöpfung, Unlust, Nervosität, Ängste	Persönliche Gründe analysieren: z. B. Essverhalten, Bewegungsmangel, negative Gespräche	– Kost umstellen – Spaziergänge bzw. Jogging an der frischen Luft einplanen – mit einer Vertrauensperson über Probleme sprechen
Andere Störungen	Art und Häufigkeit aufschreiben	– individuelle Maßnahmen

Falls Sie sich von Lernhemmnissen verfolgt fühlen, dann füllen Sie folgende Tabelle sorgfältig aus. Sie können sich damit selbst auf die Schliche kommen und kreativ Ihr eigenes Problem lösen. In manchen Fällen ist es nützlich, dieses Protokoll mit einem nahe stehenden Menschen durchzusprechen. Prüfen Sie aber zuerst, ob die Person auch wirklich hinter Ihren Zielen steht. Ein guter Ratgeber sieht Ihre Probleme evtl. aus einer anderen Perspektive und gibt ihnen auch ein anderes Gewicht. Solch ein Gespräch kann Hilfe und Orientierung sein und Sie vor übereilten Schritten bewahren. Nehmen Sie Hilfsangebote an.

Protokoll		
Lernhemmnis	Selbstbeobachtung	Abhilfe

Teil 4:
Prüfungen meistern

In unserer modernen Leistungsgesellschaft kommt kaum noch jemand ohne Prüfungen aus. Überall werden Leistungsnachweise verlangt. In vielen Berufssparten sind die Menschen geradezu zum ständigen Weiterlernen verpflichtet. Die Häufigkeit der Prüfungssituationen für das berufliche Weiterkommen führt aber nicht automatisch zu einer gelassenen Prüfungsbewältigung. Nervosität und Lampenfieber können das Ergebnis stark beeinträchtigen.

Da die psychische sehr eng mit der physischen Verfassung des Menschen zusammenhängt, befasst sich Kapitel 14 mit der Rolle der Atmung bei der An- und Entspannung. Mit bestimmten Atemtechniken lassen sich Prüfungssituationen lockerer und gelassener bewältigen. Damit lässt sich der gefürchtete Black-out während einer Prüfung verhindern bzw. minimieren. In Kapitel 15 wird eine weitere physische Schnellentspannungsmethode erklärt, mit welcher man sehr schnell die Anspannung vor oder während einer Prüfung verringern kann.

Hinderliche Gedanken beeinflussen unsere Anspannung vor Prüfungen kontraproduktiv. Kapitel 16 macht die Wirkung solcher Gedanken auf die Anspannung deutlich und zeigt Wege aus der selbstgebauten Sackgasse auf. Praxiserprobe Gedankenstrategien können die Befindlichkeit und Angst vor und während der Prüfung entscheidend verändern.

Eine weitere Methode in einen lockereren Zustand zu kommen sind die Techniken zur Veränderung der bildhaften Vorstellungen, wie sie in Kapitel 17 vorgestellt werden. Viele der Befürchtungen vor schwierigen Situationen rühren von unserer bildhaften Vorstellung der schlimmen Auswirkungen unserer (vorweggenommenen) Schwierigkeiten. Auch diese Vorstellungen lassen sich mit der richtigen Technik und ein wenig Übung aus der Welt schaffen.

Prüfungen bewältigen heißt prüfungsrelevante Strategien anwenden. Nicht wer am meisten weiß und kann, bekommt die besten Noten, sondern wer die „Spielregeln" der Prüfung am besten kennt und anwendet. In Kapitel 18 geht es um diese „Spielregeln", die man durch ein gezieltes Analysieren der bevorstehenden Prüfungssituation herausfinden kann. Damit optimieren Sie die Quantität und die Qualität Ihrer Arbeitszeit und damit letztlich Ihr Prüfungsergebnis.

Der Zusammenhang zwischen Anspannung und Leistung

Jeder von uns kennt folgende Situation: Man hat sich auf eine Prüfung gut vorbereitet, bei der Prüfung wird man dann mit Fragen konfrontiert, die man momentan nicht beantworten kann. Nach der Prüfung jedoch fällt einem die jeweilige Antwort (ohne dass man in den Unterlagen nachgesehen hat) plötzlich wieder ein.

Ein anderes Beispiel: Man befindet sich in einem Streitgespräch und tauscht Argumente aus. Mit einigem zeitlichen Abstand zu dem Streitgespräch fallen einem dann plötzlich die Argumente ein, die in dem Streitgespräch sehr treffend gewesen wären, aber eben erst nach dem Streitgespräch, wenn es schon zu spät ist. Wie kann man das erklären? Unser Gehirn „funktioniert" dann am besten, wenn wir uns in einem Zustand mittlerer Anspannung befinden. Unter Anspannung versteht man das Gleiche wie „Nervosität", „Aktivierung", „Stress", „Unruhe", etc. Wir haben in diesem Zustand Zugriff auf all unser Wissen und können unser Verhalten flexibel an die Anforderungen der Außenwelt anpassen, wir haben dann Zugriff auf all unsere Fähigkeiten und Fertigkeiten. Steigt die Anspannung jedoch über dieses optimale mittlere Niveau hinaus noch weiter an, wird unser Verhalten ineffektiver, wir haben dann nicht mehr den vollen Zugriff auf die Möglichkeiten, die uns potenziell zur Verfügung stehen. Ebenso verhält es sich, wenn wir uns in einem Zustand zu geringer Anspannung befinden, z. B. wenn wir am Morgen noch nicht richtig wach sind. Wir sind dann noch nicht richtig „warmgelaufen" und daher auch noch nicht voll leistungsfähig.

Das heißt:

Vor einer Prüfung wäre es nicht optimal, total entspannt zu sein. Eine gewisse Anspannung ist sogar notwendig und hilfreich, um eine gute Prüfungsleistung zu erzielen.

Es ist also nicht das Ziel der nachfolgend dargestellten Kontrolltechniken, total entspannt in eine Prüfung zu gehen. Der Zustand der Entspannung ist zwar optimal für das Abspeichern von Information (vgl. Kapitel 7), jedoch nicht für die Reproduktion der Information zum Beispiel in einer Prüfung. Ziel der vorgestellten Techniken ist es dagegen, sich in relativ kurzer Zeit von dem Bereich *zu hoher* Anspannung (die die Prüfungsleistung blockieren kann) in den Bereich der mittleren Anspannung (in dem die Leistungsbereitschaft optimal ist) zu gelangen. Den Zusammenhang zwischen dem Grad der Anspannung und der Verhaltensef-

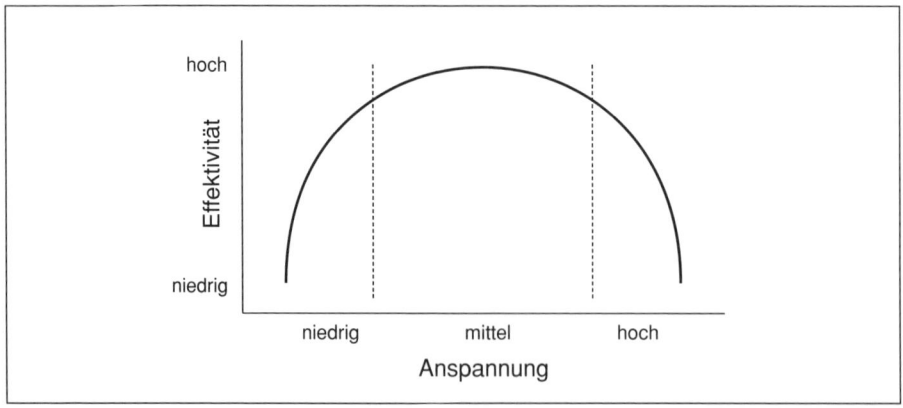

Abbildung 20: Der Zusammenhang zwischen Anspannung und Effektivität (Yerkes-Dodson-Gesetz)

fektivität kann man in Form des sogenannten Yerkes-Dodson-Gesetzes darstellen (Yerkes & Dodson, 1908, vgl. Abbildung 20).

Wie kann man nun erkennen, in welchem Bereich der Kurve man sich befindet?

Zu geringe Anspannung:
– Langeweile
– Leichtsinnsfehler treten auf
– Man fühlt sich „tranig"

Mittlere (optimale) Anspannung:
– Hohe Konzentrationsfähigkeit
– Wenig Fehler treten auf
– Man fühlt sich wohl

Zu hohe Aktivierung:
– Gedächtnislücken
– Konfusion
– Flüchtigkeitsfehler
– Man fühlt sich überfordert/nervös/unruhig

Man kann also anhand der Leistungsfähigkeit und anhand des eigenen Gefühls erkennen, in welchem Bereich man sich befindet. Das eigene Gefühl ist ein sehr sicherer Indikator. Alle in diesem Teil beschriebenen Techniken haben neben der verbesserten Leistungsfähigkeit auch eine Verbesserung des Körpergefühls zum Ziel.

Wenn Sie die in den folgenden Kapiteln beschriebenen Übungen durchführen, werden Sie unter Umständen bemerken, dass Sie in den Zustand einer zu geringen Anspannung, vielleicht sogar der Müdigkeit kommen können, wie er für das Absolvieren einer Prüfung nicht besonders förderlich wäre. Sie brauchen dann jedoch keine Angst zu haben, dass dies auch in der Prüfungssituation passieren könnte. Der Unterschied ist folgender: Sie führen die Übungen sehr wahrscheinlich ausgehend von dem Zustand einer mittleren Anspannung durch. Durch die Übungen zur Schnellentspannung bewegen Sie sich dann auf der Anspannungsachse nach links in den Bereich zu geringer Anspannung, was die Leistungsfähigkeit verringert. In der Prüfungssituation dagegen beginnen Sie sehr wahrscheinlich von einem Niveau der eher zu hohen Anspannung ausgehend mit den Übungen und bewegen sich dann dabei auf der Achse der Anspannung in den mittleren Bereich, in dem die Leistungsfähigkeit optimal ist (vgl. Abbildung 21). Sollten Sie sich vor einer Prüfung nicht in dem Bereich erhöhter Anspannung befinden, so ist der Einsatz der Entspannungstechniken gar nicht erst nötig. In der Praxis braucht man wahrscheinlich so gut wie nie die Befürchtung zu haben, durch Entspannungstechniken in der Prüfungssituation AUS DEM Bereich der mittleren Anspannung in den Bereich der zu geringen Anspannung zu kommen. Sehr viel häufiger hat man dagegen das Problem, von einem zu hohen Anspannungsniveau IN DEN Bereich der mittleren Anspannung zu gelangen.

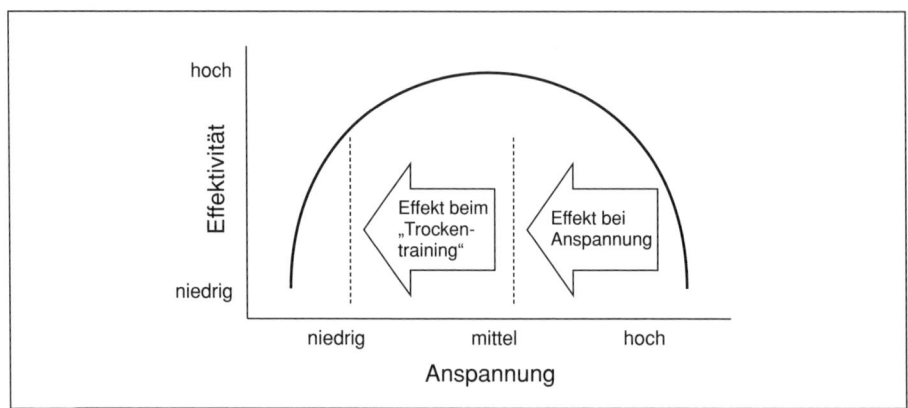

Abbildung 21: Unterschied zwischen Trainings- und Prüfungssituation

Die in diesem Teil vorgestellten Methoden der Schnellentspannung sind alle unmittelbar in der Prüfungssituation einsetzbar. Zu ihrer Anwendung braucht man auch keinerlei Hilfsmittel. Vorgestellt werden Methoden der Entspannung mittels Atmung, mittels muskulärer Entspannung sowie Techniken der Entschärfung hinderlicher Gedanken im Zusammenhang mit Prüfungen.

Die Anwendung aller vorgestellten Techniken benötigt natürlich eine gewisse Zeit. Gerade bei schriftlichen Prüfungen hat man jedoch in aller Regel sehr wenig Zeit. Es erscheint daher auf den ersten Blick sinnlos und geradezu kontraproduktiv, die sowieso knappe Zeit auch noch durch die Anwendung von Entspannungstechniken zu verschwenden, aber eben nur auf den ersten Blick. Natürlich fehlt durch den Einsatz einer bewussten Entspannungsphase zunächst einmal objektiv ein Teil der Zeit, die man sonst für die Bearbeitung der Aufgaben verwenden könnte. Nach dem Yerkes-Dodson-Gesetz steigt jedoch die Effektivität, wenn man sich auf der Anspannungsachse in dem mittleren Bereich bewegt. Das heißt, die dann objektiv geringere Zeit zum Bearbeiten der Aufgaben wird effektiver genutzt. Der „Verbrauch" an Zeit wird durch eine wesentlich effektivere Nutzung der Restzeit mehr als ausgeglichen. Es lohnt sich daher auf jeden Fall, sich am Beginn einer Prüfung Übungen zur Schnellentspannung durchzuführen. Meist geht dies auch unmittelbar vor einer Prüfung sehr gut.

Die Anwendung der Schnellentspannungstechniken beansprucht am Anfang noch eine relativ große Menge an Aufmerksamkeit. Mit zunehmender Übung jedoch wird dieser Teil immer geringer werden. Das heißt jedoch, dass Sie die entsprechenden Techniken im Vorfeld einer Prüfung üben müssen, um sie dann in der Prüfungssituation ohne große Beanspruchung der Aufmerksamkeit anwenden zu können. Mit einiger Übung kann man die Techniken auch PARALLEL zum Bearbeiten von Aufgaben oder PARALLEL zu einer mündlichen Prüfung anwenden.

14 Locker werden durch veränderte Atmung

In diesem Kapitel wird zuerst die Bedeutung der Atmung für die körperliche und psychische An- bzw. Entspannung dargestellt. Im zweiten Abschnitt werden dann mehrere Techniken vorgestellt, die sehr schnell zur Reduktion von Anspannung eingesetzt werden können. Wie der Einsatz dieser Techniken in der Prüfungssituation erfolgen kann, wird im dritten Abschnitt erklärt. Atemtechniken eignen sich besonders für den Einsatz in Gegenwart anderer Menschen, da man ja sowieso immer atmet, nur der Atemrhythmus wird durch die Techniken etwas verändert.

14.1 Die Rolle der Atmung für die An- und Entspannung

Um die Wirkung der Atmung auf die Anspannung erfahren zu können, kann man folgende Übung machen:

> **Übung: Wirkung der Atmung auf die Anspannung**
>
> Setzen Sie sich bequem hin. Legen Sie eine Hand auf den Brustkorb unterhalb des Halses. Atmen Sie nun so mit der Brust, dass sich die Hand beim Ein- und Ausatmen leicht bewegt. Atmen Sie einige Atemzüge so weiter. Beschleunigen Sie dann die Atmung, werden Sie immer schneller bis Sie einen Atemrhythmus von etwa einer Sekunde Einatmen und etwa einer Sekunde Ausatmen erreicht haben. Behalten Sie diesen Rhythmus solange bei, bis Sie körperliche Veränderungen bemerken. Atmen Sie dann wieder normal. Nehmen Sie sich dann 1 bis 2 Minuten Zeit und konzentrieren Sie sich auf die Veränderungen in Ihrem Körper. Nehmen Sie einfach nur wahr, was sich verändert, wenn man schnell und flach atmet.

Diese Art der Atmung nennt man „Hyperventilation" (Überatmung). In jeder Stresssituation (z. B. in der Prüfungssituation) verändert sich die Atmung in Richtung der Hyperventilation, aber natürlich nicht mit der hohen Geschwindigkeit wie in der obigen Übung. Diese Veränderung der Atmung in Richtung der Hyperventilation erfolgt dabei automatisch und ist in aller Regel nicht bewusst. Eine Atmung, die der Hyperventilation ähnelt, hat negativen Einfluss auf den Anspannungszustand. Was passiert physiologisch dabei? Bei der Hyperventilation wird mehr Sauerstoff aufgenommen, als dies für die momentane Versorgung des Körpers notwendig ist. Dies führt dann dazu, dass der Kohlendioxydanteil im Blut stark abnimmt (nach 30 Sekunden Hyperventilation kann der Kohlendioxydanteil im Blut um 50 % sinken). Dies wiederum bewirkt eine Erhöhung des Säurewertes des Blutes. Steigt der Säurewert der Blutes, so nimmt die Erregbarkeit der Nervenzellen zu, das Nervensystem wird sensibler (vgl. Abbildung 22).

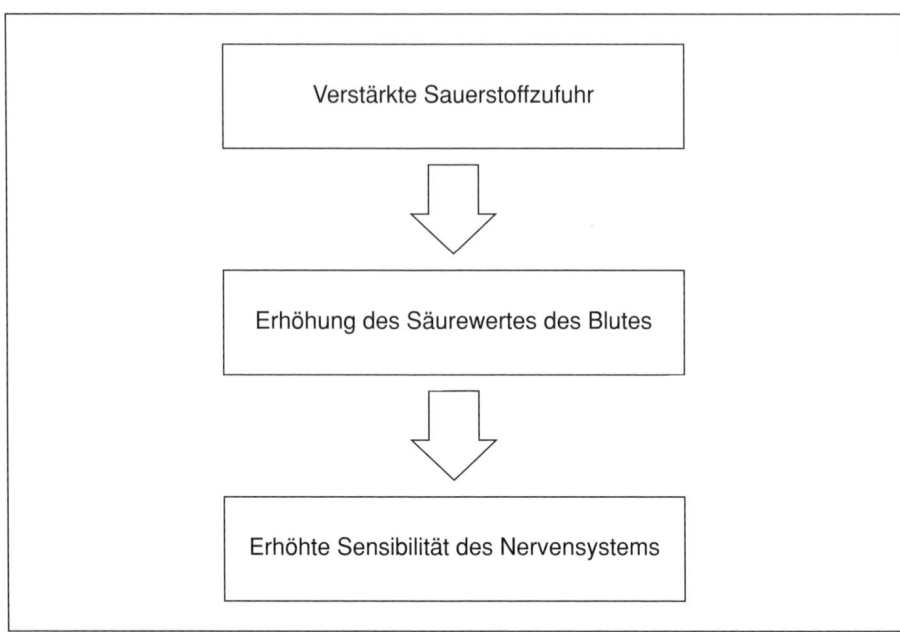

Abbildung 22: Effekte der Hyperventilation

Obwohl der Körper im Zustand der Hyperventilation objektiv zu viel Sauerstoff aufnimmt, hat man dabei subjektiv das Gefühl, dass man zu wenig Luft bekommt und atmet dadurch schneller. Dieser Prozess verstärkt sich also von selber, sobald er einmal begonnen hat (vgl. Abbildung 23).

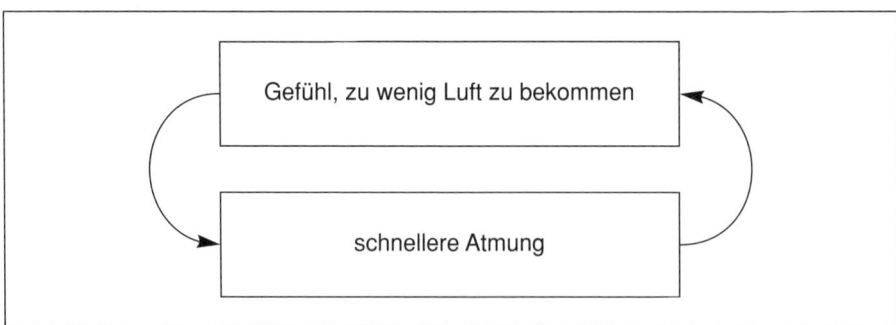

Abbildung 23: Aufschaukelungsprozess der Hyperventilation

Die meisten Menschen wissen und bemerken gar nicht, dass sich in Anspannungssituationen die Atmung in Richtung Hyperventilation verändert. Sie berichten dagegen nur von den Symptomen, die der Hyperventilation nachfolgen

(z. B. die Erhöhung der Herzfrequenz, das Anspannen der Muskulatur etc.), obwohl die Veränderung der Atmung der wesentliche Prozess bei der Erzeugung der körperlichen Symptome in Anspannungssituationen ist.

Die Atmung nimmt in Bezug auf die willentliche Kontrollierbarkeit eine Zwischenstellung ein. Sie läuft einerseits komplett automatisch – und in diesem Sinne unbewusst – ab (wir müssen uns ja nie auf die Atmung konzentrieren, sonst könnten wir ja z. B. niemals schlafen). Andererseits können wir die Atmung – zumindest in einem gewissen Rahmen – willentlich beeinflussen. So können wir die Atmung z. B. einige Zeit anhalten, sie verlangsamen oder willentlich beschleunigen. Zu atmen heißt letztendlich, die Lungen durch deren mechanische Dehnung mit Luft zu füllen. Da die Lunge selber über keine Muskulatur verfügt, muss das Befüllen und Entleeren über die sie umgebende Muskulatur erfolgen. Um dies zu erreichen, gibt es zwei Hauptmöglichkeiten:

Die zwei Hauptarten der Atmung:

1. Bauchatmung (Zwerchfellatmung):
Das Zwerchfell, ein Muskel zwischen Lunge und Bauchraum, wird nach unten gezogen, indem die Bauchdecke nach außen gewölbt wird. Um diese Art der Atmung zu spüren, legen Sie eine Hand in Höhe des Bauchnabels auf den Bauch. Beim tiefen Einatmen mit der Bauchatmung wölbt sich die Bauchdecke nach außen, beim tiefen Ausatmen mit der Bauchatmung fällt die Bauchdecke wieder nach innen ein.

2. Brustatmung:
Bei der Brustatmung wird der Brustkorb gedehnt und angehoben. Das können Sie spüren, indem Sie zuerst tief ausatmen und dann die Hände beiderseits des Brustbeins auf die Rippen legen, so dass sich die Mittelfinger gerade berühren. Beim Einatmen mit der Brustatmung können Sie fühlen, wie sich die Rippen dehnen und die Mittelfinger sich dabei voneinander entfernen. Beim Ausatmen mit der Brustatmung nähern sich die Fingerspitzen wieder an. Eine Hyperventilation kann nur mittels Brustatmung erzeugt werden.

Mit der Brustatmung kann wesentlich schneller geatmet werden, als mit der Bauchatmung. Der Körper schaltet bei Anspannung automatisch auf die Brustatmung um. Die Bauchatmung erfolgt dagegen in Situationen, in denen Ruhe und Entspannung vorherrscht. Eine Atmung wie sie in Anspannungssituationen auftritt und der Hyperventilation ähnelt, kann nur mittels Brustatmung erzeugt werden. Daher haben alle Techniken der Atemkontrolle die Umschaltung von der Brustatmung auf die Bauchatmung entweder als Hauptziel oder zumindest mit zum Ziel.

Die Zwischenstellung der Atmung als zum Teil reflexhaft, unbewusst ablaufend, zum Teil aber auch willentlich kontrollierbar, macht es möglich, sie zumindest teilweise direkt zu beeinflussen.

Ziel aller Atemtechniken ist es dabei:
1. Die Atmung zu verlangsamen (Atemfrequenz verringern) 2. Die Ausatemphase relativ zur Einatemphase zu verlängern 3. Die Umschaltung von der Brust- auf die Bauchatmung 4. Die Pausen zwischen den Atemzügen zu verlängern

Dies kann auf verschiedenen Wegen erreicht werden, letztendlich sollen mit allen nachfolgend dargestellten Atemtechniken die oben genannten Effekte erreicht werden. Die Techniken sind dabei nur Hilfsmittel, im Prinzip reicht auch der Ratschlag, die Atmung zu verlangsamen, die Ausatemphase zu verlängern, auf die Bauchatmung umzuschalten und die Pause zwischen den Atemzügen zu verlängern aus, um die gewünschten physiologischen Veränderungen in Richtung Entspannung herbeizuführen. Vielen Menschen hilft es jedoch, die gewünschten Veränderungen mit Hilfe routinehafter Techniken herzustellen.

14.2 Atemtechniken zur Blitzentspannung

In diesem Abschnitt werden Techniken beschrieben, mit denen es möglich ist, die körperliche Anspannung sehr schnell zu reduzieren. Es sind dies die Techniken der verzögerten Einatmung, der Bauchatmung, des verlängerten Ausatmens, der OM-Atmung und des Atmens mit Zählen.

Zur Durchführung der nachfolgenden Techniken sollten Sie sich bequem und aufrecht hinsetzen oder -stellen, damit der Atem frei fließen kann und insbesondere die Bauchatmung nicht erschwert wird. Achten Sie auch darauf, dass der Bauch nicht (z. B. durch den Gürtel) zusammengedrückt wird. Führen Sie die beschriebenen Übungen vier bis fünf Minuten lag durch und nehmen Sie sich danach etwas Zeit, um zu spüren, wie stark der Effekt der jeweiligen Übung spürbar ist. Führen Sie die Übungen auch in anderer als der unten aufgeführten Reihenfolge durch, damit Sie feststellen können, welche der vorgestellten Übungen bei Ihnen von Anfang an den stärksten Effekt hat. Sorgen Sie dafür, dass während der Übungen genügend frische Luft zur Verfügung steht. Um sich die Atmung, die normalerweise unbewusst abläuft, bewusst zu machen, sollten Sie sich vor allen Übungen ca. zwei Minuten lang auf die Atmung konzentrieren, ohne sie zu verändern. Konzentrieren Sie sich bei allen Übungen ausschließlich auf das Ausatmen, das Einatmen erfolgt ganz von allein.

14.2.1 Technik: Verzögertes Einatmen

Konzentrieren Sie sich auf die Atmung. Atmen Sie einige Atemzüge ganz normal ein und aus. Warten Sie dann nach jedem Ausatmen drei bis vier Sekunden, bevor Sie wieder einatmen, der jeweils nächste Atemzug wird dabei automatisch tiefer. Wiederholen Sie diese Übung mehrmals. Sie können als Hilfsmittel z. B. nach jedem Ausatmen innerlich „21 – 22 – 23 – 24" zählen und erst dann wieder einatmen oder sich irgend ein anderes Hilfsmittel überlegen, das es Ihnen erleichtert, sich auf die Ruhephase nach dem Ausatmen zu konzentrieren und die Länge dieser Pause abzuschätzen. In dieser Ruhepause nach dem Ausatmen befindet sich der Körper in einem maximalen Ruhezustand. Sportschützen nutzen z. B. diesen Zustand der körperlichen Ruhe nach dem Ausatmen, indem sie den Schießrhythmus mit der Atmung synchronisieren und genau in diesem Moment der größten körperlichen Ruhe nach dem Ausatmen den Schuss abgeben. Versuchen Sie, im Laufe der Übungen die Ruhepause nach dem Ausatmen möglichst lange zu machen, probieren Sie aus, wie lange Sie diese Ruhepause machen können. Sie brauchen dabei keinerlei Aufmerksamkeit auf das Einatmen zu richten, das Einatmen erfolgt von ganz allein. Konzentrieren Sie Ihre Aufmerksamkeit bei dieser und bei allen anderen Übungen ausschließlich auf das Ausatmen und die Ruhephase zwischen den Atemzügen.

14.2.2 Technik: Bauchatmung

Achten Sie bei dieser Übung besonders darauf, dass Sie keine einschnürende Kleidung tragen, öffnen Sie evtl. den Gürtel dazu. Legen Sie eine Hand locker auf den Bauch, etwa in der Höhe des Bauchnabels. Atmen Sie nun so, dass sich Bauchdecke und somit die Hand beim Einatmen sehr weit nach außen bewegt und sich beim Ausatmen sehr weit nach innen bewegt. Achten Sie darauf, dass der Weg, den die Hand – und somit die Bauchdecke – zwischen Ein- und Ausatmen zurücklegt, möglichst groß ist. Drücken Sie beim Einatmen den Bauch ganz weit heraus und ziehen Sie den Bauch beim Ausatmen ganz weit ein. Die Hand dient dabei nur als eine Art Anzeigeinstrument für die Bewegung der Bauchdecke, die Bewegung selber wird von der Bauchdecke ausgeführt. Drücken Sie also nicht mit der Hand auf die Bauchdecke, legen Sie sie nur locker als „Anzeigeinstrument" auf die Bauchdecke. Wiederholen Sie auch diese Übung mehrfach. Der Effekt dieser Übung ist umso größer, je weiter der Weg ist, den die Bauchdecke zwischen Einatmen und Ausatmen zurücklegt. Es ist unmöglich, mit dieser Art der Bauchatmung sehr schnell zu atmen (oder gar zu hyperventilieren), weil die Bewegung der Bauchdecke einfach eine gewisse Zeit braucht. Wenn Sie einige Übung mit dieser Art der Atmung besitzen, können Sie versuchen, die Bewegung der Bauchdecke auch dann möglichst weit zu machen, wenn Sie die

Hand nicht mehr auf der Bauchdecke liegen haben. Mit einiger Übung sollte es allein durch die Konzentration auf die Bewegung der Bauchdecke gelingen, die Atmung zu verändern. Zum Erlernen dieser Technik ist es jedoch günstig, die Hand auf der Bauchdecke einige Zeit lang als visuelles Hilfsmittel zu verwenden.

14.2.3 Technik: Verlängertes Ausatmen

Konzentrieren Sie sich auf das Ausatmen. Versuchen Sie, möglichst lange und möglichst tief auszuatmen. Konzentrieren Sie sich insbesondere darauf, dass in der letzten Atemphase die gesamte Luft aus dem Bauchraum ausgeatmet wird. Pressen Sie am Schluss des Ausatmens die gesamte Luft aus dem Bauchraum. Ziehen Sie dabei die Bauchdecke ganz weit ein, drücken Sie die Luft aktiv aus dem Bauchraum heraus. Tun Sie das so lange, bis Sie das Gefühl haben, dass sich keine Luft mehr im Körper befindet, die ganze Luft ausgeatmet ist. Sie werden bemerken, dass das jeweils nächste Einatmen nach jedem tiefen Ausatmen ebenfalls tiefer wird, dadurch verlangsamt und vertieft sich die Atmung mit jedem weiteren Atemzug ganz automatisch. Beim Ausatmen entspannt sich die Muskulatur, die vorher beim Einatmen entweder zum Dehnen des Brustkorbes oder zur Weitung des Bauchraumes angespannt war. Konzentrieren Sie sich auch bei dieser Übung wieder ausschließlich auf das Ausatmen, der Körper atmet ganz von allein wieder ein. Das Einatmen läuft ganz reflexhaft, ohne dass man sich darauf konzentrieren müsste, ab.

14.2.4 Technik: OM-Atmung

Diese Übung macht sich die Tatsache zu Nutze, dass die Bildung gewisser Töne in verschiedenen Regionen des Brust- bzw. Bauchraumes erfolgt. Immer wenn man den Laut „O" formt, zieht sich automatisch der Brustkorb zusammen, wenn man den Laut „M" formt, zieht sich dagegen der Bauchraum zusammen, daher nennt sich die Übung „OM-Atmung". Konzentrieren Sie sich auch bei dieser Übung wieder ausschließlich auf das Ausatmen. Die Ausatemphase ist bei dieser Übung in zwei Abschnitte unterteilt. Im ersten Teil des Ausatmens atmen Sie die Luft aus dem Brustraum, indem Sie ein ganz langgezogenes „Oooo" summen. Im zweiten Teil des Ausatmens atmen Sie die Luft dann aus dem Bauchraum aus, indem Sie ein ganz langgezogenes „Mmmm" summen. Versuchen Sie dabei, das „Oooo" und das „Mmmm" möglichst lange zu machen. Achten Sie wiederum darauf, dass dabei die ganze Luft aus dem Bauchraum entfernt wird. Formen Sie die Laute am Anfang laut hörbar, machen Sie dies mit zunehmender Übung immer leiser und denken Sie die Laute am Schluss nur noch, während Sie mit dem Brust- bzw. Bauchraum ausatmen.

14.2.5 Technik: Atmen mit Zählen

Atmen Sie durch die Nase ein, zählen Sie dabei bis vier. Atmen Sie durch den Mund wieder aus, zählen Sie dabei bis acht. Mit zunehmender Übung können Sie die Atemzüge insgesamt länger machen (also z. B. Einatmen und auf fünf zählen, Ausatmen und auf zehn zählen) oder die Ausatemphase verlängern (z. B. beim Einatmen bis vier, beim Ausatmen bis zehn zählen).

An dieser Stelle sei noch einmal betont, dass alle diese Techniken nur dazu dienen, die Atmung erstens generell zu verlangsamen, zweitens die Ausatemphase länger als die Einatemphase zu machen, drittens die Atmung von der Brust in den Bauchraum zu verlagern und viertens die Pause nach dem Ausatmen bewusst wahrzunehmen und zu verlängern. Alle beschriebenen Techniken sind nur Hilfsmittel, um diese Effekte zu erreichen, es ist auch jede andere Technik denkbar, mit deren Hilfe die vier genannten Ziele erreicht werden können. Es ist jedoch auf jeden Fall sinnvoll, in Stresssituationen eine gewisse Technik als Hilfsmittel zur Hand zu haben, mit deren Hilfe man die Atmung verändern kann.

14.2.6 Kombinationen

Die verschiedenen Atemtechniken können natürlich auch miteinander kombiniert und somit in ihrer Wirkung verstärkt werden. So kann z. B. im Anschluss an die Bauchatmung die verzögerte Einatmung durchgeführt werden. Wenn Sie aus einem Entspannungsverfahren ein Entspannungssignal (ein Signal, das immer an die Entspannung gekoppelt ist) haben, so können Sie sich dieses Signal innerlich vorsagen, während Sie sich auf das Ausatmen konzentrieren. Wenn das Entspannungssignal beim Praktizieren des Entspannungsverfahrens oft genug an die Entspannungsreaktion gekoppelt wurde, so kann es die Wirkung der Atemtechnik noch verstärken. Voraussetzung hierzu ist es jedoch, dass Sie dieses Entspannungssignal auch bei einem anderen Entspannungsverfahren benutzen und so einen Transfer auf die Atementspannung leisten können.

14.3 Anwendung der Techniken vor bzw. in der Prüfungssituation

Testen Sie die oben beschriebenen Übungen mehrmals (auch zu verschiedenen Tageszeiten), nehmen Sie sich nach jeder Übung kurz Zeit, um auf die Veränderungen in Ihrem Körper zu achten. Wählen Sie diejenige Methode aus, die den jeweiligen für Sie typischen Anspannungssymptomen am stärksten entgegenwirkt. Wie bei allen beschriebenen Techniken sollten Sie die für Sie besonders effektiven Techniken häufig dann üben, wenn Sie sie am wenigsten brauchen, d. h., in Situationen, in denen Sie ziemlich entspannt sind. Nur dies gewährleistet, dass Sie die Techniken dann in der realen Prüfungssituation quasi reflexhaft, ohne viel nachzudenken anwenden können. Atemtechniken eignen sich hervorragend dazu, in realen Situationen eingesetzt zu werden. Sie können völlig unbemerkt eingesetzt und auch trainiert werden, da man ja sowieso ständig atmet und nur die Art und Weise der Atmung durch die jeweilige Übungen etwas verändert wird. Probieren Sie die Anwendung der Atemtechniken z. B. in einer Besprechung oder in ähnlichen Situationen aus, in denen andere Menschen anwesend sind. Sehr wahrscheinlich wird niemand bemerken, dass Sie gerade Atemtechniken üben. Diese Erfahrung wird Sie sicherlich dazu ermutigen, diese Atemtechniken in der Prüfungssituation einzusetzen. Die Atemtechniken können natürlich auch unmittelbar vor einer Prüfung sehr gut eingesetzt werden, um die Anspannung zu verringern. Sie können darüber hinaus aber auch sehr gut direkt in der Prüfungssituation eingesetzt werden, sei es in einer schriftlichen oder einer mündlichen Prüfung. Auch in einer mündlichen Prüfung spricht man ja nicht ständig. Der Einsatz der Atemtechniken in einer mündlichen Prüfung erfordert natürlich einiges an Übung. Wenn man jedoch einige Übung damit besitzt, erzielt man damit zwei Effekte: Der Effekt der Atemtechnik wird mit zunehmender Übung immer deutlicher spürbar und die Konzentration, die man für die Ausführung der Atemtechnik benötigt, wird immer geringer (vgl. Abbildung 24).

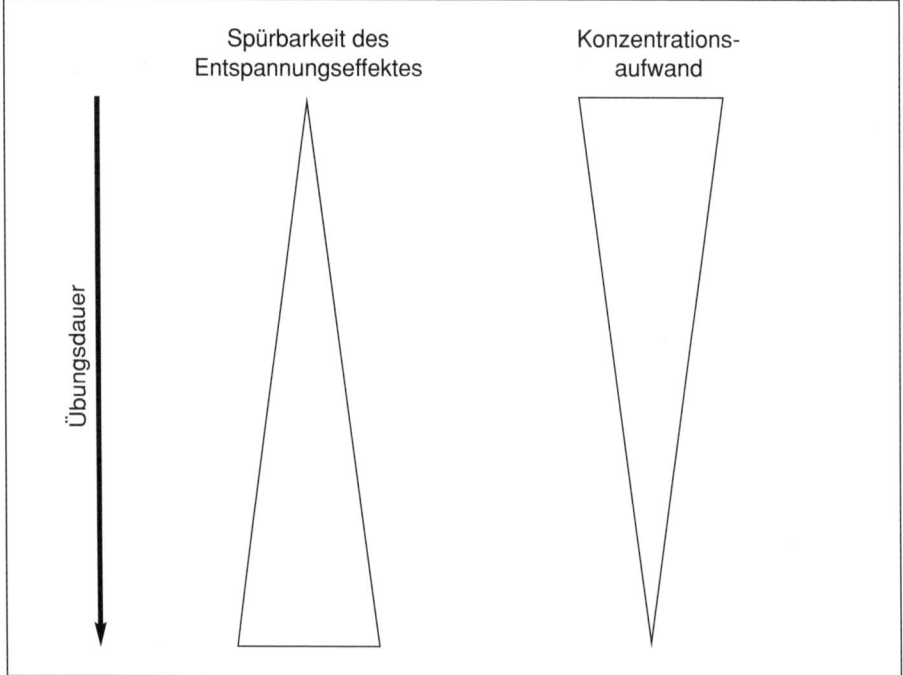

Abbildung 24: Effekte der Übung

15 Muskuläre Schnellentspannungstechnik

Neben der Atmung kann man auch mit Hilfe der muskulären Entspannung sehr schnell in einen Zustand der verringerten Anspannung gelangen. Die Wirkung besteht dabei in der Reduktion des muskulären Anspannungsniveaus sowie in der „Vernichtung" von Energie, die der Körper in Anspannungssituationen reflexhaft produziert und in Form von Unruhe spürbar ist, wenn sie nicht verwendet wird.

15.1 Das Prinzip der muskulären Schnellentspannung

Man kann die Anspannung in Prüfungssituationen sehr schnell mit Hilfe muskulärer Techniken reduzieren. Man kann sie ähnlich wie die Atemtechniken mit etwas Übung sehr unauffällig und trotzdem sehr effektiv in sehr vielen Situationen einsetzen. Man geht dabei scheinbar paradox vor. Zuerst spannt man möglichst viel Muskulatur stark an und entspannt die betreffende Muskulatur danach wieder.

Wie dies funktioniert, können Sie mit folgender Übung erfahren.

> **Übung: Wie funktioniert die muskuläre An- und Entspannung?**
>
> Ballen Sie Ihre rechte Hand zur Faust, spannen Sie sie ganz fest an, so dass Sie die Spannung in jedem einzelnen Finger und auch in der Handinnenfläche spüren können. Spannen Sie dann zusätzlich noch den rechten Unterarm an, während Sie die rechte Hand weiter angespannt halten. Halten Sie die Spannung in der rechten Hand und im rechten Unterarm ca. 30 Sekunden und spannen Sie dann zum Abschluss die rechte Hand und den rechten Unterarm noch etwas stärker als bisher an.
>
> Lassen Sie die rechte Hand und den rechten Unterarm dann schlagartig wieder locker und legen Sie den rechten Arm und die rechte Hand bequem hin. Achten Sie dabei auf den Übergang von der Anspannung vorher zur Entspannung jetzt.
>
> Wiederholen Sie diese Übung noch einmal. Spannen Sie die rechte Hand und den rechten Unterarm noch einmal stark an, so stark, wie es Ihnen möglich ist. Da es bei dieser Übung darum geht, möglichst viel Energie aufzubringen, werden Sie einen umso stärkeren Kontrasteffekt zwischen Anspannung und Entspannung spüren können, je stärker Sie die rechte Hand und den rechten Arm anspannen. Halten Sie die Anspannung wiederum für ca. 30 Sekunden.
>
> Lassen Sie dann die rechte Hand und den rechten Unterarm wieder locker und entspannen Sie die rechte Hand und den rechten Unterarm. Achten Sie dabei wieder auf den Übergang von der Anspannung zur Entspannung.

Achten Sie darauf, wie sich die Hand beim Übergang von der Anspannung zur Entspannung anfühlt. Viele Menschen empfinden dabei ein Gefühl der Wärme (bedingt durch die Muskelarbeit), ein Kribbeln, ein Gefühl des Loslassens, des Dehnens, des Auseinanderfließens der Muskulatur. In der Hand kann sich auch ein Schweregefühl einstellen, vielleicht auch eine gewisse Leichtigkeit.

Dem scheinbar paradoxen Versuch, mit verstärkter Anspannung der Muskulatur zu Entspannung zu gelangen, liegt folgender Mechanismus zu Grunde: Versucht man in einer Anspannungssituation, die reflexhaft gestiegene Muskelspannung nur durch eine Entspannung der Muskulatur zu reduzieren, so kann man damit zwar einen deutlichen relativen Entspannungseffekt erzielen. Spannt man die Muskulatur jedoch vor der Entspannung noch über das in Anspannungssituationen sowieso reflexhaft gestiegene Anspannungsniveau hinaus an, so kann der relative Entspannungseffekt noch wesentlich gesteigert werden. Durch die bei der Anspannung verbrauchte Energie ist die Entspannung dann größer, als sie ohne vorheriges Anspannen wäre (vgl. Abbildung 25).

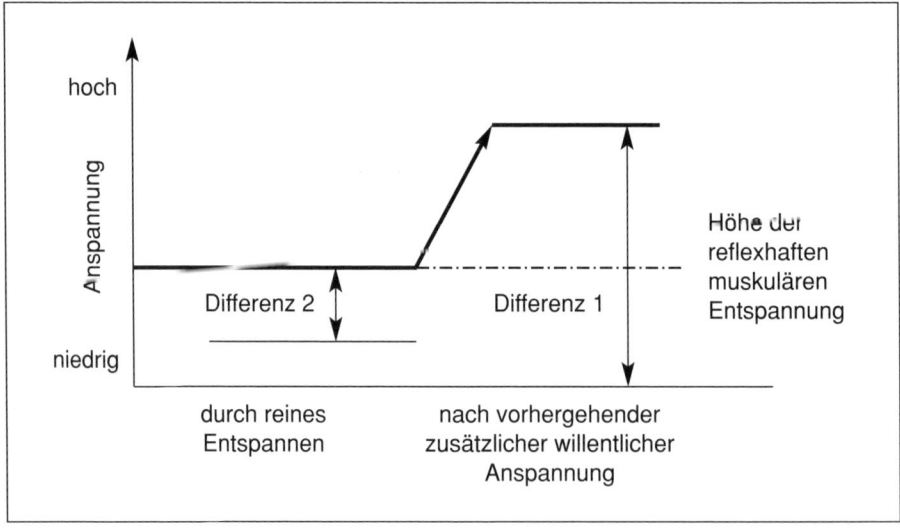

Abbildung 25: Stärke des relativen Entspannungsgefühls

15.2 „Formale" Übungen

Im folgenden Abschnitt werden „formale" Übungen zur muskulären An- und Entspannung beschrieben. Das sind Übungen, die in ihrer reinen Form natürlich nicht während einer schriftlichen oder einer mündlichen Prüfung eingesetzt werden können, da sie durch nach außen hin sichtbare Bewegungen gekennzeichnet sind. Das Beherrschen und Üben dieser Grundübungen ist jedoch Voraussetzung dafür, dass entsprechend modifizierte Übungen während einer Prüfung eingesetzt werden können. Die formalen Übungen eignen sich über die reine Vorbereitung auf den Einsatz muskulärer Techniken in akuten Anspannungssituationen hinaus auch als ein eigenständiges Entspannungsverfahren.

Sollte eine der Übungen für Sie unangenehm sein (z. B. aufgrund einer zurückliegenden Verletzung einzelner Muskeln oder Muskelgruppen), so sollte diese Übung entweder ausgelassen werden oder nur mit einer geringeren Anspannung durchgeführt werden. Um sich voll auf die Ausführung der Übung konzentrieren zu können und sich dabei nicht allzu sehr um die Abfolge der einzelnen Teilschritte kümmern zu müssen, kann es hilfreich sein, sich die Instruktion auf einen Tonträger zu sprechen, der dann als Hilfe für die Durchführung der Übung dient. Dies hat den weiteren Vorteil, dass man sich dadurch schon im Vorfeld mit den Übungen und der Durchführungsmethodik vertraut gemacht hat.

Vorbereitung

Setzen Sie sich zu diesen Übungen auf einen Stuhl. Schaffen Sie sich eine möglichst große Kontaktfläche mit Ihrer Sitzgelegenheit. Legen Sie die Arme auf die Oberschenkel, beide Füße stehen fest auf dem Boden. Vergessen Sie nachher beim Anspannen nicht zu atmen, versuchen Sie, möglichst normal weiterzuatmen, während Sie die jeweiligen Muskelgruppen stark anspannen.

Bei der Anwendung dieser Übungen sollte Folgendes beachtet werden:

- Spannen Sie so stark an, wie es geht, verkrampfen Sie aber dabei nicht. Die Anspannung sollte so stark wie möglich, aber noch nicht schmerzhaft sein.
- Spannen Sie ca. 30 Sekunden stark an und konzentrieren Sie sich dann ca. eine Minute auf die nachfolgende Entspannung.
- Versuchen Sie während der Anspannung möglichst normal weiterzuatmen. Man hat während der Anspannung die Tendenz, die Atmung anzuhalten.
- Spannen Sie die Muskeln im Fuß- und Beinbereich nicht so stark an wie die übrige Muskulatur, da man im Fuß- und Beinbereich eher zu Verkrampfungen neigt.
- Die Sensibilität für muskuläre An- und Entspannung ist nicht in jeder Körperregion gleich stark ausgeprägt. Für manche Bereiche (z. B. die Hände) hat man eine sehr gute Wahrnehmung, für andere Bereiche (z. B. den Rücken) hat man eine eher weniger stark ausgeprägte Wahrnehmung für die muskuläre An- und Entspannung. Daher ist der Kontrasteffekt nicht in jeder Körperregion gleich stark spürbar.
- Je mehr man übt, desto schneller und deutlicher kann man das Kontrasterlebnis wahrnehmen lernen.

Durchführung der „formalen Übungen"

> **Übung:**
>
> **Hände und Arme:**
>
> Ballen Sie beide Hände zur Faust, spannen Sie beide Hände gleichzeitig stark an. Spannen Sie noch zusätzlich beide Unterarme so stark wie möglich an. Nehmen Sie dann noch die Oberarme dazu und spannen Sie gleichzeitig die Hände, die Unterarme und die Oberarme sehr stark an. Halten Sie die starke Spannung ca. 30 Sekunden lang. Spannen Sie zum Schluss noch einmal ganz stark an, so stark, dass die Hände und Arme zu vibrieren beginnen.
>
> Lassen Sie dann schlagartig los und legen Sie die Arme bequem auf die Oberschenkel. Lenken Sie Ihre Wahrnehmung auf die Muskelgruppen, die Sie vorher angespannt haben und achten Sie auf den Übergang von der Anspannung vorher zur Entspannung jetzt. Achten Sie darauf, wie sich die Entspannung in den Händen, den Unterarmen und den Oberarmen ausbreitet.
>
> (ca. eine Minute Entspannung)
>
> **Füße und Unterschenkel:**
>
> Ziehen Sie die Fersen hoch, während Sie die Fußspitzen am Boden lassen. Spannen Sie die Unterschenkel an, verkrampfen Sie aber dabei nicht. Vergessen Sie dabei das Atmen nicht. Halten Sie die starke Anspannung der Unterschenkel ca. 30 Sekunden lang. Lassen Sie dann wieder los und achten Sie wiederum auf den Übergang von der Anspannung vorher zur Entspannung jetzt.
>
> (ca. eine Minute Entspannung)
>
> Ziehen Sie dann die Zehen hoch, während Sie die Fersen dabei am Boden lassen. Spannen Sie wieder die Unterschenkel an, verkrampfen Sie aber dabei die Muskulatur nicht. Atmen Sie dabei ganz normal weiter. Halten Sie die Spannung ca. 30 Sekunden lang. Lassen Sie nun wieder los und konzentrieren Sie sich auf den Übergang von der Anspannung vorher zur Entspannung jetzt.
>
> (ca. eine Minute Entspannung)
>
> **Knie und Oberschenkel:**
>
> Drücken Sie die Knie ganz fest gegeneinander. Spannen Sie dann zusätzlich noch die Oberschenkel stark an, atmen Sie dabei möglichst normal weiter.
>
> Halten Sie die Spannung ca. 30 Sekunden lang.
>
> Lassen Sie dann wieder los, konzentrieren Sie sich dabei auf den Unterschied zwischen der Anspannung vorher und der Entspannung jetzt.
>
> (ca. eine Minute Entspannung)

Schultern:

Setzen Sie sich auf die vordere Stuhlkante. Winkeln Sie die Unterarme waagrecht an. Ziehen Sie dann die Schulterblätter so weit wie möglich nach hinten. Versuchen Sie, die Schulterblätter so weit nach hinten zu ziehen, dass diese sich fast berühren. Vergessen Sie wiederum dabei das Atmen nicht. Sie können sich bei dieser Übung auch vorstellen, dass Sie eine Streichholzschachtel mit den Schulterblättern festhalten müssten. Spannen Sie den Schulterbereich stark an. Halten Sie die Spannung ca. 30 Sekunden lang. Lassen Sie nun wieder los, achten Sie auf den Übergang von der Anspannung zur Entspannung.

(ca. eine Minute Entspannung)

Nacken:

Ziehen Sie den Kopf mit aller Kraft nach vorne auf die Brust und spannen Sie dadurch die Nackenmuskulatur stark an. Atmen Sie dabei möglichst normal weiter. Halten Sie die Spannung ca. 30 Sekunden lang. Lassen Sie dann los und konzentrieren Sie sich dabei auf das Entspannungsgefühl in der Nackenmuskulatur.

(ca. eine Minute Entspannung)

Setzen Sie sich auf die vordere Stuhlkante. Lassen Sie dann zunächst beide Arme locker nach unten hängen. Ziehen Sie dann die Schultern ganz hoch, so weit wie es geht. Ziehen Sie die Schultern so weit es geht in Richtung der Ohren. Drücken Sie dann den Kopf zusätzlich LEICHT in das Genick, so dass ein Polster zwischen Schultern und Hals entsteht. Drücken Sie dieses Polster nun zusammen, indem Sie LANGSAM den Kopf zwischen den Schultern hin- und herrollen. Halten Sie dabei die Schultern weiterhin nach oben gezogen. Denken Sie dabei auch wieder an das Atmen. Rollen Sie den Kopf LANGSAM zwischen den Schultern hin und her und drücken Sie dadurch das Polster zwischen Schultern und Nacken zusammen. Rollen sie den Kopf ca. 30 Sekunden LANGSAM lang hin und her. Lassen Sie dann los und nehmen Sie wieder den Unterschied zwischen der Anspannung vorher und der Entspannung jetzt wahr.

(ca. eine Minute Entspannung)

Schultern und Oberarme:

Strecken Sie beide Arme waagrecht nach vorne aus. Schieben Sie dann die Arme, so weit es geht, aus den Schultern heraus. Schieben Sie die Arme so weit nach vorne weg, wie es möglich ist. Sie können sich dabei vorstellen, einen schweren Gegenstand (z. B. einen Schrank) wegzuschieben. Spannen Sie die Schultern an, indem Sie die Arme weit aus den Schultern heraus nach vorne wegschieben. Halten Sie die Spannung ca. 30 Sekunden lang. Lassen Sie dann los und achten Sie auf die Entspannung im Schulter- und Oberarmbereich.

(ca. eine Minute Entspannung)

Bauch:

Ziehen Sie den Bauch dabei ganz weit ein. Spannen Sie dabei die Bauchdecke ganz stark an. Spüren Sie die Spannung in der Bauchmuskulatur. Halten Sie die Spannung ca. 30 Sekunden lang. Lassen Sie dann los und achten Sie auf den Übergang von der Anspannung zur Entspannung.

(ca. eine Minute Entspannung)

Spannen Sie dann die Bauchdecke dadurch an, dass Sie die Bauchdecke so weit wie möglich nach außen drücken. Machen Sie einen ganz runden Bauch. Spannen Sie die Bauchdecke dabei an. Halten Sie die Spannung ca. 30 Sekunden lang. Entspannen Sie dann die Bauchdecke wieder.

(ca. eine Minute Entspannung)

Gesicht:

Kneifen Sie die Augen fest zusammen, als würden Sie geblendet. Machen Sie zusätzlich noch einen ganz breiten Mund, ziehen Sie die Mundwinkel so weit wie möglich auseinander, als würden Sie ganz angestrengt lächeln. Drücken Sie jetzt noch ganz fest die Zunge an den Gaumen. Halten Sie die Spannung ca. 30 Sekunden lang. Lassen Sie die angespannte Gesichtsmuskulatur dann los und achten Sie auf den Übergang von der Anspannung zur Entspannung.

(ca. eine Minute Entspannung)

Oberarme und Brustmuskulatur:

Legen Sie beide Oberarme eng an den Oberkörper an. Drücken Sie dann den Brustkorb zusammen, indem Sie beide Oberarme so stark wie es geht gegen den Brustkorb drücken. Drücken Sie die Oberarme so stark es geht gegen den Brustkorb. Halten Sie die Spannung ca. 30 Sekunden. Lassen Sie dann los und achten Sie auf die Entspannung in den Oberarmen und im Brustkorb.

(ca. eine Minute Entspannung)

Die oben beschriebenen formalen Übungen können Sie noch effizienter durchführen, indem Sie unmittelbar nach dem Loslassen der Muskulatur damit beginnen, die Atmung bewusst zu kontrollieren (vgl. Kapitel 14). Der komplette Übungsablauf dazu ist nachstehend beschrieben.

> **Übungsablauf bei der Kombination der muskulären An- und Entspannung mit der Atmung:**
>
> 1. Die jeweilige Muskulatur stark anspannen.
> 2. Loslassen und sich auf die Wahrnehmung des Kontrastgefühls zwischen der Anspannung und der Entspannung konzentrieren.
> 3. Nach dem Loslassen sofort eine Atemtechnik einsetzen (vgl. Kapitel 14). Dabei ein bis zwei Minuten die Atmung bewusst kontrollieren und die Wahrnehmung zwischen dem muskulären Entspannungsgefühl und der Veränderung der Atmung pendeln lassen.

15.3 Muskuläre Entspannung in Prüfungssituationen

Natürlich kann man diese Übungen nicht in genau der oben beschriebenen Form einsetzen, während man sich in einer mündlichen oder schriftlichen Prüfung befindet. Die beschriebenen „formalen" Übungen sensibilisieren jedoch die Wahrnehmung für die muskuläre An- und Entspannung und erleichtern es, modifizierte Übungen durchzuführen, während man sich in der Prüfung befindet. Sie erhöhen darüber hinaus generell die Sensibilität für die Wahrnehmung der Anspannung und Entspannung, dadurch wird der Effekt der Entspannung mit zunehmender Übung immer deutlicher spürbar. Die oben beschriebenen Standardübungen stellen daher eine wesentliche Voraussetzung dazu dar, individuell und situativ modifizierte muskuläre Entspannungsübungen während einer schriftlichen oder mündlichen Prüfung durchzuführen. Man kann diese formalen Übungen natürlich auch kurz vor einer Prüfung durchführen, sofern man dabei ungestört ist. Für den Einsatz in der Gegenwart anderer Menschen muss man sie dagegen etwas modifizieren. Um den Einsatz der modifizierten muskulären An- und Entspannung zu verdeutlichen, kann man folgende Übung durchführen:

> **Übung: Anwendung muskulärer Techniken in Realsituationen**
>
> Setzen Sie sich auf einen Stuhl und versuchen Sie, während Sie Ihre Körperposition nach außen hin nicht sichtbar ändern, eine möglichst große Menge an Muskulatur stark anzuspannen. Sie können z. B. sehr wahrscheinlich die Fußmuskulatur anspannen, die Unterschenkelmuskulatur, die Oberschenkelmuskulatur, die Gesäßmuskulatur, vielleicht auch einen Teil der Rücken- und Bauchmuskulatur, eventuell auch Teile der Schulter- und Oberarmmuskulatur. Dies alles wie gesagt ohne die Körperposition nach außen hin sichtbar zu verändern.

Mit etwas Übung werden Sie die abgewandelten oben beschriebenen Übungen in Prüfungssituationen einsetzen können und dadurch erstens sehr viel Energie, die sich sonst als innere Anspannung und Unruhe äußern würde, abbauen und sich zweitens sehr schnell ein muskuläres Entspannungsgefühl verschaffen können.

Während einer schriftlichen Prüfung kann man z. B. folgende Übungen durchführen:

- Spannen Sie die Fuß- und Unterschenkelmuskulatur an.
- Spannen Sie die Oberschenkelmuskulatur an.
- Spannen Sie die Gesäßmuskulatur an.
- Spannen Sie die Oberarmmuskeln an.
- Drücken Sie die Füße gegen den Boden.
- Spannen Sie die Schultermuskulatur an.
- Drücken Sie mit den Handflächen von unten gegen die Tischplatte.
- Umfassen Sie die Tischplatte und drücken Sie sie zusammen.
- Umfassen Sie einen Gegenstand (Stift, Lineal etc.) und drücken ihn zusammen.
- …

Während einer mündlichen Prüfung, bei der man sitzt, kann man z. B. folgende Übungen durchführen:

- Drücken Sie die Knie gegeneinander.
- Spannen Sie die Gesäßmuskulatur an.
- Spannen Sie die Fuß- und Unterschenkelmuskulatur an.
- Spannen Sie die Oberschenkelmuskulatur an.
- Drücken Sie die Füße gegen den Boden.
- Drücken Sie den Rücken gegen die Stuhllehne.
- …

Bei einer mündlichen Prüfung, bei der man steht, kann man folgende Übungen durchführen:

- Spannen Sie die Fußmuskulatur an.
- Spannen Sie die Unterschenkelmuskulatur an.
- Spannen Sie die Oberschenkelmuskulatur an.
- Spannen Sie die Gesäßmuskulatur an.
- Spannen Sie die Oberarmmuskulatur an.
- Spannen Sie die Schulter- und die Rückenmuskulatur an.
- …

Zu all den oben beschriebenen Übungen kann man natürlich jede erdenkliche Variation durchführen oder auch neue Übungen erfinden. Es kommt dabei nur darauf an, dass man dabei einen deutlichen Kontrast zwischen der Anspannung und der Entspannung wahrnehmen kann.

Der Einsatz der muskulären Entspannung während einer Prüfung wird umso leichter fallen und umso unauffälliger sein, je mehr man vorher geübt hat und je intensiver man geübt hat. Welche Muskelgruppen man in den Situationen, in denen andere Menschen nicht bemerken sollen, dass man an- und entspannt, benutzt werden können, hängt natürlich auch von der jeweiligen Kleidung ab.

Ein vollständiges Trainingsprogramm zum Erlernen der muskulären Entspannung findet sich bei Hofmann (2012).

16 Techniken zur Entschärfung hinderlicher Gedanken bei Prüfungen

Gegenstand dieses Kapitels ist die Wirkung von Gedanken auf die Anspannung. Diese wird zuerst mit einer Vorstellungsübung demonstriert. Danach wird die Identifikation von Stressgedanken besprochen und Änderungsstrategien für die identifizierten Stressgedanken vorgestellt. Abschließend wird die Arbeit mit Stressgedanken in bzw. vor einer Prüfung diskutiert.

Genau so wie sich die Atmung und die Muskelspannung in Stresssituationen verändern, kann es auch sein, dass sich die Gedanken verändern. Die Veränderung der Gedanken kann dabei zwei Folgen haben. Erstens können sich die Gedanken von der eigentlichen Aufgabenbewältigung weg und hin zu eher ablenkenden Inhalten verlagern. Wenn man sich in einer Prüfungssituation mit anderen Dingen als den eigentlichen Aufgaben beschäftigt, anstatt die volle Aufmerksamkeit auf die Erfüllung der eigentlichen Aufgaben zu richten, kann dies natürlich zu Leistungseinbußen führen. Zweitens können sich Gedanken unter Umständen entsprechend dem Yerkes-Dodson-Gesetz auch negativ auf die Effektivität des Verhaltens auswirken, indem sie die Anspannung steigern können.

Wo sollten die Gedanken in einer Prüfung sein, um ein optimales Ergebnis zu erzielen?
– auf die Situation konzentriert – auf die Problemlösung bezogen – in der Gegenwart
Sie sind dagegen in Prüfungssituationen oft:
– bei der Selbstbewertung – bei der Wahrnehmung der eigenen Anspannung – auf die Zukunft oder die Vergangenheit bezogen

16.1 Die Wirkung von Gedanken auf die Anspannung

Um die Wirkung von Stressgedanken bei sich selber und unmittelbar erleben und spüren zu können, können Sie folgende Vorstellungsübung durchführen:

> **Übung zur Wirkung von Gedanken:**
>
> **1. Schritt:**
> - Suchen Sie sich einen Gedanken, von dem Sie wissen, dass er dazu geeignet ist, in einer Prüfungssituation bei Ihnen Anspannung zu erzeugen.
> - Sie können dazu z. B. an die letzte Prüfung, Klassenarbeit etc. zurückdenken und überlegen, welcher Gedanke Ihnen in dieser Situation durch den Kopf ging.
> - Wichtig ist, dass der Gedanke, wenn Sie ihn in der Prüfungssituationen denken, für Sie zu erhöhter Anspannung führen kann.
>
> **2. Schritt:**
> - Setzen Sie sich nun mit geschlossenen Augen hin uns denken Sie diesen Gedanken.
> - Sagen Sie ihn sich innerlich immer wieder vor, so wie eine sich ständig wiederholende Schallplatte mit Sprung oder wie ein Endlosband.
> - Sagen Sie sich diesen Satz ca. zwei Minuten innerlich vor.
>
> **3. Schritt:**
> - Nehmen Sie sich nun Zeit, auf Ihren Körper zu achten.
> - Achten Sie dabei auf die körperlichen Reaktionen, die während dem Denken des lästigen Gedankens aufgetreten sind.

Sehr wahrscheinlich werden Sie bei dieser Übung die für Sie typischen Symptome körperlicher Anspannung gefühlt haben.

Praktisches und durch Gedanken erzeugtes Problem

Nach dem Yerkes-Dodson-Gesetz besteht ein Zusammenhang zwischen der Effektivität des Verhaltens und der Anspannung in Form einer umgekehrten U-Funktion. Praktische Probleme resultieren meist aus Anforderungen und Gegebenheiten in der Außenwelt, z. B. eine Prüfung zu bestehen, eine Klassenarbeit zu schreiben etc. Meist reicht die Anspannung, die durch die Anforderungen des praktischen Problems entsteht, vollkommen aus, um sich in den Bereich der mittleren Anspannung und somit in den Bereich der höchsten Verhaltenseffizienz zu bringen. Jede weitere Anspannung führt dann dazu, dass die Verhaltenseffektivität absinkt (vgl. Abbildung 26). Durch das intensive Beschäftigen mit Stressgedanken kann man sich zusätzlich zu dem praktischen Problem noch ein durch Gedanken erzeugtes Problem schaffen, das die Anspannung weiter in die Höhe treibt und die Verhaltenseffektivität absinken lässt. Da man zumindest prinzipiell auf unsere Gedanken direkten Zugriff hat, besitzt man damit auch eine Möglichkeit, dieses durch Gedanken erzeugte Problem aufzulösen oder zumindest zu reduzieren.

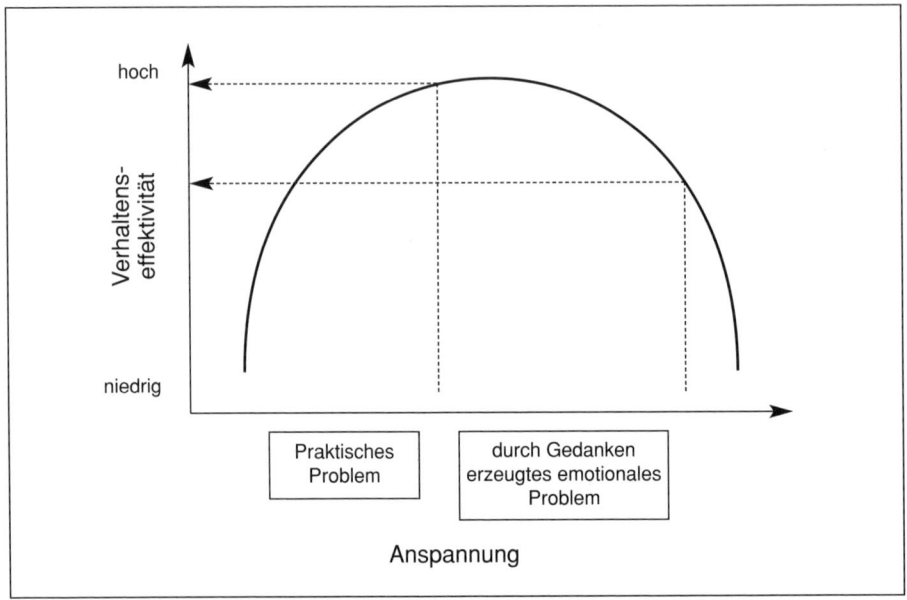

Abbildung 26: Praktisches und durch Gedanken erzeugtes Problem

Nach unseren Erfahrungen aus Seminaren sind ca. 90 % der Gedanken, die den Teilnehmern in einer Prüfungssituation durch den Kopf gehen, solche Gedanken, die zur Lösung des praktischen Problems nichts beitragen (was für sich allein genommen nicht sehr schlimm wäre) und darüber hinaus auch noch geeignet sind, ein emotionales Problem zu erzeugen, das dann die Verhaltenseffektivität beeinträchtigen kann. Der Gedanke: „Warum habe ich mich nicht besser vorbereitet?" trägt z. B. kurz vor der Prüfung nichts zur Lösung des praktischen Problems bei. Wenn man sich dagegen ein halbes Jahr vorher mit diesem Gedanken beschäftigt, so kann er natürlich sehr wohl helfen, das praktische Problem zu lösen, da man ja dann noch einiges zur Vorbereitung tun kann. In der Situation einige Minuten vor der Prüfung hingegen, ist er nicht nur nicht hilfreich, sondern kann sich zudem auch noch negativ auswirken. Man hat in dieser Situation das praktische Problem, eine Prüfung bestehen zu müssen. Wenn man sich zusätzlich noch mit dem Gedanken beschäftigt, dass die Strategie zur Vorbereitung falsch war, man zu faul war etc., kann man sich dadurch noch zusätzlich ein emotionales Problem selber schaffen, das die Verhaltenseffektivität reduzieren kann.

16.2 Identifikation von Stressgedanken

Da die Gedanken in Stresssituationen meist unbewusst ablaufen, ist es notwendig, sich in einem ersten Schritt mit der genauen Identifikation der später evtl. zu verändernden Stressgedanken zu befassen. Nur dann, wenn in der jeweiligen

Situation tatsächlich der relevante Gedanke mit den unten beschriebenen Techniken bearbeitet wird, werden die beschriebenen Veränderungsstrategien auch erfolgreich sein können.

> **Beispiel: Identifikation von Stressgedanken**
>
> Stellen Sie sich vor, Sie hätten heute eine mündliche Prüfung. Sagen wir, die Prüfung beginnt um 10.00 Uhr. Vielleicht können Sie sich noch an eine Prüfung erinnern, die noch nicht so lange zurückliegt, oder sich eine Prüfung vorstellen, die in absehbarer Zeit auf Sie zukommen wird. Nachstehend sind verschiedene Situationen beschrieben, die im Zusammenhang mit einer Prüfung auftreten können. Versuchen Sie, sich in die jeweils beschriebene Situation hineinzuversetzen und notieren Sie in der jeweiligen Phase die Gedanken, die Ihnen in der entsprechenden Situation wohl durch den Kopf gehen würden oder gegangen sind.
>
> **Phase 1:**
> Sie sind noch zu Hause, es ist jetzt 9.00 Uhr. Die Prüfung beginnt um 10.00 Uhr. Notieren Sie die Gedanken, die Ihnen in dieser Situation wahrscheinlich durch den Kopf gehen werden oder in einer ähnlichen Situation durch den Kopf gegangen sind.
>
> **Phase 2:**
> Sie sind jetzt auf dem Weg zu dem Ort der Prüfung, es ist 9.30 Uhr. Notieren Sie die Gedanken, die Ihnen in dieser Situation oder in einer ähnlichen Situation wahrscheinlich durch den Kopf gehen werden oder durch den Kopf gegangen sind.
>
> **Phase 3:**
> Sie stehen vor dem Zimmer, in dem die Prüfung stattfindet. Sie sehen ein Schild „Bitte nicht stören – Prüfung", es ist 9.45 Uhr.
>
> Notieren Sie die Gedanken, die Ihnen in dieser Situation oder in einer ähnlichen Situation wahrscheinlich durch den Kopf gehen werden oder durch den Kopf gegangen sind.
>
> **Phase 4:**
> Es ist jetzt 10.10 Uhr, eigentlich sind Sie seit 10 Minuten an der Reihe, der Prüfling vor Ihnen ist aber noch in dem Zimmer.
>
> Notieren Sie die Gedanken, die Ihnen in dieser Situation oder in einer ähnlichen Situation wahrscheinlich durch den Kopf gehen werden oder durch den Kopf gegangen sind.

Nachfolgend sind einige Gedanken aufgeführt, die Teilnehmern an Seminaren beim Ansehen eines Films mit den oben beschriebenen Situationen durch den Kopf gegangen sind:

> **Häufig vorkommende Gedanken vor einer Prüfung:**
>
> – Ich weiß nichts mehr.
> – In einer Stunde habe ich es hinter mir.
> – Kann ich mich konzentrieren?
> – Wird meine Taktik funktionieren?
> – Hoffentlich hat der Prüfer einen guten Tag.
> – Ich werde es schaffen.
> – Ich werde einen Schweißausbruch kriegen.
> – Ich hätte mehr lernen sollen.
> – Hoffentlich blamiere ich mich nicht.
> – Bin ich gut vorbereitet?
> – Vielleicht fällt die Prüfung aus.
> – Kriege ich einen Blackout?
> – Ich fange an zu stottern.
> – Das Leben geht trotzdem weiter.
> – Das halte ich nicht aus.
> – Hoffentlich geht alles gut.
> – Ich habe Angst.
> – Wie ist der Prüfer aufgelegt?
> – Noch eine halbe Stunde.
> – Ich könnte versagen.
> – Was für Fragen könnten gestellt werden?
> – Was kann jetzt noch passieren?
> – Ganz ruhig bleiben.
> – Das Herz schlägt schneller.
> – Jetzt gibt es kein Zurück mehr.
> – Welche Pfeife braucht so lange?
> – Unverschämt, mich warten zu lassen.
> – Was könnte er für blöde Fragen stellen?

Stressgedanken laufen in der Regel unbemerkt ab, sie werden „automatisch" gedacht und im Normalfall nicht näher hinterfragt, sondern einfach als stimmig hingenommen und können so ihre unter Umständen negative Wirkung ungestört entfalten.

Eine Schwierigkeit bei der Identifikation von Stressgedanken liegt in der Tatsache begründet, dass man sich innerlich dagegen sträubt, sich bewusst auf die Stressgedanken zu konzentrieren und diese auch noch näher zu untersuchen. Die Stressgedanken und auch insbesondere die Kernstressgedanken zu denken, bedeutet daher sowohl Überwindung als auch geistige Arbeit. Diese Überwindung und diese Arbeit lohnt sich jedoch, da dies die Grundvoraussetzung darstellt, diese häufig für uns nachteiligen Gedanken verändern zu können.

16.2.1 Oberflächengedanken und Kerngedanken

Es ist erfahrungsgemäß so, dass die Gedanken, die uns zu einer Stresssituation, z. B. einer Prüfungssituation, spontan einfallen, nicht die tatsächlichen stressauslösenden Gedanken sind. Diese spontanen Gedanken werden „Oberflächengedanken" genannt. Die tatsächlich stressigen Gedanken werden dagegen „Kerngedanken" oder „Stressgedanken" genannt. Diese „Verstecktheit" der Kernstressgedanken ist dadurch zu erklären, dass stressauslösende Gedanken in aller Regel ja lästige Gedanken sind. Man versucht daher häufig, sie wegzuschieben. Diese Art des Beiseiteschiebens funktioniert aber in aller Regel nicht, da Gedanken sich umso stärker ins Bewusstsein drängen, je mehr man versucht, sie zu verdrängen (Salkovskis, 1994). Dies führt wiederum dazu, dass man eine Art „Kompromiss" finden muss, man beschäftigt sich dabei zwar bewusst mit den Gedanken, tut dies aber in einer Art und Weise, in der sie nicht unmittelbar stressauslösend sind. Dies geschieht in der Regel dadurch, dass man sich nicht mit den eigentlichen stressauslösenden Gedanken beschäftigt, sondern mit Gedanken, die zwar auf die jeweilige Problematik bezogen sind, aber etwas „danebenliegen", man denkt quasi knapp an den eigentlichen Stressgedanken vorbei.

In der obigen Übung tauchen immer wieder Gedanken auf wie z. B.: „Habe ich auch alles gelernt?" Dies ist ein typischer Oberflächengedanke. Der stressauslösende Kerngedanke, der dahintersteht, kann z. B. sein: „Ich habe bestimmt nicht alles gelernt, es wird schlimm, wenn der Prüfer etwas fragt, was ich nicht gelernt habe!" Nur die Bearbeitung der jeweiligen stressauslösenden Kerngedanken mit den weiter unten beschriebenen Veränderungstechniken wird jedoch etwas am Stresserleben in konkreten Situationen ändern können, die Bearbeitung von Oberflächengedanken dagegen wird nutzlos bleiben.

16.2.2 Das Finden der Kerngedanken

Wie kann man nun feststellen, ob ein Gedanke nur ein Oberflächengedanke oder der tatsächliche Kerngedanke ist? Dazu gibt es zwei Kriterien, ein inhaltliches Kriterium und ein formales Kriterium.

Inhaltliches Kriterium

Die zentrale Frage zur Unterscheidung von Oberflächen- und Kerngedanken lautet: „Reicht dieser Gedanke dazu aus, eine entsprechende emotionale Reaktion auszulösen?". Ist dies nicht der Fall, so muss weiter gesucht werden. Eine weitere Frage kann sein: „Gibt es einen Gedanken, der noch stärker wirksam sein könnte" oder: „Was müsste ich denken, um die Situation noch zu verschärfen?"

Wenn einem z. B. unmittelbar vor einer Prüfung oder Klassenarbeit der Gedanke „Hoffentlich werde ich auch auf alle Fragen antworten können" durch den Kopf geht, so ist dies wahrscheinlich nicht der Kerngedanke. Man kann versuchen, einen Gedanken zu finden, der in dieser Situation „stärker" wirkt. Sehr wahrscheinlich ist der Gedanke „Ich befürchte, nicht auf alle Fragen antworten zu können" eher der relevante Kerngedanke.

Formales Kriterium

Sätze, die einem in Stresssituationen durch den Kopf gehen, haben niemals den Charakter von Fragen, sondern den Charakter massiver Aussagen. Der Gedanke „Habe ich auch alles gelernt?" ist z. B. ein Oberflächengedanke. Der dahinterstehende Kern-Stressgedanke kann z. B. sein: „Ich habe sicher nicht alles gelernt".

16.3 Veränderungsstrategien – Verdrängen funktioniert nicht!

Die einfachste Möglichkeit, mit Gedanken umzugehen, die ein emotionales Problem erzeugen können, wäre es, sie einfach zu verdrängen, zu vergessen. Sollten Sie zu den glücklichen Menschen gehören, die das einfach so können, so gratuliere ich Ihnen zu dieser Fähigkeit. In aller Regel ist es jedoch nicht möglich, solche Gedanken einfach zu vergessen, im Gegenteil: Je mehr man versucht, Gedanken zu verdrängen, desto mehr schieben sie sich in das Bewusstsein. Der einzige Weg, diese Gedanken zu bearbeiten, ist es, sich auf sie zu konzentrieren UND sie dabei zu verändern. Es ist dabei sehr wichtig, dass man sich die KERN-Stressgedanken im ersten Schritt bewusst macht. Dadurch erreicht man häufig schon eine Relativierung, da man den jeweiligen Oberflächengedanken „auf den Grund geht". Da der Kern-Stressgedanke in der Regel „unbewusst" ist, kann das Bewusstmachen schon eine deutliche Veränderung bedeuten. Man hat dann die Chance, sich an den Kern-Stressgedanken „zu gewöhnen". Dies ist schon eine erste Art der Bearbeitung. Die weitere Bearbeitung kann mit den unten beschriebenen Techniken erfolgen.

Der folgende Abschnitt befasst sich mit Techniken, mit deren Hilfe man Stressgedanken verändern kann und ihnen damit ihre negative Wirkung nehmen kann. Grundlage hierfür ist es, dass Sie Ihre Stressgedanken in der jeweiligen Situationen genau wahrnehmen und mit den tatsächlichen Kern-Stressgedanken arbeiten. Wie oben dargestellt, laufen die Gedanken ja normalerweise sehr schnell und mit sehr wenig bewusster Aufmerksamkeit ab. Es genügt also nicht, die beschriebenen Techniken „nebenbei" anzuwenden. Um einen Effekt zu erzielen, muss man sich einige Zeit voll auf die Gedanken konzentrieren, erst dann besteht eine Chance, dass die Gedanken ihrer negativen Wirkung beraubt werden.

16.3.1 Bewusstmachen von Stressgedanken

Die erste Technik, die auch gleichzeitig eine Voraussetzung für die Anwendung der anderen Techniken darstellt, ist es, sich die Stressedanken bewusst zu machen. Hierbei kommt uns die Tatsache zugute, dass wir im Erzeugen von Stressgedanken nicht sehr erfinderisch sind. In vielen Situationen werden es immer wieder die selben oder zumindest ähnliche Gedanken sein, die uns durch den Kopf gehen. Wir haben gleichsam unsere „Lieblingsstressgedanken". Um diese „Lieblingsstressgedanken" herauszufinden, ist es günstig, sich einfach einige Zeit lang selber zu beobachten. Überprüfen Sie, ob die Gedanken auch die wirklichen Stressgedanken sind, oder ob es sich dabei nur um Oberflächengedanken handelt (Gedanken als Frage, Gedanken als neutrale Aussage). Das Kriterium dabei ist: „Können Sie sich mit diesem Gedanken zusätzlich zum praktischen Problem noch ein emotionales Problem erzeugen?"

Sind der oder die relevanten Kern-Stressgedanken identifiziert, so kann man daran gehen, diese gezielt zu verändern. Die Veränderung erfolgt dabei so, dass sie keine negative Wirkung mehr entfalten und kein emotionales Problem mehr erzeugen können.

16.3.2 Gedankenstopp

Die erste Veränderungstechnik ist der sogenannte Gedankenstopp. Durch den Gedankenstopp wird der „normale" Gedankenfluss unterbrochen. Dies kann dadurch geschehen, dass man „STOPP!" denkt, sich ein Stoppschild vorstellt. Sehr effektiv kann man Gedanken auch dadurch stoppen, dass man sich um das Handgelenk ein Gummiband legt, und beim Auftreten eines Stressgedankens das Gummiband spannt und dann gegen das Handgelenk knallen lässt. Dabei sollte ein leichter Schmerz entstehen, der den Gedankenfluss unterbricht. Mit der Zeit werden dann die Stressgedanken automatisch gestoppt werden. Beim Gedankenstopp handelt es sich um eine sehr einfache und eine sehr effektive Technik. Sie muss jedoch wie alle Techniken regelmäßig geübt werden, um in der realen Situation eingesetzt werden zu können.

16.3.3 Lösungsorientierte Aussagen

Um die Technik des Gedankenstopps noch weiter zu intensivieren, kann nach dem Gedankenstopp bewusst ein Gedanke gedacht werden, der sich auf die Bewältigung der jeweiligen Aufgabe bezieht. Ähnlich wie man bei einem Radio von einem Kanal auf einen anderen wechselt, ersetzt man die Stressgedanken durch die aufgabenbezogenen, positiveren Gedanken.

Solche positiven, aufgabenbezogenen Gedanken können bei schriftlichen Prüfungen sein:
– „Ich fange mit der leichtesten Aufgabe an" – „Ich verschaffe mir zuerst eine Überblick über die Aufgaben, bevor ich mit der Lösung beginne". – „Wenn ich eine Aufgabe gelöst habe, kontrolliere ich noch einmal, ob ich einen Flüchtigkeitsfehler gemacht habe". – „Wenn ich eine Aufgabe nicht lösen kann, so stelle ich sie erst einmal zurück". – „Wenn ich nervös werde, atme ich mit der entsprechenden Atemtechnik". – „Bei ablenkenden Gedanken konzentriere ich mich gleich wieder auf die Aufgaben".
Bei einer mündlichen Prüfung können es z. B. folgende Gedanken sein:
– „Bei den Fragen höre ich aufmerksam zu". – „Wenn ich eine Frage nicht verstehe, bitte ich den Prüfer, sie zu wiederholen". – „Ich lasse mir Zeit zum Nachdenken" – „Ich werde mit ruhiger Stimme sprechen". – Wenn ich eine Antwort nicht gewusst habe, konzentriere ich mich auf die nächste Frage". – „Ich rede so lange wie möglich über mein Spezialthema".

16.3.4 Submodale Veränderung

Bei dieser Technik wird die Tatsache nutzbar gemacht, dass für die emotionale Bedeutung eines Gedankens nicht nur wichtig ist, wie der Gedanke INHALTLICH wahrgenommen wird. Für die emotionale Bedeutung eines Gedankens ist es auch wichtig, wie er FORMAL wahrgenommen wird. Durch eine Veränderung der rein formalen Wahrnehmung von Gedanken kann deren emotionale Bedeutsamkeit verändert werden. Dazu erfolgt bei der nachfolgenden Übung die Konzentration auf den Stressgedanken, man wendet sich also aktiv dem Stressgedanken zu, verändert aber dabei die Modalitäten (Lautstärke, Stimmhöhe, Sprechgeschwindigkeit, ...), mit denen der Gedanke innerlich wahrgenommen wird.

Übung: Submodale Veränderung

Um diese Übung durchzuführen ist es günstig, einen ruhigen Ort aufzusuchen, an dem man ca. 15 Minuten ungestört ist. Da es vielen Menschen leichter fällt, sich mit geschlossenen Augen auf Gedanken zu konzentrieren, sollten Sie versuchen, diese Übung mit geschlossenen Augen durchzuführen. Sollte Ihnen das Schwierigkeiten machen, können Sie die Übung aber auch mit offenen Augen durchführen.

- Suchen Sie sich einen für Sie persönlich wirksamen Stressgedanken. Überprüfen Sie, ob es sich auch tatsächlich um einen Kerngedanken handelt.
- Sagen Sie sich diesen Stressgedanken innerlich wie ein Endlosband zwei Minuten lang vor, konzentrieren Sie sich auf die körperlichen Veränderungen, die dabei entstehen.
- Entscheiden Sie nun, welches Geschlecht die Stimme hat, mit der Sie sich den Satz innerlich selber vorsagen, ist es eine männliche oder eine weibliche Stimme?
- Versuchen Sie dann, den Satz von dem jeweils anderen Geschlecht gesprochen wahrzunehmen. Wenn Sie den Gedanken innerlich von einer weiblichen Stimme gesprochen hören, versuchen Sie, ihn von einer männlichen Stimme gesprochen wahrzunehmen und umgekehrt.
- Kehren Sie nun wieder zu der Originalversion des Satzes zurück, sagen Sie sich den Stressgedanken wieder von dem Geschlecht gesprochen vor, mit dem Sie normalerweise den Satz innerlich zu sich selber sagen.
- Entscheiden Sie dabei nun, ob die Stimme, mit der Sie sich den Satz innerlich selber vorsagen, eher eine hohe oder eher eine tiefe Stimme ist.
- Verändern Sie dann die Höhe der Stimme, stellen Sie sich den Satz einmal ganz hoch und einmal ganz tief gesprochen vor.
- Kehren Sie dann wieder zur Originalversion des Satzes zurück, sagen Sie sich den Satz wieder in der Form vor, in der Sie sich den Satz normalerweise innerlich vorsagen würden.
- Entscheiden Sie nun, aus welcher Richtung Sie den Satz in der Originalversion hören (von vorne, von hinten, von der Seite, ...).
- Verändern Sie dann die Richtung, aus der Sie den Satz hören. Versuchen Sie, ihn aus verschiedenen anderen Richtungen zu Ihnen gesprochen wahrzunehmen.
- Kehren Sie dann wieder zur Originalversion des Satzes zurück. Nehmen Sie nun wahr, ob Sie den Satz in der Originalversion eher laut oder eher leise gesprochen wahrnehmen.
- Verändern Sie dann die Lautstärke, mit der Sie den Satz innerlich hören, versuchen Sie, den Satz ganz laut oder ganz leise gesprochen wahrzunehmen.
- Kehren Sie dann wieder zu der Originalversion des Satzes zurück, nehmen Sie ihn wieder so wahr, wie Sie ihn normalerweise innerlich zu sich selber sagen.
- Versuchen Sie dann, sich vorzustellen, wie sich der Satz ganz schnell oder ganz langsam gesprochen anhört. Verändern Sie die Geschwindigkeit, mit der der Satz gesprochen wird.

- Kehren Sie danach wieder zur Originalversion des Satzes zurück. Stellen Sie nun fest, ob Sie den Satz in der Originalversion in Hochdeutsch oder in Dialekt gesprochen hören.
- Versuchen Sie dann, den Satz in einem veränderten Dialekt gesprochen wahrzunehmen.
- Vielleicht gelingt es Ihnen auch, den Satz in einer Fremdsprache gesprochen wahrzunehmen.
- Kehren Sie danach wieder zu der Originalversion des Satzes zurück. Nehmen Sie den Satz wieder so wahr, wie Sie ihn normalerweise zu sich selber sagen würden.
- Stellen Sie sich nun den Satz auf eine gesungene Art und Weise vor, stellen Sie sich vor, wie sich der Satz gesungen anhören würde.
- Sagen Sie sich danach den Satz innerlich wieder in der Originalversion vor.
- Versuchen Sie nun, ob es Ihnen gelingt, sich den Satz von Ihrem Lieblingskomiker gesprochen vorzustellen.
- Rufen Sie sich dann zum Abschluss noch einmal diejenige Veränderung in Erinnerung, die die Bedeutung des Satzes für Sie am meisten verändert hat, sei es das Geschlecht, die Höhe, die Richtung der Stimme, die Lautstärke, die Geschwindigkeit, den Dialekt der Stimme, die Stimme in einer Fremdsprache oder von einem Komiker gesprochen oder die Stimme auf einer gesungenen Art und Weise zu hören.

Sagen Sie sich den Gedanken zum Abschluss der Übung noch einige Male in dieser für Sie den Satz am deutlichsten verändernden Form innerlich vor.

Sehr oft führt eine oder mehrere dieser submodalen Veränderungen dazu, dass der Stressgedanke als irreal, als nicht zu einem selber gehörig, erlebt wird. Manchmal wird er durch diese Art der Veränderungen sogar lächerlich, lustig, witzig. Die Veränderung von Gedanken mit Hilfe dieser Technik wird häufig damit beschrieben, dass die Gedanken schwerer vorstellbar, weniger bedrohlich, befremdlich, fremd, irrelevant, als räumlich und bedeutungsmäßig weiter entfernt erlebt werden.

Wenn man einen Kern-Stressgedanken in seiner emotionalen Qualität so verändern kann, dass er als lächerlich, nicht zu einem gehörig erlebt wird, hat er seine Eigenschaft als Stressgedanke eingebüßt und ist somit wirkungslos. Gelegentlich macht es nach einigen dieser submodalen Veränderungen sogar Schwierigkeiten, sich den Satz in der Originalversion vorzustellen. Wenn man keine Veränderung in der emotionalen Qualität des Satzes bemerkt, kann dies mehrere Ursachen haben:

> **Mögliche Probleme und deren Beseitigung:**
>
> - Sie haben sich vielleicht nicht genug konzentriert, versuchen Sie diese Übung zu einem anderen Zeitpunkt, in einer entspannten Situation durchzuführen.
> - Der Stressgedanke kann sehr stark sein, das Erlernen seiner Veränderung wird dadurch erschwert. Sagen Sie sich den Satz in der Originalversion weniger oft vor. Beginnen Sie, den Satz zu verändern, sobald Sie erste körperliche Symptome bei sich bemerken.
> - Der Stressgedanke kann auch zu schwach sei. Suchen Sie sich dann einen neuen, für Sie stärker bedrohlichen Gedanken und führen Sie die Übung mit diesem Gedanken durch.
> - Wenn all diese Veränderungen nichts bewirken, ist vielleicht eine andere der unten beschriebenen Veränderungstechniken für Sie effektiver.

16.4 Anwendung in der Prüfungssituation

Wie kann man nun Stress erzeugende Gedanken in einer mündlichen oder schriftlichen Prüfung verändern?

Im Erfinden von Stress erzeugenden Gedanken sind wir meist nicht sehr erfinderisch. Daher kann man sich die Stress erzeugenden Gedanken sehr gut bewusst machen, indem man sich die Prüfungssituation vorstellt. Man kann die stressigen Gedanken dann mit den oben beschriebenen Methoden verändern und diese Veränderung bereits im Vorfeld einer Prüfung trainieren. In der Prüfung selbst kann man dann auf das Eventuelle der Gedanken achten und die geplante Veränderung vornehmen. Dieser Prozess kostet natürlich zunächst geistige Energie, die dann natürlich bei der Bearbeitung des Prüfungsstoffes fehlt. Je besser jedoch die Veränderung von Gedanken trainiert ist, desto weniger geistige Energie erfordert sie. Auch hier gilt, dass die Technik so gut beherrscht werden sollte, dass man sich in der Prüfung nur noch darauf konzentrieren muss, DASS man die Technik einsetzt, jedoch nicht mehr darauf, WIE die Technik funktioniert.

17 Techniken zur Veränderung bildhafter Vorstellungen

In den vorausgegangenen Kapiteln wurden Methoden vorgestellt, mit denen man in der Prüfungssituation selbst die Nervosität verändern kann. In diesem Kapitel werden nun Techniken vorgestellt, mit denen man Gedanken in bildhafter Form verändern kann. Solche Gedanken treten in der Regel eher im Vorfeld einer Prüfung auf. Bereits „beim Gedanken" an eine Prüfung können solche bildhaften Vorstellungen oft schon ein ungutes Gefühl erzeugen. Dieses ungute Gefühl hat jedoch keine leistungssteigernde Funktion, wie es etwa ein gewisses Maß an Spannung kurz vor oder während einer Prüfung haben kann, es ist einfach nur lästig.

Mit dem Begriff „bildhafte Vorstellungen" oder „innere Bilder" sind einfach Gedächtnis- und Denkinhalte gemeint, die im Kopf in Form von Bildern existent sind. Wenn man Sie z. B. auffordern würde, an Ihr Auto zu denken, so würden Sie Ihr Auto sehr wahrscheinlich innerlich „sehen". Vielleicht wie es in der Garage oder auf einem Parkplatz steht oder vielleicht auch, wie Sie im Inneren des Autos sitzen. Sie können dabei wahrscheinlich „sehen", wie viele Türen Ihr Auto hat, welche Farbe es hat, wo die Antenne angebracht ist, welche Farbe und welches Muster die Sitze haben, wie das Armaturenbrett gestaltet ist und so weiter. Wenn sie sich eine bestimmte Person vorstellen, so wird ebenfalls ein „inneres Bild" dieser Person auftauchen. Sie können dann sehr wahrscheinlich „sehen", welche Haarfarbe diese Person hat, welche Frisur für sie typisch ist, welche Kleidung die Person normalerweise trägt, vielleicht auch, welche Augenfarbe die Person hat.

Solche Gedanken in Form von Bildern sind gemeint, wenn in diesem Kapitel von „bildhaften Vorstellungen", „inneren Bildern" oder von „Szenen" gesprochen wird. Dabei ist es prinzipiell egal, ob Sie die Gedanken in Form eines Standbildes (wie ein Foto) oder in Form einer Szene (wie ein Filmausschnitt) sehen. Wie genau muss dabei die Vorstellung sein, um mit ihr arbeiten zu können? Wenn Sie jemand fragen würde, wie viele Türen es in Ihrer Wohnung gibt, so würden Sie wahrscheinlich geistig durch Ihre Wohnung gehen und dabei die Zahl der Türen bestimmen. Diese Genauigkeit einer bildhaften Vorstellung reicht vollkommen aus, um die beschriebenen Veränderungen im inneren Erleben erzielen zu können.

17.1 Die Bedeutung bildhafter Vorstellungen

Manche Menschen denken eher in Bildern, manche eher in Sätzen. Die meisten Menschen denken jedoch sowohl in Bildern wie in Form von Sätzen. Bildhafte Vorstellungen haben oft eine höhere emotionale Bedeutsamkeit (was auch daran liegt, dass Sätze häufig abstrakter sind als Bilder), das muss jedoch nicht notwendigerweise immer so sein. Die häufig zu beobachtende stärkere emotionale Wirksamkeit bildhafter Vorstellungen gegenüber verbalen Gedanken rührt daher, dass man in der Kindheitsentwicklung bis zum Alter von ca. zwei Jahren noch über gar keine differenzierte Sprache verfügt. Die Ereignisse in der Außenwelt, die auf das zu diesem Zeitpunkt noch eher nonverbale Kind einströmen, kann es nur in bildhafter Art und Weise speichern, durchdenken oder ver- bzw. bearbeiten. Daher sind bildhafte Vorstellungen der ursprünglichere (weil zu diesem Zeitpunkt einzig mögliche) Teil unseres Denkens, der dadurch in der Regel stark ausgeprägt ist. Jedem von uns dürfte die Bedeutsamkeit bildhafter Vorstellungen aus Träumen bekannt sein. Der „innere Film", der im Traum abläuft, ist häufig so real, dass man glaubt, es sei gar kein „innerer Film", sondern die Realität selber. Diese „Realitätstäuschung" kann so real werden, dass die körperliche und emotionale Reaktion während eines Traumes genau die gleiche oder sogar eine noch stärkere ist, die auftreten würde, wenn sich die Szene im realen Leben abspielen würde. Man wacht dann z. B. schweißgebadet auf oder schreckt vor Angst hoch. Können Sie mit Sicherheit wissen, dass nicht in wenigen Sekunden der Wecker klingelt und Sie bemerken, dass Sie das Lesen dieses Textes nur geträumt haben? Im Traum als einer sehr lebhaften bildhaften Vorstellung erleben wir ja die Dinge, die scheinbar passieren auch als vollkommen real. Für das Entstehen von Emotionen ist es ziemlich egal, ob die bildhafte Vorstellung „objektiv" existiert, oder eben „nur" eine Vorstellung ist. Bildhafte Vorstellungen spielen häufig im Vorfeld einer Prüfung eine Rolle. Das unangenehme Gefühl vor der Prüfung äußert sich dabei dadurch, dass Bilder von der Prüfungssituation, den Prüfern etc. „automatisch" auftauchen und sich von selbst in das Bewusstsein drängen. Wie kann man mit solchen Gedanken umgehen? Die Möglichkeit, die Gedanken einfach nicht zu denken, scheidet leider aus. Dies ist auch unmittelbar einsichtig, da man ja einen Gedanken denken muss, um ihn absichtlich nicht zu denken. Man kann mit diesen Gedanken aber in der Weise umgehen, dass man sie absichtlich denkt, dabei aber einige Veränderungen an ihnen vornimmt und ihnen dadurch ihre emotionale Bedeutsamkeit nimmt. Bei „automatischen" Gedanken in Form von Bildern liegt manchmal die Schwierigkeit darin, die relevanten, emotional bedeutsamen Vorstellungen zu identifizieren.

17.2 Welche bildhaften Vorstellungen sollen bearbeitet werden?

Sie benötigen für die Durchführung der in diesem Kapitel beschriebenen Übungen zur Veränderung innerer Bilder ein aversives, also unangenehmes Bild, das Sie verändern möchten. Wie identifiziert man solche aversiven Bilder? Denken Sie dazu an eine Prüfung und halten Sie dasjenige Bild im Zusammenhang mit der Prüfung fest, das Ihnen zuerst vor Ihrem geistigen Auge erscheint und von dem Sie glauben, es sei eine emotional negativ gefärbte Vorstellung. Halten Sie dieses innere Bild einige Zeit fest und prüfen Sie, ob es tatsächlich geeignet ist, bei Ihnen eine unangenehme emotionale Reaktion auszulösen. Sollten Ihnen mehrere Bilder in den Sinn kommen, versuchen Sie, jedes einzelne Bild möglichst genau zu betrachten und prüfen Sie es auf seine emotional bedeutsame Qualität für Sie.

Es ist dann in einem zweiten Schritt sinnvoll zu prüfen, ob die bildhafte Vorstellung, die Ihnen zuerst in den Sinn kommt, tatsächlich die relevante Vorstellung ist, oder ob es nur ein „Oberflächenbild" ist, zu dem das relevante „Kernbild" noch gesucht werden muss. Das Kriterium hierfür ist, ob sie dazu geeignet ist, eine unangenehme emotionale Reaktion zu erzeugen oder ob es noch eine stärkere, emotional negativ gefärbte Vorstellung gibt. Wichtig bei der Bearbeitung der bildhaften Gedanken ist es, dass diejenigen Vorstellungen bearbeitet werden, die für Sie persönlich relevant sind und bei Ihnen persönlich dazu in der Lage sind, eine emotionale Reaktion mit entsprechenden Körpergefühlen auszulösen. Wie kommt man von einem eventuellen Oberflächenbild zu dem relevanten Kernbild? Dazu kann man sich fragen, welche negativen Konsequenzen die vorgestellte „Oberflächensituation" haben könnte, um sich dann ein Bild zu diesen negativen Konsequenzen zu machen. Fragen Sie sich dann, was eine weitere negative Konsequenz dieser an sich schon negativen Situation wäre. Machen Sie sich dann das „innere Bild", das Sie von dem Eintreten dieses noch negativeren Ereignisses haben. Sollte auch dies nicht zu dem für Sie emotional bedeutsamen Bild führen, führen Sie die Vorstellung einfach weiter.

> Fragen Sie sich: „Welches sind die noch negativeren Konsequenzen dieser an sich schon negativen Konsequenzen?"

> **Mögliche Bereiche, aus denen die Inhalte solcher Vorstellungen kommen, können z. B. sein:**
> - Schwierigkeiten bzw. Unlust bei der Vorbereitung
> - Black-out bei der Prüfung
> - Der Prüfer stellt unerwartete Fragen.
> - Eine Klassenarbeit wird zurückgegeben und man erwartet eine schlechte Note.
> - … etc.

Um die nachfolgenden Veränderungsübungen durchführen zu können, sollten Sie mit einer bildhaften Vorstellung arbeiten, von der Sie wissen, dass diese bei Ihnen eine negative emotionale Reaktion auslösen kann. Dies kann eine Vorstellung sein, die mit dem Thema „Prüfung" zu tun hat, sie kann für das Erlernen der Veränderungstechniken aber auch aus einem anderen Bereich stammen, um dann auf die Vorstellungen, die mit der Prüfungssituation in Zusammenhang stehen, übertragen zu werden. Häufig sind solche negativen Erinnerungen Bilder aus der Vergangenheit, z. B. die Erinnerung an eine Prüfung, die nicht gut verlief. Sie können aber auch vorweggenommene Konstruktionen von zu erwartenden Situationen sein. So werden Sie vielleicht nicht genau wissen, in welchem Raum die Prüfung stattfindet, wer dabei alles anwesend sein wird etc. Nehmen Sie in diesem Fall dann einfach die Vorstellung, die Ihnen bei dem Denken an die Prüfung durch den Kopf geht, unabhängig davon, ob es auch genau so sein wird. Wichtig ist dabei, dass Sie mit Ihrer persönlichen Vorstellung von dieser Situation arbeiten, da genau diese Vorstellung die emotionale Reaktion auslöst, unabhängig von deren „objektiver" Richtigkeit. Allein die subjektive Repräsentation der Situationen ist entscheidend.

17.3 Veränderungstechniken

Nachfolgend sind eine Reihe von Techniken beschrieben, die es ermöglichen, sich mit bildhaften Vorstellungen in einer Art und Weise zu beschäftigen, dass diese keine negative emotionale Reaktion hervorrufen können. Prüfen Sie daher bei jeder dieser Techniken, ob die jeweilige Veränderung des Bildes eine Veränderung des dabei empfundenen momentanen Körpergefühls und damit einhergehend eine andere emotionale Bewertung der Vorstellung bewirken kann. Sehr wahrscheinlich werden nicht alle vorgestellten Veränderungen die gleiche Wirkung haben. Probieren Sie einfach aus, welche Methode Sie rein subjektiv als die wirksamste erleben.

Die meisten Menschen können sich mit geschlossenen Augen besser auf innere Bilder konzentrieren, da es dann zu geringeren Überlagerungen mit äußeren Bildern kommt. Prinzipiell ist es jedoch möglich, die Übungen auch mit offenen Augen durchzuführen.

Der Übungsablauf ist bei allen vorgestellten Übungen prinzipiell der gleiche. Im ersten Schritt stellt man sich das aversive Bild in der Originalversion vor und achtet dabei auf das Körpergefühl. Die Vorstellung ist dann aversiv, wenn man bei sich selbst ein ungutes Körpergefühl bemerkt. Dann erfolgt die Anwendung der jeweiligen Veränderungstechnik. Die Technik ist dann effizient zur Veränderung bildhafter Vorstellungen, wenn sich bei ihrer Anwendung das ungute Körpergefühl zumindest abschwächt oder vielleicht ganz verschwindet. Ziel aller Veränderungstechniken ist es dabei, sich die bildhaften Vorstellungen in einer etwas veränderten Art so vorstellen zu können, dass diese keine oder nur noch eine abgeschwächte emotionale Reaktion erzeugen können.

17.3.1 Kinotechnik

Die erste Veränderungstechnik ist die sogenannte Kinotechnik. Bei dieser Technik distanziert man sich in der Vorstellung räumlich von dem aversiven Vorstellungsbild, indem man sich das zu verändernde Bild auf einer Kinoleinwand projiziert vorstellt und dabei die Position des Betrachters variiert. Man „distanziert" sich (im wörtlichen und im übertragenen Sinne) von der aversiven Vorstellung. Die Kinotechnik beinhaltet drei Schritte:

Kinotechnik:

1. Schritt
Stellen Sie sich die für Sie aversive Prüfungsszene so plastisch wie möglich vor. Achten Sie dabei auf das aktuelle Körpergefühl.

2. Schritt
Um sich von unangenehmen Gefühlen zu distanzieren, ist es gut, wenn Sie sich einmal vorstellen, die Prüfungssituation auf einer Kinoleinwand zu sehen. Sie selbst sitzen dabei in der Vorstellung in einem Kinosessel, von dem aus Sie diese Szene auf der Leinwand betrachten. Achten Sie auf die eventuelle Veränderung Ihres Körpergefühls, während Sie diese Kinoszene vor Ihrem geistigen Auge betrachten.

Um diese Vorstellung zu intensivieren, können Sie folgende Fragen beantworten:
– Wie weit sind Sie von der Leinwand weg?
– In welcher Reihe sitzen Sie?
– Wie viele Sitzreihen hat das Kino?
– Welche Farben haben die Sitze?
– Sind andere Menschen da?
– Wie groß ist die Leinwand?
– Welche Farbe hat die Leinwand?
– Woher kommt die Beleuchtung?
– Welche Farbe haben die Wände des Kinos?
– Ist der Film (oder das Foto) in Farbe oder in Schwarz-Weiß?

Achten Sie darauf, ob sich das Körpergefühl ändert.

3. Schritt
Sollten Sie durch die bisherige Distanzierung noch kein verbessertes Körpergefühl bei sich bemerkt haben, können Sie sich von den unangenehmen Gefühlen noch weiter distanzieren, indem Sie sich vorstellen, von dem Projektionsraum des Kinos aus sich selbst im Kino sitzend dabei zu sehen, wie Sie sich die Präsentationsszene auf der Leinwand ansehen. Dabei werden Sie sich selbst wahrscheinlich von hinten sehen.

Um diese Vorstellung zu intensivieren, können Sie folgende Fragen beantworten:
- Steht der Projektor rechts oder links neben Ihnen?
- Welche Farbe hat der Projektor?
- Welche Farbe haben die Wände im Projektionsraum?
- Sind andere Menschen im Projektionsraum?
- Welche Geräusche macht der Projektor?

Wie hat sich das Körpergefühl bei dieser Vorstellung verändert, wenn sich die Position ändert, aus der Sie sie betrachten?

17.3.2 Vorhangtechnik

Die nächste Veränderungstechnik ist die Vorhangtechnik. Bei ihr geht es darum, das Vorstellungsbild zu „verschleiern", indem man es wie durch einen Vorhang betrachtet, dadurch kann ebenfalls eine emotionale Distanz zu dem Bild bzw. der Szene geschaffen werden. Das Bild bzw. die Szene wird in ihrer emotionalen Bedeutung abgeschwächt. Die Anwendung dieser Technik erfolgt in zwei Schritten:

Vorhangtechnik:

1. Schritt
Stellen Sie sich die aversive Vorstellung wiederum möglichst plastisch vor. Achten Sie dabei wieder auf das Körpergefühl.

2. Schritt
Stellen Sie sich nun vor, dass Sie vor dieses Bild einen durchsichtigen Vorhang ziehen. Betrachten Sie die aversive Prüfungssituation durch diesen Vorhang. Die Vorstellung kann wiederum durch die Beantwortung folgender Fragen intensiviert werden:

Um diese Vorstellung zu intensivieren, können Sie folgende Fragen beantworten:
- Welche Farbe hat der Vorhang?
- Welche Struktur hat er (glatt, rau, gemustert)?
- Wird er in der Vorstellung von rechts oder von links (oder von beiden Seiten) vor das Bild gezogen?
- Ist der Vorhang schwer oder leicht?
- Wie würde sich der Vorhang anfühlen?
- Hat er eine Vorhangschiene?
- Wenn ja: Welche Farbe hat sie?

Achten Sie wiederum auf die Veränderung des Körpergefühls bei der Anwendung dieser Technik. Verändert sich das Körpergefühl in eine positive Richtung?

17.3.3 Verpackungstechnik

Die dritte Veränderungstechnik nennt man „Verpackungstechnik". Bei ihr wird die emotionale Distanz zu dem aversiven Bild dadurch geschaffen, dass in der Vorstellung eine räumliche Distanz zu ihm geschaffen wird, in der Regel ergibt sich dabei automatisch auch eine „emotionale Distanz". Die Szene wird als „abgeschlossen" (im wörtlichen und im metaphorischen Sinn) betrachtet. Diese Veränderungstechnik umfasst fünf Schritte:

Verpackungstechnik:

1. Schritt
Stellen Sie sich die aversive Präsentationsszene wieder möglichst plastisch vor. Achten Sie auf das Körpergefühl.

2. Schritt
Stellen Sie sich die Szene nun auf dem Bildschirm eines Fernsehers vor. Folgende Fragen können beim Intensivieren der Vorstellung behilflich sein.

Um diese Vorstellung zu intensivieren, können Sie folgende Fragen beantworten:
– Welche Farbe hat der Fernseher?
– Wie groß ist er?
– Wie viele Kanäle hat er?
– Hat er eine Fernbedienung?
– Wo steht er?
– Was ist sonst noch in dem Zimmer zu sehen?

Achten Sie auf die eventuelle Veränderung des Körpergefühls.

3. Schritt
Gehen Sie nun in der Vorstellung schrittweise in dem Raum, in dem der Fernseher steht, rückwärts, bis Sie zur Tür des Raumes gelangen.

Um diese Vorstellung zu intensivieren, können Sie folgende Fragen beantworten:
– Welche Farbe hat die Tür?
– Ist sie massiv oder hat sie eine Scheibe?
– Ist sie aus Holz, Glas, Metall?
– Welche Farbe hat die Türklinke?
– Erzeugt die Tür beim Schließen ein Geräusch?

Achten Sie auf die eventuelle Veränderung des Körpergefühls.

4. Schritt
Schließen Sie nun die Tür in der Vorstellung ab.

Um diese Vorstellung zu intensivieren, können Sie folgende Fragen beantworten:
- Welche Form hat der Schlüssel?
- Aus welchem Material ist er?
- Wie schwer ist er?
- Welche Farbe hat er?
- Gibt es ein Geräusch beim Drehen des Schlüssels?

Achten Sie auf die eventuelle Veränderung des Körpergefühls.

5. Schritt
Legen Sie den Schlüssel in der Vorstellung nun in einen Kasten. Achten Sie auf die eventuelle Veränderung des Körpergefühls.

Um diese Vorstellung zu intensivieren, können Sie folgende Fragen beantworten:
- Wie sieht der Kasten aus?
- Welche Form hat der Kasten?
- Wie groß ist er?
- Aus welchem Material ist er?
- Wo steht der Kasten?
- Hat er ein Schloss?

17.3.4 Perspektive ändern

Eine weitere Veränderungstechnik stellt die Änderung der Perspektive dar. Bei dieser Technik wird die Perspektive, aus der man das Bild bzw. die aversive Szene betrachtet, zunächst wieder im wörtlichen Sinne und dann als Folge daraus eventuell auch im übertragenen Sinne geändert. Wenn man Dinge aus einer anderen Perspektive betrachtet, heißt das meist, dass die Dinge eine andere Bedeutung bekommen. Die Perspektivänderung erfolgt in zwei Schritten:

Perspektive ändern:

1. Schritt
Stellen Sie sich das aversive Bild von der Prüfungssituation intensiv vor. Achten Sie dann darauf, aus welcher Perspektive Sie die Situation in der Vorstellung sehen (aus der Augenhöhe, frontal, von oben, aus der Froschperspektive, ...)?
Achten Sie auf das Körpergefühl.

2. Schritt
Stellen Sie sich nun dieselbe Szene vor, aber diesmal aus einer anderen räumlichen Perspektive heraus betrachtet. Probieren Sie verschiedene Perspektiven aus. Achten Sie auf die eventuelle Veränderung des Körpergefühls.

Folgende Fragen können dabei behilflich sein:
- Wenn man die Situation aus einer anderen Perspektive (von oben, von unten, von der Seite, ...) heraus fotografieren würde, was würde man sehen?
- Vielleicht können Sie sich die Situation wie von oben schwebend (im Grundriss) vorstellen.
- Was würde jemand sehen, wenn er in dieser Situation durch das Fenster hereinschauen würde?
- Gehen Sie in der Vorstellung einen Schritt zurück, so dass Sie sich von hinten sehen können (z. B. Ihren Hinterkopf, Ihren Rücken, ...).
- Stellen Sie sich in der Vorstellung neben sich selbst, so dass Sie sehen, wie Sie dastehen und z. B. Ihr Gesicht sehen können.
- Wenn die Uhr an der Wand (oder ein anderer Gegenstand) Augen hätte, was würde sie sehen?

17.3.5 Film rückwärts laufen lassen

Die nächste Technik zum Verändern bildhafter Vorstellungen ist die Technik, einen inneren Film rückwärts laufen zu lassen. Diese Veränderungstechnik kann man nur dann einsetzen, wenn die bildhafte Vorstellung nicht nur eine statische Momentaufnahme ist, sondern in Form der Sequenz eines „inneren Films" abgespeichert ist, also nicht ein gedächtnismäßiges Foto, sondern eine gedächtnismäßige kurze Filmsequenz darstellt. Diese Sequenz kann in zwei Schritten verändert werden:

Film rückwärts laufen lassen:

1. Schritt
Stellen Sie sich die entsprechende Sequenz vor. Achten Sie auf das Körpergefühl, das dabei entsteht.

2. Schritt
Versuchen Sie, sich die Sequenz rückwärts vorzustellen, vielleicht so, wie Sie es vom Rückwärtslauf eines DVD-Players her kennen. Vielleicht gelingt es Ihnen auch, sich den dazugehörigen Ton in der Vorstellung rückwärts anzuhören. Achten Sie auf die veränderte Körperempfindung.

17.3.6 Gefühl als Gegenstand

Die letzte bildhafte Veränderungstechnik nennt man „Gefühl als Gegenstand". Bei dieser Technik geht es darum, sich das negative Gefühl beim Denken an die Präsentation als einen Gegenstand vorzustellen. Dies mag vielleicht zunächst etwas seltsam erscheinen, hat aber häufig eine erstaunliche Wirkung. Wichtig bei dieser Technik ist es, die im 2. Schritt abgefragten Einschätzungen des Gefühls in Form eines Gegenstandes rein intuitiv vorzunehmen. Bei dieser Technik ist es sehr hilfreich, wenn eine zweite Person die Fragen stellt und Ihre jeweiligen Antworten einfach mitschreibt, damit Sie sich vollständig auf die eigentliche Vorstellung konzentrieren können. Diese Veränderungstechnik wird in drei Schritten angewandt:

Gefühl als Gegenstand:

1. Schritt
Stellen Sie sich das aversive Bild von der Prüfung oder die aversive Szene möglichst plastisch vor. Achten Sie dabei auf das Körpergefühl.

2. Schritt
Stellen Sie sich nun vor, das negative Gefühl, das Sie bei den Gedanken an die Prüfung haben, sei ein Gegenstand, auch wenn diese Vorstellung am Anfang etwas abstrakt erscheinen mag. Versuchen Sie nun, ohne allzu viel darüber nachzudenken, rein intuitiv zu entscheiden, wie dieses Gefühl als ein materieller Gegenstand wohl aussehen würde.

Wenn dieses Gefühl ein Gegenstand wäre, wäre er dann:
– eher groß oder eher klein?
– eher warm oder eher kalt?
– eher weich oder eher hart?
– eher schwer oder eher leicht?
– eher dunkel oder eher hell?
– Welche Farbe hätte er?
– eher glatt oder eher rau?
– eher rund oder eher eckig?
– Welche Form hätte er?
– eher neu oder eher alt?
– eher nah oder eher fern?
– eher laut oder eher leise?
– Hat er einen Geruch?

3. Schritt
Stellen Sie sich nun vor, dass Sie mit diesem Gegenstand irgendetwas tun, ihn in irgendeiner Weise manipulieren. Sie können ihn in Ihrer Vorstellung zum Beispiel zertrümmern.

Stellen Sie sich die Manipulation des Gegenstandes dabei möglichst plastisch vor, malen Sie sich möglichst genau aus, wie es aussehen würde, wenn Sie den Gegenstand tatsächlich in dieser Art und Weise bearbeiten würden.

Manipulationsmöglichkeiten für einen Gegenstand:
– ihn in eine Folie verpacken
– ihn in einen Eisblock einfrieren

- ihn in eine Kiste verpacken
- ihn mit einem Hammer zertrümmern
- ihn ins Wasser tauchen
- ihn anmalen
- etc.

Für alle Übungen gilt: Achten Sie auf die veränderte Körperempfindung, während Sie diese Technik anwenden. Suchen Sie sich von den beschriebenen Techniken diejenige(n) aus, bei der/denen Sie während der Anwendung der jeweiligen Technik die deutlichste Veränderung der aversiven Körperempfindung in eine positive Richtung feststellen. Die angewandte Technik sollte die aversive Vorstellung abschwächen oder, wenn es gut funktioniert, eventuell ganz aufheben können. Ist dies der Fall, so stellt die Bearbeitung bildhafter Vorstellungen ein gutes Hilfsmittel dar, um sich gedanklich in einer positiven Form mit der Prüfungssituation auseinander zu setzen.

17.4 Prinzipien der Anwendung

Um erfolgreich mit den oben beschriebenen Veränderungstechniken arbeiten zu können, sollten Sie einige Prinzipien beachten, die nachfolgend beschrieben sind.

17.4.1 Absichtliche Erzeugung der Vorstellungen

Lästige Vorstellungen drängen sich meist „automatisch" in das Bewusstsein, sie kommen in der Regel von allein und in einer unkontrollierten Art und Weise. Diese automatischen Gedanken können dadurch entautomatisiert und in ihrer Bedeutung relativiert werden, dass sie ABSICHTLICH erzeugt werden, sie werden dadurch (am Anfang natürlich zunächst in Richtung häufigeres Auftreten) kontrollierbar. Dinge, die für uns kontrollierbar sind, verlieren schon dadurch allein ihren aversiven Charakter. Verwenden Sie daher die beschriebenen Techniken nicht nur dazu, Vorstellungen zu verändern, wenn diese sich „von selbst" in das Bewusstsein drängen, sondern erzeugen Sie die am Anfang noch lästige Vorstellung möglichst häufig und nehmen Sie dabei die Veränderungen vor, bei denen Sie dann die deutlichste Veränderung im momentanen Körperempfinden in die positive Richtung bemerken. Dieses häufige absichtliche Erzeugen der lästigen Vorstellungen hat zwei Effekte: Erstens werden die ansonsten automatisch ablaufenden Gedanken kontrollierbar, zweitens wird die jeweilige Veränderungstechnik dadurch „trainiert", bis sie ziemlich automatisch und ohne große Bindung von Aufmerksamkeit ablaufen kann.

17.4.2 Häufigkeit der Anwendung

Wenn Sie die Veränderungstechnik nur ein einziges Mal in der beschriebenen Form angewendet haben, werden Sie vielleicht noch keine große Veränderung spüren, dies ist auch nicht verwunderlich. Wenden Sie daher die von Ihnen gewählte Technik möglichst häufig an. Der Erfolg wird ähnlich wie bei einem körperlichen Training umso größer sein, je häufiger Sie üben.

17.4.3 Intensivierung der Vorstellungen durch vorhergehende Entspannung

Die Intensität der Vorstellungen und der jeweiligen Veränderungstechniken kann dadurch erhöht werden, dass die jeweilige Vorstellungstechnik im Anschluss an eine Kurzentspannung durchgeführt wird. Die Kurzentspannung bewirkt in der Regel, dass die nachfolgenden Vorstellungen intensiver und plastischer erlebt werden, da die Wahrnehmung, die ja normalerweise eher nach außen gerichtet ist, unter Entspannung eher auf das innere Erleben gerichtet wird. Wenn Sie ein Entspannungsverfahren beherrschen, ist es natürlich gut, dieses zur Kurzentspannung zu nutzen.

17.5 Mögliche Schwierigkeiten bei der Anwendung

In diesem Abschnitt werden einige mögliche Schwierigkeiten bei der Anwendung der oben dargestellten Techniken beschrieben und Hinweise für ein Umgehen dieser Schwierigkeiten gegeben.

17.5.1 Die gewählte Vorstellung ist nicht die tatsächliche „Kernvorstellung"

In der Regel vermeiden wir es, lästige oder gar angstauslösende Vorstellungen intensiv zu denken. Es kann daher sein, dass die bearbeitete Vorstellung gar nicht die tatsächlich relevante Vorstellung ist. Somit kann die entsprechende Veränderung dann auch nicht wirksam sein. Sollte dies der Fall sein, so ist es sinnvoll, nach anderen Vorstellungen zu suchen, die die negativen Gefühle erzeugen können. Probieren Sie einfach so lange andere Vorstellungen aus, bis Sie bei der „Kernvorstellung" angelangt sind. Das Kriterium, wann dies erreicht ist, ist immer die Frage: „Ist diese Vorstellung dazu geeignet, die entsprechende negative emotionale Reaktion zu erzeugen?"

17.5.2 Die Vorstellung wurde zu schnell abgebrochen

Um den gewünschten Effekt zu erreichen, muss man die entsprechende Veränderung einige Zeit aufrechterhalten. Machen Sie daher den Zeitraum, in dem Sie die veränderte Vorstellung innerlich erzeugen, möglichst lang, bzw. üben Sie diese Veränderung möglichst oft.

17.5.3 Störende Umgebung

Um die Vorstellungsübungen effektiv durchführen zu können, muss man sich einige Zeit intensiv auf die jeweiligen Vorstellungen konzentrieren. Versuchen Sie daher, in einer möglichst störungsfreien Umgebung zu üben. Durch den Einsatz von Entspannungssequenzen kann die Aufmerksamkeit wie beschrieben weiter nach innen zentriert werden.

17.5.4 Sätze können für Sie bedeutsamer sein als innere Bilder

Menschen unterscheiden sich dadurch, welche Art von Gedanken für sie bedeutsamer und zugänglicher sind, entweder bildhafte Gedanken oder eher Gedanken in Form von Sätzen. Sollten Sie bei der Veränderung der bildhaften Vorstellungen keine Effekte verspüren, versuchen Sie eine Veränderung verbaler Gedanken.

18 Tests und Prüfungen

Das folgende Kapitel beinhaltet Tipps zum effizienten Bearbeiten von Tests und Prüfungen. Neben dem Erwerb des für eine Prüfung relevanten Wissens ist es wichtig, sich darüber Gedanken zu machen, wie man dieses Wissen auch in Prüfungen und bei Tests umsetzen kann. Streng genommen kann man ja das Wissen nicht beurteilen, sondern nur dessen Anwendung auf die in der Prüfung oder dem Test gestellten Aufgaben. Der Schluss, dass diese Anwendung 1:1 das Wissen widerspiegelt, ist oft ein Trugschluss. Man muss neben dem Erwerb des Wissens auch dafür sorgen, dass dieses Wissen in der Prüfung oder dem Test auch sichtbar wird und dass man sein Wissen auch anbringen kann.

18.1 Verschiedene Prüfungsarten

Für viele Menschen sind Tests und Prüfungen die größten Probleme beim Lernen. Ständig fühlen sie sich unter Druck und haben Angst, es könnte etwas gefragt werden, was sie nicht wissen können. Die sogenannte Prüfungsangst oder die Versagensangst ist individuell sehr verschieden und kann von einer leichten Nervosität bis zu regelrechten Panikattacken mit Schweißausbrüchen und Schlaflosigkeit führen. Alle Prüfungen lassen sich in die Kategorien: „schriftlich", „mündlich" und „praktisch" einteilen. Bereits bei der Vorbereitung muss man sich gezielt mit der bevorstehenden Kategorie auseinander setzen. Manche Stoffgebiete verlangen die gleiche Vorbereitung, unabhängig von der Art der Prüfung. Bei anderen Stoffgebieten muss man sich spezifisch vorbereiten.

So kann man in einer mündlichen mathematischen Prüfung keine langen Berechnungen durchführen, dafür muss man die Begründungen für die Lösungsschritte parat haben.

Schriftliche Prüfung	Mündliche Prüfung
– Man hat mehr Zeit zum Überlegen. – Man kann ein Konzept anfertigen. – Man kann sich korrigieren. – Man arbeitet schriftlich. – Man ist mit anderen Prüflingen vergleichbar. – Sie ist gut für Menschen, die nicht so gerne reden. – Man kann sich ganz aufs Thema konzentrieren ohne ablenkende Fragen.	– Man hat kaum Zeit zum Überlegen, der Stoff muss abrufbereit sein. – Der Prüfer bemerkt die Fehler sofort. – Der Prüfer, ein Protokollant und evtl. weitere Personen stehen oder sitzen einem gegenüber. – Die Fragen können nicht so sehr in die Tiefe gehen. – Manchmal kann man die Prüfung lenken. – Sie ist gut für Menschen, die gerne reden. – Man muss sich gut präsentieren können. – Der Prüfer hat großen Einfluss auf den Verlauf der Prüfung.

Viele Menschen mit Prüfungsangst konnten sich durch folgende Überlegungen helfen.

18.2 Ressourcen suchen

Suchen Sie nach Situationen in Ihrem Leben, in denen Sie ohne große Befürchtungen und mit Erfolg eine große Herausforderung bewältigt oder eine Prüfung abgelegt haben. Das könnte zum Beispiel die Führerscheinprüfung sein, eine bestimmte Schulprüfung in einem bestimmten Fach, ein Zertifikat für eine bestimmte Schulung etc. ... Diesen Erfolg sollten Sie sich auf ein Blatt schreiben und so platzieren, dass Sie ihn immer wieder sehen können. Machen Sie sich dabei klar, dass Sie damit eine hervorragende Quelle für Ihre persönliche Leistungsfähigkeit entdeckt haben. Es geht nicht darum, dass andere die damalige Leistung anerkennen. Diese könnten Ihre Leistung wieder herabsetzen mit einem Satz wie: ‚Den Führerschein, den schafft doch jeder'. Lassen Sie sich durch niemanden entmutigen. Es geht um Ihre persönliche Überwindung, die kein anderer nachvollziehen kann. Unter Ihren Voraussetzungen und Bedingungen war es eben doch ein Erfolg für Sie. Reden Sie nicht darüber, besonders nicht mit Menschen, die Sie wieder demotivieren könnten. Prägen Sie sich ein: *Was ich damals geleistet habe, kann ich auch heute leisten. Es gibt keinen Grund, es nicht zu können.*

Nochmals, notieren Sie Ihre Leistungen.

Möglicherweise gibt Ihnen auch ein bestimmtes Foto Kraft. Es könnte ein Foto von Ihnen selbst sein, das Sie bei einer Preisverleihung oder in einer anderen positiven Situation zeigt, es könnte aber auch ein Foto von einer anderen Person sein. Einfach ein Foto, das Ihre Motivation stärkt.

Machen Sie sich klar, dass Sie damit eine weitere inspirierende Quelle für Ihre Leistungsfähigkeit entdeckt haben.

18.3 Prüfungen protokollieren

Achten Sie auf die Prüfungstermine. Manche Prüfungen finden zweimal, andere einmal jährlich statt. Die Termine sind immer zu ähnlichen Zeiten. Es kann sehr nützlich sein, den Prüfungstermin vor der eigenen Prüfung zur „Spionage" zu nutzen. Schauen Sie sich die Prüfungsräume an, die Sitzanordnung, die Schreibtische, die Vorbereitungsräume. Atmen Sie den besonderen „Duft" dieser Räume, Gänge und Plätze. Setzen Sie sich an solch einen Tisch, an dem die Prüfung stattfinden wird. Gehen Sie einmal eine halbe Stunde vor einer Prüfung an den Ort des Geschehens. Was tragen die Prüflinge für Kleidung? Was haben Sie an Material dabei? Wie ist die Atmosphäre? Worüber wird gesprochen? Überlegen Sie sich, wo Sie sich als Prüfling nun lieber aufhalten würden, mitten im Pulk, oder lieber einsam und abseits. Sicherlich stellen Sie ganz verschiedenes Verhalten fest. Häufig stecken sich Prüflinge durch ihre Aufgeregtheit an. Sie reden noch kurz vor der Prüfung darüber, wie wenig sie gelernt haben, was für ein schlechtes Gewissen sie haben, was sie nicht können, was drankommen könnte, und sie machen ihre ganze Umgebung damit nervös. Falls Sie sich in solchen Situationen von der Nervosität anderer anstecken lassen, ist es für Sie unbedingt notwendig, sich in einiger Entfernung aufzuhalten, oder wenn es gar nicht anders geht, einfach ganz kurz vor der Prüfung erst zu erscheinen.

Der wichtigste Teil Ihrer „Spionage" kommt aber erst nach der Prüfung. Nun sollten sie mit möglichst vielen Prüflingen sprechen. Ganz besonders wichtig ist diese Befragung nach einer mündlichen Prüfung. Die Prüflinge fühlen sich nun häufig erlöst und sind gesprächsbereit. Viele erzählen gerne vom Verlauf ihrer Prüfung. Sie können nun wichtige Details erfahren, welche die Prüflinge oft kurz danach selbst wieder vergessen haben. Je frischer die Erinnerung, desto besser. Bereiten Sie Fragen vor, deren Beantwortung durch die Prüflinge für Sie wichtig ist.

Hier einige Beispiele, die Sie beliebig individuell abwandeln können:

– Wie lauten die Fragen, ganz genau?
– Welche Themengebiete wurden abgefragt?
– Wie lange wurde geprüft?
– An welchen Stellen wurde nachgehakt?
– Konnten Sie auf Ihr vorbereitetes Spezialgebiet kommen?
– Wie haben Sie sich auf diese Prüfung vorbereitet?
– Was würden Sie bei Ihrer Vorbereitung nun anders machen?
– Was würden Sie in der Prüfungssituation nun anders machen?
– Welchen Rat können Sie mir geben?
– Sind Sie mit Ihrer Note einverstanden?
– Wie wurde Ihnen Ihre Note begründet?

Schreiben Sie sich die Antworten stichwortartig auf, und machen Sie sich auch anderweitige Notizen, falls Ihnen sonst noch etwas auffällt. Vielleicht können Sie sogar einen Kontakt zu einem Prüfling bekommen, um später noch einmal nachfragen zu dürfen. Versuchen Sie so viele Prüflinge wie möglich zu interviewen. Falls es verschiedene Prüfer für dasselbe Fach gibt, versuchen Sie die verschiedenen Schwerpunkte, Eigenheiten und Eigenschaften der Prüfer herauszubekommen. Machen Sie sich aber keinesfalls ein Bild aufgrund einer einzigen

Befragung. Erst viele Befragungen vermitteln einen Eindruck. Versuchen Sie sich selbst leistungsmäßig richtig einzuordnen. Schätzen Sie sich als sehr gut, mittel oder eher schwach ein? Achten Sie bei den gesprächsbereiten Prüflingen auf deren Selbsteinschätzung und darauf, wie sie in ihrer Prüfung abgeschnitten haben. Passen Sie besonders bei denjenigen auf, welche nach Ihrer Selbsteinschätzung Ihrem Leistungsstand am ehesten entsprechen.

Falls Sie mit anderen zusammen in einem Lernteam arbeiten, können Sie sich sogar abwechseln und hinterher einen Erfahrungsaustausch machen. Am besten ist es, die Prüfungsprotokolle gut aufzubewahren und dann vor der Prüfung gegenseitig mündliche Prüfungen zu proben. Übrigens profitiert hier derjenige Lernende, der die Rolle des Prüfers übernimmt, genauso viel von der Übung wie derjenige, welcher die Rolle des Prüflings übernimmt. Der Grund liegt darin, dass der Prüfer sich genauso intensiv mit dem Stoff auseinander zu setzen hat. Er muss auch in der Lage sein, die Antworten richtig einzuordnen und zu bewerten.

18.4 Prüfung durchspielen

Trainieren Sie die Prüfung zu Hause. Geben Sie sich die Zeit vor, die auch in der Prüfung zur Verfügung steht. Stellen Sie Ihren Timer auf diese Zeit ein, und bearbeiten Sie eine Aufgabe, am besten eine frühere Prüfungsaufgabe und setzen Sie sich so real wie möglich unter Prüfungsstress. Je früher Sie mit dieser Methode anfangen, umso besser sind Sie auf die Prüfung vorbereitet, inhaltlich und mental. Es gibt für Prüfungen keine bessere Vorbereitung als ältere Tests zu bearbeiten.

Die Erfolgsaussichten wachsen mit dem Quadrat der Anzahl der bearbeiteten Prüfungsaufgaben!

Sie lernen dadurch den Schwierigkeitsgrad, die Dauer, die Tücken, die zulässigen Hilfsmittel und die eigenwilligen Fragenformulierungen verschiedener Aufgabensteller kennen und decken dabei das Prüfungsgebiet auch noch weitgehend ab. Da Sie sich ständig unter prüfungsähnlichen Stress gesetzt haben, werden Sie zu Hause schon lockerer und können diese Lockerheit dann in der wirklichen Prüfung wieder erleben. Viele Prüflinge haben diesen Effekt in ihren Prüfungen erlebt und führen ihren Prüfungserfolg auf diese Art der Vorbereitung zurück. Protokollieren Sie diese häuslichen Prüfungen noch zusätzlich auf einem Blatt Papier. Machen Sie sich Vermerke über Ihre ganz persönlichen Schwierigkeiten bei der jeweiligen Aufgabe. Es lohnt sich, diese Hinweise vor der Prüfung noch einmal durchzugehen. Damit wächst gleichzeitig die Zuversicht in Ihre eigene Leistungsfähigkeit.

18.5 Fehleranalyse

Kontrollieren Sie Ihre sich selbst auferlegten Übungsprüfungen sehr genau und gewissenhaft. Nehmen Sie Ihre eigenen Fehler ernst. Sehr häufig geht es den Lernenden so: Sie arbeiten lange und aufwändig an einer Prüfungsaufgabe, viele Stunden sind vergangen, bis Sie endlich fertig sind. Nun haben Sie genug von dieser Aufgabe. Sie legen die Arbeit weit von sich weg und können sie nicht mehr sehen. Das ist auch sehr verständlich, es geht wohl den meisten Lernenden so. Gönnen Sie sich ruhig die verdiente Pause. Sie können die Aufgabe auch bis zum nächsten Tag ruhen lassen, aber dann wird die Fehleranalyse notwendig. Nur durch eine sorgfältige Fehleranalyse können Sie wirklich etwas aus Ihrer Übungsaufgabe lernen. Sie sollten sich klar machen, von welcher Art die Fehler sind, die Ihnen immer wieder unterlaufen. Nur wenn Ihnen der Fehlertyp klar ist, können Sie gezielt gegensteuern. Jetzt ist es auch wichtig, diese Fehler zu verbessern und noch einmal einen sehr ähnlich gearteten Aufgabenteil zu bearbeiten. Erst wenn dieser fehlerfrei bearbeitet wurde, steigt die Wahrscheinlichkeit, den Fehler in der wirklichen Prüfung zu vermeiden. Ansonsten tritt der bekannte Effekt auf, dass man schon beim Durchlesen der Aufgabe weiß, dass man jetzt einen Fehler machen wird. Man erinnert sich an den Aufgabentyp und an den Fehler, den man damals gemacht hat. Der richtige Lösungsweg haftet aber leider nicht im Gedächtnis.

18.6 Reihenfolge der Aufgabenbearbeitung

Bei schriftlichen Prüfungen kann man in aller Regel wählen, in welcher Reihenfolge man die Aufgaben bearbeitet. Am besten geht man dabei so vor, dass man die Aufgaben, die man gut lösen kann, zuerst bearbeitet. Würde man dagegen mit den schwierigen Aufgaben zuerst beginnen, so hätte dies zeitökonomische und motivationale Nachteile. Bearbeitet man Aufgaben, die man mit höherer Wahrscheinlichkeit nicht lösen kann, so führt dies nach dem Yerkes-Dodson-Gesetz zu erhöhter Anspannung, die sich in verringerter Leistungsfähigkeit niederschlagen kann. Der zeitökonomische Aspekt ist folgender: Wenn man eine Aufgabe nicht lösen kann, so hilft oftmals auch mehr Zeit nicht viel. Die aufgewandte Zeit ist dann verloren. Daher ist es günstiger, die Zeit zuerst auf die Lösung der Aufgaben zu verwenden, die man gut lösen kann. Man ist dann auf der sicheren Seite und kann die restliche Zeit zur Bearbeitung der schwierigen Aufgaben verbringen.

Literatur

Beutelspacher, A. (2009). *In Mathe war ich immer schlecht*. Wiesbaden: Vieweg.
Buzan, T. & Buzan, B. (2013). *Das Mind-Map-Buch*. Landsberg a. L.: mvg-verlag.
Craik, F. & Tulving, E. (1975). Depth of processing and the retention of words in episodic memory. *Journal of Experimental Psychology: General, 104* (3), 268–294.
Csikszentmihalyi, M. (2010). *Das Flow-Erlebnis. Jenseits von Angst und Langeweile – im Tun aufgehen*. Stuttgart: Klett-Cotta.
Dietrich, R. (2000). *Lernen im Entspannungszustand*. Göttingen: Verlag für Angewandte Psychologie.
Dweck, C. (2009). *Selbstbild: Wie unser Denken Erfolge und Niederlagen bewirkt*. München: Piper.
Gardner, H. (2013). *Intelligenzen. Die Vielfalt des menschlichen Geistes*. Stuttgart: Klett-Cotta.
Hofmann, E. (2001). *Professionell präsentieren*. Neuwied: Luchterhand.
Hofmann, E. (2012). *Progressive Muskelentspannung*. Göttingen: Hogrefe.
Kanning, U. (1999). *Die Psychologie der Personenbeurteilung*. Göttingen: Hogrefe.
Mandler, H. (1967). Organization and memory. In K. W. Spence & J. T. Spence (Eds.), *The psychology of learning and motivation: Advances in research and theory* (pp. 327–372). New York: Academic Press.
Markova, D. (1993). *Die Entdeckung des Möglichen. Wie unterschiedlich wir denken, lernen und kommunizieren*. Kirchzarten: VAK Verlags GmbH.
McCrary, J. W. & Hunter, W. S. (1953). Serial position curves in verbal learning. *Science, 117*, 131–134.
Miller, G. A. (1956). The magic number 7 plus or minus two: Some limits on our capacity for processing information. *Psychological Review, 101* (2), 343–352.
Müller, T. & Paterok, B. (2010). *Schlaftraining*. Göttingen: Hogrefe.
Peters-Kühlinger, G. & John, F. (2012). *Soft Skills*. Freiburg: Haufe-Lexware.
Rankin, J. L. & Kausler, D. H. (1979). Adult age differences in false recognition. *The Journal of Gerontology, 34* (1), 58–65.
Salkovskis, P. (1994). Thought supression induces intrusion in naturally occuring negative intrusive thoughts. *Behaviour Therapy and Research, 32*, 1–8.
Schmid-Schönbein, G. (1988). *Für Englisch unbegabt? Förderstrategien bei versagenden Englischlernern*. Ergebnisse empirischer Untersuchungen. Bochum: AKS Verlag.
Schulz von Thun, F. (2010). *Miteinander reden. Band 1, Störungen und Klärungen*. Reinbek: Rowohlt Taschenbuch Verlag.
Seiwert, L. J. (2012). *30 Minuten für optimales Zeitmanagement*. Offenbach: GABAL Verlag GmbH.
Sperry, R. (1969). A modified concept of consciousness. *Physiological Review, 76*, 532–536.
Vester, F. (1998). *Denken, Lernen, Vergessen*. München: dtv.
Yerkes, R. & Dodson, J. (1908): The relationship of strength of stimulus to rapidity of habit formation. *Journal of Comparative Neurology and Psychology, 18*, 459–482.

Stichwortregister

Abläufe 63
Abspeichern 105
Aktiv Hören 157
Aktivierung 178
Alpha-Wellen 101, 102
Analogien finden 37
Anspannung 178
   – mittlere 199
Appelebene 138
Assoziationen 19, 52
Assoziationslernen 28, 31
Atemtechniken 184
Atmen mit Zählen 187
Atmung 181
Aufmerksamkeit 97, 105
Aufmerksamkeitslenkung 39
Aufnahmebereitschaft 76
Aufschriebe 40

Bauchatmung 183, 185
Besprechungen 53
Beta-Wellen 101
Betonung 52
Bewusstmachen von Stressgedanken 205
Beziehungsebene 138
Bezug zur persönlichen Erfahrung 37
bildhafte Vorstellung 211
bildhafte Vorstellungen 210
Blitzentspannung 184
Brustatmung 183

Chunks 19

Deutlichkeit 52
Diagramme 62
Durchstreichen von Unwichtigem 40

Effektivität einer Pause 84
Einheiten
   – sinnvolle 18
Einheiten, sinnvolle 17
Elaboration 25, 31, 32, 40, 44, 46, 55

Elaborationsgrad 33
emotionales Problem 204
Ergebnisberichte 54

Fakten- oder Vokabellernen 14
Fehleranalyse 167, 227
Film rückwärts laufen lassen 218
Flipchart 150
„Formale" Übungen 190
Formellernen 29
Formulierung eigener Überschriften 40
Freie Rede 53
Fremdsprachenlernen 29

Gedächtnis
   – emotionales 27
   – semantisches 27
Gedächtnisspanne 24
Gedächtnistäuschung 39
Gedächtniszerfall 23
Gedanken, hinderliche 180
Gedankenstopp 205
Gefühl als Gegenstand 218
Gehirnphysiologische Veränderungen 101
Großhirn 58
Gruppe 34
Gruppenarbeit 36, 116

Hemisphären 58
Hemisphärenspezialisierung 60
Hirnwellenaktivität 101
Hyperventilation 181
Hypnose 104

Informationen, gesprochene 45
innere Bilder 210
Interesse 27
Interferenz 25, 28, 97

Kapazität 17
Karteikasten-Methode 29
Kerngedanken 203

Kernvorstellung 221
Kinotechnik 214
Konservierung 40
Kurzentspannung 97
Kurzentspannungsphase 26
Kurzentspannungstechniken 105
Kurzzeitgedächtnis 17, 19, 23, 24, 39
Kurzzeitspeicher 14, 15

Langzeitgedächtnis 26, 34, 81, 97
Langzeitspeicher 14
Lernen
- einsichtiges 28
- mechanisches 31
- verteiltes und massiertes 85
Lernhindernis 171
Lernkanäle 156
Lernkartei 29
Lernmotivation 90
Lernphase 26
Lernplanung 69, 71
- langfristige 73
Lernplateau 85
Lernprotokoll 87
Lerntempo 71
Lerntyp 41
- auditiver 133
- Schreibtyp 134
- visueller 134
Lernzeit 71
Lösungsorientierte Aussagen 205

Metakognitive Aussagen 37
Mind-Mapping 51
Mit- bzw. Herausschreiben 31, 38, 39, 40
Mitschriften 40
Motivation 91
Motivationsanalyse 91
Motivationsfestigung 95
Muskelspannung 198

Nervosität 178

Oberflächenbild 212
Oberflächengedanken 203
Ökonomisierung 19

OM-Atmung 186
Organigramm 45
Orientierungsphase 73
Overhead-Projektor 150

Pausen 25, 82
- optimales Gestalten der 86
Persönlicher Stil 53
Persönlichkeitsmerkmale 90
Perspektive ändern 217
physiologische Parameter 101
Praktisches und durch Gedanken erzeugtes Problem 200
Präsentation 45
Primäreffekt 21
Problem, 28
Protokolle 54
Prozessverlust 117
Prüfung
- mündliche 190
- schriftliche 188
Prüfung durchspielen 226
Prüfungen protokollieren 224
Prüfungsangst 87
Prüfungsarten 223
Prüfungssituationen 195, 196, 209

Randsymbole 41
Realsituationen 195
Reduktion 40
Reihenfolge der Aufgabenbearbeitung 227
Reproduktion 104, 119
Reproduktionsleistung 119
Ressourcen 224
Rezenseffekt 21

Sachebene 137
Scheinarbeitszeit 84
Scheinpause 84
Schlaf 83
Schnellentspannungstechnik, muskuläre 189
Selbstachtung 170
Selbstbeobachtung 87
Selbstkundgabeebene 137

Sensorische Speicher 14, 15
Serieller Positionseffekt 20
Sinneskanäle 56
Spalthirn 58
Speicherplätze 18
Spickzettel 19
Split-Brain 58
Sprach-Lern-Software 159
Spurenzerfall 25
Stress 178
Stressgedanken 206
Struktur eines Textes 39
Strukturierung 28, 38, 44, 51
Submodale Veränderung 206
Synapsen 61

Tagesplan 80
Tagesrhythmus 79
Tageszeit 76
Teamfähigkeit 116
Timing 75

Überlagerung 24
Umgang mit Zeit 71, 72
umgekehrte U-Funktion 199
Unterstreichen 40

Veränderungstechnik 215
Verarbeitungslernen 31
Verdrängen 204
Vergessenskurve 155
Verhaltenseffektivität 199
Verlängertes Ausatmen 186
Verlaufsplanung 119
Verpackungstechnik 216
Vier-Ohren-Modell 136
Visualisierung 37, 46, 55, 61, 96
Vokabel- und Faktenlernen 21
Vorhangtechnik 215
Vortrag 148

Wiederholung 53
Wochenplan 75

Yerkes-Dodson-Gesetz 83, 179, 180, 199

Zahlenbilder 62
Zeitempfinden 71
Zeitmanagement, persönliches 80
Zusammenfassung mit eigenen Worten 40
Zwangspause 84

Monika Löhle
Effektiv lernen
Erprobte Strategien für mehr Erfolg in der Schule

2., überarb. Auflage 2016, 186 Seiten, Kleinformat,
€ 19,95 / CHF 26.90
ISBN 978-3-8017-2730-7
Auch als eBook erhältlich

Schülerinnen und Schüler finden in diesem Ratgeber jede Menge anschauliche Tipps für erfolgreiches und effizientes Lernen. Die erprobten Strategien zeigen Wege für mehr Erfolg in der Schule auf.

Eberhardt Hofmann
Erfolgreiches Stressmanagement

2013, 252 Seiten, Kleinformat,
€ 22,95 / CHF 32.90
ISBN 978-3-8017-2490-0
Auch als eBook erhältlich

Der Band vermittelt praktische Methoden zum erfolgreichen Stressmanagement. Er stellt wissenschaftlich untermauerte Techniken zur kurzfristigen Kontrolle des Stressgeschehens sowie zur langfristigen Bewältigung von Stress vor.

Patrick Ruthven-Murray
Was soll ich studieren?
Alle Antworten für die richtige Studienwahl

2., akt. und erw. Auflage 2015, 184 Seiten,
Kleinformat, € 17,95 / CHF 25.90
ISBN 978-3-8017-2592-1
Auch als eBook erhältlich

Studieren, aber was? Die Neuauflage des Leitfadens versetzt Studieninteressierte in die Lage, eine fundierte, nachhaltige und bewusste Studienwahl zu treffen.

Martin Schuster
Optimal vorbereitet in die Prüfung
Erfolgreiches Lernen, richtiges Prüfungsverhalten, Angstbewältigung

2., akt.und erw. Auflage 2014, 148 Seiten,
Kleinformat, € 16,95 / CHF 24.50
ISBN 978-3-8017-2612-6
Auch als eBook erhältlich

Der Ratgeber informiert über effektive Lerntechniken, gibt Tipps zum richtigen Prüfungsverhalten und liefert Hinweise zum Umgang mit Prüfungsängsten.

www.hogrefe.com

Lydia Fehm / Thomas Fydrich
Ratgeber Prüfungsangst
Informationen für Betroffene und Angehörige

(Ratgeber zur Reihe: „Fortschritte der Psychotherapie", Band 26). 2013, 106 Seiten, Kleinformat, € 12,95 / CHF 18.90
ISBN 978-3-8017-2048-3
Auch als eBook erhältlich

Der Ratgeber beschreibt, wie Prüfungsängste entstehen und informiert über Strategien und Techniken zur Bewältigung von Prüfungsängsten.

John P. Forsyth / Georg H. Eifert
Mit Ängsten und Sorgen erfolgreich umgehen
Ein Ratgeber für den achtsamen Weg in ein erfülltes Leben mit Hilfe von ACT

2010, 245 Seiten, inkl. CD-ROM,
€ 24,95 / CHF 35.50
ISBN 978-3-8017-2249-4
Auch als eBook erhältlich

Der Ratgeber liefert ein wirkungsvolles Selbsthilfeprogramm zum erfolgreichen Umgang mit Ängsten und Sorgen. Mithilfe des ACT-Ansatzes lernen Betroffene, ihre Aufmerksamkeit von der Angst weg auf das zu richten, was ihnen wirklich wichtig ist im Leben, und so einen Weg in ein erfülltes Leben zu finden.

Theo Ijzermans / Roderik Bender
Wie mache ich aus einem Elefanten wieder eine Mücke?
Mit Emotionen konstruktiv umgehen

2013, 155 Seiten, Kleinformat
€ 16,95 / CHF 24.50
ISBN 978-3-8017-2476-4
Auch als eBook erhältlich

Die Autoren zeigen in ihrem Ratgeber anhand zahlreicher Beispiele, dass man negativen Gefühlen und Gedanken nicht hilflos ausgeliefert ist, sondern selbst dazu beitragen kann, dass aus einem Elefanten wieder eine Mücke wird.

Anna Höcker / Margarita Engberding / Fred Rist
Heute fange ich wirklich an!
Prokrastination und Aufschieben überwinden – ein Ratgeber

2017, ca. 100 Seiten, inkl. CD-ROM,
ca. € 19,95 / CHF 26.90
ISBN 978-3-8017-2706-2
Auch als eBook erhältlich

Der Ratgeber hilft Betroffenen, Aufschiebeverhalten und Prokrastination besser zu verstehen. Er klärt darüber auf, unter welchen Bedingungen es entsteht, warum es so schwer ist, damit aufzuhören und mit welchen Methoden es überwunden werden kann.

www.hogrefe.com